译者序

青少年是国家的希望，民族的未来。他们的成长与祖国的命运息息相关。对他们的教育必须从童年开始，父母是他们的第一任教师，这是毋庸置疑的。要从事任何一种社会职业，都要经过专门的训练；可是，怎样履行父母职责这一十分重要的问题，却被社会长期所忽视。本书旨在全面系统地论述父母如何履行自己的职责，才能使孩子在情商和智商两方面都得到发展。书中虽然讲的是美国人的育儿理论和实践，但对我们的国人同样适用，“天下父母心”，本自相通。

爱子之心，人皆有之；教子之方，却非如此。为什么有些父母非常关心爱护孩子，而孩子却体会不到，视父母若路人呢？为什么有些父母让孩子遵守纪律，好好学习，而孩子却置若罔闻？为什么有些父母批评了孩子，孩子不但不认错改正，反而厌恶父母呢？为什么有些父母对孩子严加管束不行，放任自流也不行呢？为什么有些孩子不但不能正常发挥自身的聪明才智，反而误入歧途？本书以帮助孩子建立高自尊为主线，圆满地回答了上述诸问题。

什么是自尊？作者下的定义就是自己对自己发自内心的看法，自己喜欢自己的程度，自己对自己生命的认识。自尊是一个人坚实的个性中枢。它决定着一个人对自己形象的塑造，决定着一个人性格的形成。自尊的高低，决定着一个人对自己朋友、配偶、职业、志趣、爱好等的选择，决定着一个人能否施展出自己的全部才华造福人类；也就是说，自尊决定一个人如何完成自己的人生使命。

作者以她渊博的心理学知识和丰富的教育工作经验，引导读者逐步明了如何抓住孩子各个发育阶段的特点，通过日常生活中潜移默化的教育，使孩子成为奋发向上的生活强者。本书精辟地论述了以下这些问题：一、父母对孩子的影响；二、怎样让孩子体验到父母的爱；三、青少年不同发育阶段的性格特点；四、怎样观察、分析、了解和疏导孩子的情绪；五、怎样用适宜的纪律约束孩子；六、怎样发掘孩子的智力，让他施展出自己独特的创造才能；七、怎样教育孩子处理好两性关系。通过阅读此书，父母不但可以有效地了解孩子，而且还能更好地了解自己。

本书在阐述问题时，将理论与实践紧密结合，有理有据，令人心服口服。文字深入浅出，通俗易懂。格调平易近人，真挚可亲。本书受众广泛，可供年轻的父母阅读，也可供幼师和小学、中学、大学教师阅读，对青少年劳教工作者和心理学工作者来说，也是一本不可多得的参考读物。

献　词

谨将此书献给已故的**父亲——约翰·G.科基尔上校，母亲——海伦·杨·科基尔**，感谢他们对我成长的良多贡献。

致 谢

如果你在阅读这本书的过程中获得了一些有价值的东西，它们不仅仅来自我，也来自与我有交流和互动的所有人，来自给我带来触动的生活经历。

我特别感谢：

爱德华·博尔丁（Edward Bordin），杜安·鲍恩（Duane Bowen），马克斯·莱温（Max Levin），以及洛伊丝·索瑟德（Lois Southard）教授，启发了我；

托马斯·戈登（Thomas Gordon）卓越的教训澄清了我对几个问题的思考，诸如愤怒必有先前的原因，在传达信息时使用“我”和“你”之间的重要区别，权力的处理和家庭民主机制等；

弗兰克·巴伦（Frank Barron），S. I. 早川（S. I. Hayakawa），亚伯拉罕·马斯洛（Abraham Maslow）和卡尔·罗杰斯（Carl Rogers）就我感兴趣的话题而举办的研讨会和传达的概念；

汤姆·约翰斯顿（Tom Johnston）和萨姆·沃伦（Sam Warren），在我与父母团体合作过程中给与了我长达十几年的支持；

无数的儿童和成年人允许我分享他们私人世界的一部分，这使得本书中讨论的概念变得更加突出，也使我的写作相比仅依靠理论有了更加强大的个人经验数据支撑；

默特尔·斯宾塞（Myrtle Spencer）在本书手稿还处于雏型阶段时给我母亲般的肯定与鼓励；

夏洛特·希姆勒（Charlotte Himber）在这个项目的关键时刻给予我的非常特别帮助；

来自双日出版集团（Doubleday）的汤姆·拉森（Tom Larson），玛丽（Mary Lewis），诺曼·刘易斯（Norman Lewis），南希·利奇纳（Nancy Lichina），朱迪·米勒（Judy Miller），贝蒂·赖利（Betty Riley），西尔维娅·W. 罗森（Sylvia W. Rosen），让·施里钠（Jean Schrimmer），芭芭拉·斯波尔丁（Barbara Spaulding）和埃尔莎·让·贝尔根（Elsa van Bergen）对该项目提供的个人意见、编辑协助和精神支持；

玛丽贝克（Mary Baker），卡伦·布朗（Karen Brown），多萝西·麦考里弗（Dorothy McAuliffe）和玛丽·斯塔利（Mary Starley），感谢他们的打字技巧；

劳里·苏（Laurie Sue）和凯莉·苏（Kerrie Sue），在关于人性方面教我如此之多，并积极接管无数场合的工作，让我有时间写作。

多萝西·科基尔·布里格斯

于加州帕洛斯韦尔德市

序
文化中的疏忽

几十年来，心理学家专注于对心理疾病的研究及治疗。但是人们心理不适是如此普遍，以至于没有足够的专业人员来疏导受心理不适影响的人。一项对纽约市 175 000 人的研究显示，只有 18.5% 的人没有心理疾病的症状。在内心紊乱中徘徊生活的人数，及陷入心理不健康防御的人数，都说明心理疾病已经达到流行病的程度。神经质的焦虑已经成为一种生活方式。

这是不幸存在于我们文化中的疏忽，对此问题的指控有些令人难以置信：我们这些为人父母者没有学习过怎样做合格的父母，大量的费用被用来教授学术和职业技能，但是父母们学习“怎样养育子女”这门艺术的机会却寥寥无几。与此相矛盾的是，我们却把儿童视为国家最重要的资源！

我们习惯性地关注医疗和教育，以检查孩子的身体发育和智力发展状况。但在如何培养孩子拥有健康情绪方面，大部分父母都是依靠自己。甚至到孩子心理不适症状出现，许多家长仍认为咨询心理学家是承认自己在孩子教育上的失败，因此，那是最后一个选项。

一方面我们都很爱孩子，另一方面父母们却未能受到“如何做合格父母”的训练，这种脱节似乎是基于这样的假设：如果你是人，就应该知道如何养育一个人。但是，我们成为父母后并不会被自动赋予必要的知识和技能，这种知识和技能可以帮助我们培养充满自信、情绪稳定并且全能的孩子，还能让孩子过上有意义的生活。总之，预防心理疾病没有得到人们足够的重视。然而，预防仍然是我们降低情绪障碍发生率的最好方法。

我们大多数人都是不遗余力地预防，但大部分时间，我们只是凭经验而为，并没有达到预期效果。事实仍然是，我们以及我们的孩子不得不忍受我们无意酿成的苦果。而这些错误有一种传递给子孙后代的趋势。我们文化中的疏忽所带来的影响，在某种程度上是所有人都能够感觉到的。

为了寻找指导方法，作为父母的我们，已经参考了许多关于如何养育儿童的图书。但是，我们发现我们所面临的重要问题被视为是单独的、孤立的话题。我们至今仍然缺乏把培养孩子高自尊纳入有可持续性的基本工作框架，在这个基本工作框架中我们可以把生活中每个重要方面与孩子的行为联系在一起。

本书恰好提供了这样一个框架。这里有一种看待儿童发展的新方法：在孩子辨认自身身份和获取自尊的背景下，综合观察孩子各个方面的成长以及行为起因。这本书将会逐步明确地告诉你，如何帮助孩子建立坚实的自我价值感。然后，这种价值感将会贯穿孩子个人终生幸福的各个方面。除非你完全理解孩子心理发展的性质并与之一起工作，否则你会盲目处置，并可能为此而付出代价。

这本书的写作，起因于我坚定的信念、25 年来的心理学研究成果、从事教育工作的经验，以及作为一个母亲的切身体会，还有对部分父母教育子女基于“凭猜测”方法的评判。意识到这些理念及事实可以帮助你履行照顾子女的责任，为你奠定成为合格父母的信心，并为你在此领域的个人发展指出方向。

多年来，参加我培训课程的父母们，分别报告了他们因为应用本书中的一些想法后，他们自己和他们的孩子们发生的令人兴奋的变化。他们就自身的经历做出了如下经验性的陈述：

“这种看待孩子成长的方式给了我信心。我发现我成了一个更自由的人，不再害怕承担为人父母的责任。”

“我们全家人更加亲密，冲突越来越少。随着我的态度改变，很多矛盾都可以在家里得到圆满的协调与解决。”

“我在对待孩子时变得更加放松、更有耐心了，甚至我的丈夫也注意到了这一点。”

“我学会了在新的视角下看待自己和孩子，我感到与孩子之间可以互相理解。这种和睦的家庭氛围也使我和丈夫更加亲密无间。”

“我学会了与孩子们亲近，能和他们一起融洽地生活，而不是对他们放任自流。”

“作为一个父亲，我过去认为专门参加关于如何养育子女的课程简直愚不可及。我从来没有意识到我以前的做法是多么盲目。现在，一个全新的世界已经对我敞开大门。我真希望在孩子出生之前就知道这一切。”

证据确凿。知道自己在做什么，并有一个基本框架作为指南，可以帮助你与孩子们幸福生活，促使他们的情绪更加健康。从此以后，你不需要为孩子心理健康成长而担心，他的脚已经踏在了坚实的地面上。

你正在读这本书，这一事实本身就说明，你关心自己与孩子之间的关系。这意味着你希望自己培养身心健康的子女的意愿，能够实现。这种关怀，加上你对接触新想法的兴趣，将带领你和你的孩子们朝着积极的成长方向迈进。

引言
情绪健康的基础

理想与现实

毫无疑问，早在生育儿女之前，关于如何养育子女、处理与子女之间的关系，人们就已拥有很多理念。这些理念的背后隐藏着人们决计做称职父母的奉献精神。大多数人将为人父母这件事看得很严肃，都抱着一种“全力以赴”的态度。然而，现实与我们的计划发生了冲突，看起来非常简单的事情竟变得非常复杂。

初到人世的孩子虽只是裹在襁褓里的小家伙，他们却能触发我们家长的情绪波动。喜悦与踏实，快乐与忧虑，负疚与怀疑等情绪相互交织。疲劳和挫折也大量出现。你得勇敢地面对孩子的拖拉、脏乱和处处与你作对，以及打架、说别人坏话、争抢电话使用权等问题。问题变着法儿地出现了，但是永远不会结束。

无论如何，你都会尽力做到最好。一直以来，你投入大量时间、精力和金钱，给孩子无微不至的关心。你不遗余力，为孩子提供足够的食物、衣服、有吸引力的玩具，以及合适的医疗保健，以提供一切优势。你甚至会为了孩子上大学和给孩子购买额外的保险而节省每一分钱。

然而，尽管用心良苦、出发点也是好的，有些家长还是发现自己的子女不一定会按照自己为他们设计的前途而努力。孩子还是成绩平平，出现情绪不稳定、反叛或过于孤僻等现象。也许孩子还会交友不当。“在养育子女方面，我已经如此尽心尽力了，可我的孩子为什么还是会出现问题？”这是一个困扰许多抱有善意的父母的问题。

即使你的孩子没有出现问题，但经常听到少年犯罪、吸毒成瘾、辍学、性病和非婚生育的比率上升的信息，几乎都会让家长的焦虑程度逐步升级。一个令人不得安宁的担忧，间歇性地在脑海中浮现，让你想知道应如何使自己的孩子远离这些扭曲的道路。偶尔你会因不确定而自我质疑：“我做得好吗？”“我是应该打孩子屁股，还是采用说服教育？或者忽略不计较？”“现在我该怎么做？”那些伟大设想，那些肯定的信念，变得模糊而暗淡。

现实可能使你失去做父母的信心。但是，无论如何，你要坚持希望自己的孩子成为什么样的人的梦想。你如何才能使梦想成真？

关键因素

如果像大多数父母一样，你对孩子的希望就不仅仅在于避免他们出现精神崩溃、酗酒或犯罪行为。你也希望生活对他们有积极意义：内心充满自信、具有目标感和参与感，与他人建立有意义的建设性的人际关系，在学习和工作中取得成功，大多数时间生活在幸福之中。你想要的是什么很明确，你的不确定性更多地围绕在如何帮助他们实现这些目标上。我们这些做父母的都渴望有个基本的法则作为指导，特别是在面对压力和出现混乱的时刻。

今天，有足够的证据积累为家长得出了一个这样的公式：如果你的孩子具有高自尊，那他就走上了获得幸福之路。越来越多的研究表明，心理健康的孩子（或成年人）完全不同于在生活中徘徊的人。

区别在于他对自己的态度，也就是他自尊的程度。

什么是自尊？它是一个人对自己的感受，是他对自己的全面判断，也就是他喜欢他自己这个特定的人的程度。高自尊不是喧闹的自负。它是一种低调的自我价值感。当你内心深处有高自尊时，你会为自己而高兴。自负只不过是粉饰，目的在于掩饰低自尊。拥有高自尊，你就不会浪费时间和精力去刻意迎合他人，因为你已经知道你有价值。

孩子对自己的判断会影响他选择朋友的类型，影响他与别人相处的好坏，影响他选择与哪种人结婚，也影响到他未来的成就。他的自尊也影响他的创造力、人格的完整与稳定，甚至影响他成为领导者还是成为追随者。他的自我价值感构成了他人格的核心，并决定了他对自己的天资和能力的使用。他对自己的态度直接影响着他生活中的各个方面。事实上，自尊的高低是决定每个孩子未来成功或失败的主要因素。

高自尊在孩子生活中的重要性，无论怎样强调都不过分。作为一个关心孩子的家长，你必须帮助孩子建立坚定的自尊，使他能全心全意地相信自己。

两个基本需求

强烈的自尊是基于两个主要的信念：

A:“我可爱。”（“我很重要，我的存在就足以证明这一点。”）

B:“我有价值。”（“我有能力处理自己的事情，也有能力应对我所处的环境。我知道我有东西可以提供给别人。”）

尽管每个孩子都是完全独特的，但他们都有相同的心理需求，即感觉自身可爱且有价值。这些需求不会随着童年的结束而消失。你和我都有这种需求，这种需求将伴随我们一生，直到我们死亡的那一天。而满足这些需求对于我们的情绪健康至关重要，正如氧气之于人体。毕竟，我们每个人都是我们自己的终身室友。无论你多么努力尝试，你都不能回避掉一个人，这个人就是你自己。这种情况同样发生在你的孩子身上。孩子在生活中最亲密人的还是他自己，他尊重自己对他的健康成长，以及过一种有意义和有价值的生活至关重要。

在这一点上你可以说，"但这并不令我担心，因为我爱我的孩子，我认为我的孩子是值得我真心疼爱的。"但是，请稍等片刻。注意以上判断的前提并不是"如果你爱你的孩子"，而是"如果孩子感受到被爱"。在"你爱"和"孩子感受到被爱"之间是有很大区别的。

奇怪的是，很多家长确信他们爱自己的孩子，但不知何故，他们的孩子却没有从他们身上获得"爱"的信息。这样的父母没有能够传达他们的爱。我们将在第二部分中详细讨论，使儿童感受到"爱"的七个基本因素，但现在我们必须要了解的一点是：

孩子对"被爱"或"不被爱"的心理感受将影响他终生的发展。

就像需要获得"爱"的信息一样，孩子也需要获得"自己是有价值的"这样的信息。你必须知道如何使孩子获得"我是能胜任的，并且能提供给别人一些什么"这样的信念。这种信念可以成为他自我意象的一个重要组成部分。

如果心理健康最重要的因素是高自尊，那么它来自哪里？斯坦利·库伯史密斯（Stanley Coopersmith）[1] 的研究表明，这个心理特点与家庭财富、

[1] Coopersmith, Stanley. *The Antecedents of Self-Esteem*. San Francisco: W. H. Freeman & CO., 1967.

所受教育、生活地域、社会阶层、父亲的职业或者母亲总是在家等因素无关。这种心理特点取决于孩子与重要他人之间的关系的质量。

每个正常的婴儿都有与生俱来的心理健康发展的潜能。但是，这种潜力能否蓬勃发展取决于孩子所处的心理氛围。要了解孩子周围的氛围是有利于心理健康还是会削弱心理健康，你必须了解：

1. 孩子的高自尊是如何培养的；
2. 孩子的自我观点如何影响行为；
3. 当自尊低的时候，孩子会付出什么代价；
4. 你可以做些什么来培养孩子的高自尊。

对这些问题的解答构成了本书第一部分“镜映现象”的主要内容。

一旦了解了自尊产生的过程，你需要知道哪些因素会让孩子得出“我很可爱”这样的结论。这个内容将在本书第二部分“爱的氛围”中讨论。

然后，要了解一个孩子如何建立掌控感和胜任感——这两种感受滋养了价值感——你需要熟悉哪些任务能帮孩子实现自我，以及哪些具体的成长驿站会对孩子的自尊产生影响。当你和孩子一起围绕实现他的心理健康合作时，你会帮助他得出他是有价值的结论。在本书第三部分“自我发现之旅”中，我们考察了儿童正常发育的各个阶段及其与自尊的关系。

在本书其余的部分我们会考虑：

1. 感受对自尊的影响，以及对感受的积极的处理方式；
2. 不同的管教方式对自尊的影响，以及建设性的管教方式；
3. 自尊对智力和创造力的影响，以及促进心理健康发展的方式；
4. 性教育对自尊的影响。

什么因素塑造着孩子的性格？这一问题提供给你了一个检查家庭氛围是否有利于孩子心理健康发展的工具。这种检查方法可以帮助你确定哪些方面需要改进。更重要的是，它可以帮助你和孩子少吃错误教育带来的苦果。

最近的研究表明，如果你在和孩子一起生活的过程中，使孩子乐于接纳他们自己，那么父母的良好心愿很有可能成为现实。对孩子最重要的人格特征——自尊的程度——我们都不能一无所知或者不以为意。

帮助孩子建立高自尊，是每一个为人父母者称得上“称职的父母”的关键。

第一部分

镜映现象

第一章

镜子塑造自我意象

来自镜子的结论

作为父母，你有没有想过自己是面镜子？你给孩子提供了他用来构建自我身份的心理镜像，他终生都会受到他所拥有的自我意象的影响。每个婴儿出生时都没有自我感觉。每个人都必须经过学习，才能成为你我所说的那个意义上的人。曾经有一个“狼孩儿”，他虽然与其他人完全隔离但成功地生存了下来。但是“狼孩儿”只有人的外表，不懂人类语言，没有良知，不需要别人，没有认同感。这种情况启示我们：自我意识或者说对自己身为人的意识不是与生俱来的；它是一种社会成就，是从与别人的共同生活中学到的。

自我发现

我们来把一个刚出生的宝宝作为典型，看看他是如何塑造自我意象的。

满身通红、皱巴巴的小皮特诞生了。他父母骄傲地宣布一个独立的新人——他们的儿子诞生了。没有人通知皮特他已经到达这个世界，皮特也不会得到这个消息。他曾经是母亲的一部分，在母亲提供的环境里生活了九个月。他不知道他最终来到了哪里，他也不知道世界万物的开始。他还不知道他是一个人。

一大堆新的感觉——触摸、被触摸、饥饿感、声音、模糊的物体——都唤起了他的好奇心。虽然他的意识还处在原始状态，他开始摸索着探索奇怪的新世界。当他触摸他的脚时，他的手上和脚上都有感觉。而当他触摸他的玩具泰迪熊时，感觉则只停留在他的手指上。伴随着时间的推移，皮特意识到脚是他身体的一部分，而玩具泰迪熊不是。

与此同时，他发现人们与其他事物不同。人们可以来回走动，发出声音，使他感觉更舒适。有一天，他发现把饼干塞进母亲嘴里和塞进自己嘴里是不一样的。他开始感觉到他和母亲是不同的，但在这个阶段他仍然认为自己是妈妈的一个附庸，也许有点像狗身上的尾巴。

随着他的大脑成熟，皮特学会了说话。语言是最终让他完全独立的工具。这对自我意识至关重要。让我们来看看这是如何发生的。

皮特通过模仿发现，某些声音代表特定的对象。很快他发现物体可以被定性地标记出来。他学到了“火，热”“宝宝，疼”，或者是“爸爸，大”。

最后，他学习自己的名字。现在他有了一个将他自己与别人区分开来的符号。这是一个巨大的突破。以前他可以将某些特性与食物关联起来，而这一突破使得他能将某些特性与自己关联起来。他可以说，“皮特热”或“皮特疼”或“皮特大”。现在他可以谈论、描述和判断自己。他可以想象自己与他人相比，“我比鲍比大”，或者就时间而言，“皮特很快就长大了”。

从出生到大约 15 到 18 个月，皮特朦胧地看到他与别人的区别，直到两岁或者两岁半他才能充分地意识到这种区别。然而，在此之前，他的名字给了他一种框架，他可以在其上挂上各种描述性标签。每个孩子首先通过感官，然后通过语言，建立起自己的映像。

非语言信息

然而，在皮特明白话语意思之前，他就从别人怎样对待自己中获得了他对自己和世界的大致印象。对自己是被温柔地抱起，还是像对待一堆土豆一样被猛然地拉起来，他很敏感。他能够感知到握住他胳膊的手掌是热情温暖的，还是漠然、毫无兴趣的。他知道他的饥饿什么时候能引起他人的注意，什么时候被忽视。他身边人的触摸、肢体运动、肌肉紧张度、声调和面部表情都给皮特带来了持续的信息。他的探测雷达是非常准确的。（当然，一些婴儿比其他婴儿更敏感，但在不同程度上，所有婴儿都能接收到这些信息）

婴儿对母亲的情绪波动特别警觉。当皮特的母亲匆忙或紧张时，他在换尿布时和吃饭时会难以取悦和不合作。当妈妈处在放松状态，有时间逗弄他时，他就像一只羊羔那样安静。这是否就是一个阴谋？不，这是他用来回应的身体语言。他的行为告诉我们他心情是晴朗的还是恶劣的。

让我们给皮特安排两个不同态度的母亲，看看他对自己的早期印象是如何依赖于她们传递出的身体信息的质量。

母亲A专注于皮特，而不是在为他洗澡时把这当作任务木然地对待他。和皮特在一起时，她的肌肉很放松，口气很亲热、柔和，眼睛里闪着慈爱的光。她看着他那肥胖以至于长了皱褶的小脚丫。她乐呵呵地看着她向着他肚皮上滴水时他的反应。当小皮特动弹时，她都做出回应。如果皮特用自己的拳头打出水花，她会加入他的游戏，皮特也会看到她大笑的反应。两个人都没有说话，但却在沟通，皮特能看到她的亲热反应，感觉到她的温暖。他不知道他是独立的，但他有早期被珍视的经历。

母亲B一直把给皮特喂奶的时间作为自己阅读的机会。她手臂松弛地抱着皮特，整个人无动于衷。她的注意力不在皮特身上，而在她的书上。即使皮特发出咕咕声，她也置若罔闻。皮特动弹，她也没有任何反应。如果皮特抓住她的上衣，她就掰开他的手指，甚至连看他一眼也不看。母亲和皮特没有互动分享经验。事实上，他们之间根本没有人与人之间的直接、温暖、人性化的互动。皮特的母亲是他的整个世界，他的第一次经历启示他：自己不值得关注。对他而言，这个世界是一个非常冰冷的地方，他在其中并不重要。你可以从中看到，与跟着母亲A相比，皮特跟着母亲B将会得到非常不同的早期自我意象。

针对婴儿的一些实验研究结果表明，我们给婴儿提供的温暖反应程度构成了未来他们积极的自我意象的基础。这种反应是由我们给婴儿的关注、微笑、亲密的拥抱、唱歌和谈话等组成。（见第六章）与孩子玩游戏——如“宝贝多大？”“骑竹马”“这只小猪”“躲猫猫”等——的父母都可以用能反映热情和尊重的方式来进行游戏。这些态度让婴儿开始产生高自尊。父母从未与婴幼儿一起玩耍，或者以没有反应、冷淡的态度对待孩子，不能给予他们早期受重视的印象。冷漠和拒绝不会给孩子带来快乐。

在你因有时对孩子生气、疏远、态度生硬而焦虑之前，请记住单次或偶然的信息不会导致永久性的损害。传递给孩子的喜爱或冷淡态度的信息的总量和强度，才是至关重要的。如果与孩子之间拥有更多的欢乐时光，宝宝能够意识到这一信息。

在学习词汇的意义之前，每个婴儿都会从他人的体态语言中快速收集成千上万的关于自己的印象。这些印象，直到后来才能帮助他们看清楚自己是一个独立的人。但这个事实绝对不会降低早期印象的重要性，因为对孩子而言，后来接受的信息基于早期的印象，而早期印象具有强大的冲击力。

语言信息

一旦孩子明白了词语的含义，一条自己描述自己的崭新大道就会在他面前呈现。

蹒跚学步的皮特抓住其他小朋友的玩具，他为自己的战利品而高兴。在他这个年龄段，对别人需求的关注是零，即使和他同龄的小孩让着他，他也不会感动。他的母亲责骂他："皮特！那样做不好，坏小子！"

对于小孩子来说，其他人尤其是他的父母，都是绝对可靠的镜子。当他的母亲描述他行为不好时，皮特就会得出结论，认为这应该是他拥有的品质之一，并且在那个特定的时刻将这个标签贴在自己身上。妈妈的话（和态度）对皮特而言承载着巨大的重量。（关于如何与孩子进行建设性的谈话，请参阅第八章）

想象一下，皮特的母亲一直对他的行为做出消极的反应。多年来，他听到："带着这个孩子我什么事都干不成，他真叫人难以忍受"；"你想要什么"（用一种不耐烦、不赏识的语气）；"你为什么不能像姐姐那样取得更好的成绩"；"这个周末皮特被邀请离开了"（用一种如释重负的语气）；

“我几乎不能等到休假结束就想把皮特送回学校里去”；当把皮特送去读一年级时，母亲临别时对老师说，“真难为你了，你今天不得不带他一整天！”看看皮特在生活中受到的火力密集的攻击，你就能明白为什么皮特会对自己有一种黯淡的认识。也难怪他认为自己的存在是别人的痛苦。

毫无疑问，言语拥有力量。言语可以破坏自尊，也可以建立自尊。但是言语必须符合人们真实的感受。高自尊不是来自奉承孩子，其实没有什么比这更糟了。除非言语和态度相一致，否则孩子们会发现这两者的不一致。然后，他们会不相信我们所说的话。（第七章进一步讨论了言语和态度一致的重要性）

与非语言信息一样，家长偶尔的负面情绪爆发对孩子来说并不具有永久的破坏性。每个家长都会偶尔发脾气。（即使如此，负面的感觉也可以以非破坏性的方式传递，参见第八章）然而，那些长期听到贬斥语言的孩子会认为：“我是一个很糟糕的人。如果你自己的父母都不喜欢你，还有谁能喜欢你呢？”

● 对待孩子的态度定义了孩子的自我意象

那么，高自尊的建立就基于来自孩子周围环境的积极反应。你可能会说：“废话，我知道很多人像那个孩子一样，与父母关系很差。然而，今天他们却是‘成功者’，他们似乎很自信，有杰出的成就。”

的确，有很多这样的人。但是，他们“成功”的外部形象并不能证明他们拥有内心的宁静。从外面看，成功的人通常会付出内在代价：生活在虚假的自信、疏离、神经质的防御、焦虑和牢骚满腹的掩盖之下。孤独者不喜欢他们自己，他们可能会用不断的忙碌来逃避。然而，无论多少证据证明他们外部的“成功”，他们内心仍会感到不适。

我们关注的是真正的自尊，是你私底下对自己的感受，而不是你能不能建立一个良好的外部形象，也不是你积累了多少财富和爬到了多高的地位。

为了全身心地感受自我，为了内心深处感受到宁静，孩子们需要体验到自己的可爱和价值。仅仅告诉孩子他很特别是远远不够的，他的亲身感受是至关重要的，亲身感受比言语更响亮。

孩子自我珍视的程度与其一直被人珍视的程度旗鼓相当。

各种因素相结合，使你成为孩子生活中最重要的镜子：他长期依赖你提供的身体上和情感上的满足，他与你形影不离，你给他的反馈决定了他对自我的最初感受。对于年幼的孩子，家长会被他们放大，他们甚至把家长加以神化。

一个四岁的孩子表达了孩子对父母拥有的能力的典型观点。一天晚上和他的父亲开车经过一些家庭时，他指着一幢灯光亮起来的房子，问道："那些人在家里做什么，爸爸？"

"我不知道，儿子。"

"嗯，你为什么不知道呢？"他追问。

对于小孩子来说，父亲和母亲都是无所不能、无所不知的，父母简直就是救生索……相信父母会看穿房子的阻挡，看清楚灯光亮起来的地方那些人在做什么，这也合乎三四岁小孩的思维逻辑。

所以小孩子按照他们的逻辑思维推理出来："这些全能的神是以我的好坏而选择出对待我的方式的。他们说我是什么，实际上我就是什么。"小孩用父母的言语和肢体语言反馈来建立自画像，他努力去适应父母眼中的他。孩子将会遵照这种自我意象来行事，在下一章中我们会看到这种现象。

作为父母，我们必须牢记，我们的反馈对儿童日益增长的自我意识具有很大的影响。

其他人也是镜子

父母当然不是孩子一生中唯一的镜子。任何与他长时间相处的人都会影响他建立的自我意象。成为镜子的这个人是一个亲戚、邻居还是保姆或女仆并不很重要。老师们对孩子的自我意象起到重要的作用，因为他们与孩子接触频繁，又对孩子有明显的权威。兄弟姐妹对孩子来说也是额外的镜子，虽然一个孩子在满足身体和情感的需要方面并不那么依赖兄弟姐妹，但他们却为他提供社会刺激、竞争，是他日常生活密不可分的一个组成部分。孩子作为一个个体，周围的人不断地对他做出反应。

孩子从六岁左右开始渐渐不再完全依赖家庭，家庭之外的孩子的反馈对他越来越重要。很快，孩子发现其他同龄人重视某些品质。而他是否拥有这些品质则影响着他对自己的评价。男孩倾向于评价对方的运动能力、体力和勇气。女孩通常在意身体吸引力、得体的打扮、社交能力和友善性。女孩比男孩更优先考虑温柔和道德方面的美德。

具有同龄人重视的特征的孩子，比那些较少具有同龄人重视的特征的孩子更认为自己是胜任的，因为他从集体中能够反复得到同龄人的积极反馈。与同龄人相比，在兴趣和价值观方面出现偏差的孩子，很可能在当时会有孤立的感觉，认为自己的价值更少。孩子从六岁开始就进入青春早期，都需要来自与自己价值观互相匹配的人的社会支持。

掌控和成就

一旦孩子意识到他是独立的，他就试图通过掌控自己和他周围的环境来克服自己面临的无助。他的成功与失败反映在他对自己的态度上。让我们看看这是如何发挥作用的。

每个孩子的身体都会向他传递关于自我的信息。泰德遗传了父母的长腿、强壮且协调良好的肌肉。无论什么运动对他而言都是轻而易举的。其他的孩子们都想让他加入他们的团队，他的老师和父母也都极力赞成。他能够从他自己与他身材瘦小且不协调的朋友克拉伦斯的对比中看到自己的能力，这使他相信克拉伦斯几乎没有为团队提供价值。

孩子在自己发育的速度、能量水平、体形、外貌、力量、智力水平、友善程度、具备的技能和存在的障碍等方面都会收到来自外界的反馈。孩子对自己得出的结论，部分来自与他人进行比较而产生的自我感受，部分来自他人对他的反馈，每个反馈都能增加或减少孩子的自我价值感。

他人对孩子能力的态度，比孩子自己实际拥有的某些特质更重要。孩子具有某种缺陷这一事实，与其周围人对这一缺陷的态度相比，是次要的。可怜和鄙视的态度往往让孩子感到自己是不幸的。然后，他在这个方面的自我意象会变得扭曲。

如果孩子想要认识到自己是有能力的，就要跨越学校在课堂和操场上设置的一系列障碍。吉尔在身体和精神方面都快速成熟起来，她发现自己比许多小朋友对上课准备得好，特别是在阅读方面。她看待自己的方式与晚熟的乔尔不同。她暗自对自己的心智能力抱有敬佩之心。她有具体的证据证明，她在应对学校的所有方面都是绰绰有余。

一个二年级的女孩，在学校学习成绩很好，她写道："我喜欢自己，因为我的学习成绩很好。"她对自己拥有的能力的清晰认识，增加了她"做自己"的乐趣。

考虑到掌控感对建立自尊的重要性，我们不应该忽视，孩子在对他来说重要的领域中取得成功显得更为关键。12 岁的哈兰是一名成功的钢琴演奏者，但他在体育运动方面表现很差。而他的音乐天赋对他来说意义不大，因为他的朋友并不重视音乐才华。

每个孩子参与的活动都进一步促使他形成对自己的看法。在俱乐部、运动场、教会和社会团体中，以及在学校和工作中，他会不断收集来自外界的反馈，并将这些反馈添加到他的自我描述中。

“我是谁？”的答案

每个孩子对自己的看法来自各方面提供的反馈：他周围的人对他的态度，他对自己和环境的掌控，以及他在自己认为重要领域的成就和被他人认可的程度。这些反馈就像自己的快照，他将它们贴在一个虚构的相册中。这些构成了他自己身份的基础。这些反馈构成了他的自我意象和自我概念，成为他自己对“我是谁”这个问题的回答。

重要的是要记住，一个人的自我意象可能准确也可能不准确。每个人都有自我意识和自我意象。你的孩子对自己的看法越接近他的真实情况，他越能实际地指导自己的人生。

K 先生和 K 夫人需要一个杰出的孩子。而他们的孩子莱拉，静听他们夸张的赞美，把自己看作是一个有才华的歌手。而这只是一位嗜钱如命的声乐老师给她灌输错误信息而使她产生的错觉。然而，莱拉遇到了麻烦，因为观众对她的演唱反应很冷淡。如果她拒绝改变父母和老师给她灌输的自我意象，她可能会在自己没有天赋的领域把自己弄得精疲力竭。即使没有来自别人的直率嘲笑，她也只会感到沮丧和失败，进而没有什么理由喜欢自己。如果她改变自己的自我意象以适应她的真实能力，她就不会专注于把自己变成一个音乐会歌手，那只是她父母的目标。

当然，一个人的自我概念与他的真实能力、态度和潜力匹配的程度越高，他就越有可能取得成功。那么，他就有更大的机会看到胜任的自己。

自尊的萌发

在孩子接收到别人对自己的描述的时候，他也接收到别人对这些品质的态度。例如，T 先生经常对莉莉说：“我的天啊，你真是太吵了！”这句话的第二个信息是价值判断——从对孩子的言辞中就能表现出来。T 先生说话的口气和面部表情都表示出："那太糟糕了！"于是莉莉学会把自己看成是吵闹的，并且学会把它当成一个负面的特质。她要么推翻一部分真实的自己，以获得认可，提高自尊，要么接受父亲的判断，可这样一来，她因为自己拥有这种特质而认为自己惹人厌烦。

言语不如与之相伴而来的价值判断重要。

S 先生经常把儿子萨米称为"怪物"，但是他的语气是充满关爱和自豪的，意思是："儿子，你是个了不起的家伙！"于是萨米自称是一个怪物，但他为拥有这个标签而自豪。记住：在表达态度时体态语言总比言语更响亮。

从别人对自己的判断出发，孩子开始自己对自己进行判断。他越喜欢他的自我意象，他的自尊就越高。

每个孩子到了五岁通常能收集到足够的反馈信息，来形成他对自己的价值的初次全面的评估。在任何时候孩子都可能对自己感到不满意，但总的说来，如果他觉得自己基本上是可爱和有价值的，他会为做自己而高兴。

当一个人说"我还不够好"时，他其实什么也没有告诉我们，他以为他在评论自己的个人（他自己）价值。相反，他正在评论的是他与别人的关系质量，正是基于这些关系他构建了自我意象。

在谈及一个人是如何生活时，如下声明是有效的，即"你是谁并没有你认为你是谁那么重要"。

五年级的布雷特（Brett）在被要求写下他感恩节感恩的内容时，交上来这样的答案：我很高兴我不是一只火鸡！我很感恩我是我，而你是你。我很高兴我在学校变得聪明。我很高兴我在这里，不在那里。我很高兴我是一个人，而不是一只狗或猫……我很高兴我读了这所学校。我很高兴我有好朋友玩。我很高兴我有一个兄弟可以在家里和我聊天。我只是感激我是我！

布雷特给出的感恩节答案，正是对环绕在他周围的提供积极镜像的镜子的褒扬。

记住：没有孩子可以直接“审视”自己，他只有在别人对自己的反馈中审视自己。他们的“镜子”确实塑造了他们的自我意象。孩子建立何种自我认知与他如何被评判直接相关。因此，你的孩子和他周围的人之间发生了什么，是至关重要的。

积极的自我认同基于积极的生活经历。

第二章

镜像影响行为

自我概念和行为

李（Lee）高兴地沿着一条假想的轨道操纵他的箱子“火车”，他的好友杰夫骑着自己的三轮车，愤怒地环绕着李的箱子“火车”，并对他进行肆意野蛮的威胁：“我要把你从‘火车’上扯下来！你最好小心，否则我会打在你鼻子上！我的三轮车可以打败你的火车！”李忽略这连珠炮似的言语攻击，仍旧高兴地玩着。

突然，杰夫跑到了托儿所的老师身边，悄悄地向老师低声问道：“在你四岁的时候，你和我一样强壮吗？”

而杰夫的老师小时候是个瘦小的孩子，老师回答说：“你比我在四岁时强壮多了。”

杰夫静静地坐了一会儿，仿佛对这个想法释怀了。然后，他慢慢地骑着三轮车，平静地环绕着他朋友的“火车”，没有再发出一点点威胁。是什么引发了杰夫行为的显著变化呢？

四岁的孩子会得到许多来自生活其中的环境和自己周围人的反馈。像所有的人一样，他们试图抵制这样的反馈，尽管他们年龄还很小。

杰夫前面的行为是在恳求他的朋友，“请注意我的力量。我的行为很可怕，所以我可以认为自己是强大的。”他敌意的背后只是希望朋友喜欢自己。谁又知道，也许他早些时候有一些经历造成了他的无助感，在他的自尊中留下了一个需要修补的空隙。一旦老师提供了必要的补救机会，他就可以拥有并珍藏起一种自己是有能力的新的自我意象，他的能量又可以用于心平气和地和朋友玩耍了。

这个简短的例子说明，行为与自尊是直接相关的。

每个孩子都需要具有能力和力量的自我意象，而行为与自我意象相匹配。

先想象一下，在你感觉不胜任的时候与你充满信心的时候相比较，你的行为是否不一样啊？当你确信自身有能力时，你会对自己做出积极的评价。那么，你会更加友善，更加外向，更有兴趣和别人和睦相处。当你感到不舒服和沮丧时，你会躲避公众的注目。自信这个术语，意味着内心的肯定。这个术语的核心是你相信自身的能力，并且采取相应的行动。这同样发生在孩子身上。

即使是一个孩子说话的方式，也带有他对自己的感觉的色彩。例如，请一个口吃者讲出他的名字、他住在哪里，或者他正在哪里上学，他会以痛苦的方式结结巴巴地回答。而如果要求他扮演除自己以外的他人的身份讲话（诸如说一段从《哈姆雷特》剧本中摘取的独白，或者采用外国口音讲话），他结巴的现象就会立即消失。当他认为自己不够好的时候，他说话结巴；当他认为自己有能力的时候，他能讲得很流利。

● “有缺陷”的自信

在一个领域对自己有信心并不一定意味着在所有领域都是这样。例如，巴里多年来一直对自己的智力能力有很多积极的看法。

巴里在课堂上、学习小组或者学校组织中，坚信自己有很多东西可以展现。然而，在社会交往上，他感觉自己像个“傻瓜”。因此，在宴会上，他总是害羞，躲着人，并呆呆地站在边缘。他在社交场合中的站立、走路、谈话完全不同于他在学业上的表现。

在这点上成年人也没有什么不同。例如，我们都知道男人参与商业团体活动时都是充满自信的。然而在社交聚会上，他们如鱼离水，感到不适应。

孩子在其中有高自尊的领域越广泛，他对活跃在生活中所有领域越充满信心。

自尊的高与低

大多数孩子对自己都有不同的感觉，但正如我们所看到的，自尊是指他们的全部自我判断。

如果鲍比的自尊低，他会对自己做些什么样的陈述？他会说这样的话："我不是很重要。如果认识到真正的我，人们就不会喜欢我，我做不了别人能做的事情。我尝试新事物没有太多的意义，因为我知道在尝试之后我会失败。我不能做出正确的决定。我在团体内不会说话，因为我说不出什么有价值的内容。我不喜欢去新的地方。我讨厌独自待着，其实我只是希望我是别人。"

如果鲍比的自尊很高，他更有可能说："我相信我有东西可以提供给别人，我也可以向他们学习。我的伙伴认为我值得尊重。我可以做很多事情，虽然我有更多的东西要学习。但是，学习很有趣。如果我不能把事情做好，我愿意再做一次。从长远来看，我相信我可以把事情做好。我喜欢独处，也愿意与别人一起合作。我真的很高兴我就是我。"同样是对自己做陈述，很明显，在做第二个陈述时鲍比更自信。

我们来看看其他两位同样有吸引力的聪明的青少年，看看自尊如何影响他们的行为。

捷安（Jean）相信自己，而玛丽却不相信自己。在教室里你会看到捷安主动为他人提供信息，积极地与别人合作，并热切地参与讨论。而玛丽与捷安的行为形成了鲜明对比，玛丽犹豫不决、感到尴尬，她只回答直接问她的问题。玛丽喜欢保留自己的意见，因为她害怕别人对她的意见做出反应。在十几岁的孩子所组织的派对中，捷安会情绪高昂地玩耍，并积极参与游戏，而玛丽则回避。她等待着别人来哄她，即使出去玩要也是心不在焉地应付。

玛丽认为自己没有任何东西可以提供给别人，她在任何情况下都难以自信。她的保守和自我怀疑妨碍她自发和全心全意地参与活动。而这样的行为会减轻她对别人的社会影响，从而使她深信自己是没有价值的。

不像玛丽，捷安对自己的信任让她能毫无保留地进入情境。每个女孩的自我意象都在她的行为中显露出来。

当孩子把自己视为一个失败者，预期自己会失败，他就不太可能取得成功。一旦停止相信自己，他就必然失败。拥有成功经历的孩子期望自己会做得更好，他的自信使他有勇气面对挑战，且有能力来克服这些障碍。

小贝基一出生就一直被爱和认可所包围。人们热情地回应她那会说话的眼睛，她的俏皮感和幽默感也受到周围人热情的喜爱。有一天她说："哦！妈妈！我真的很爱周围的人！"她怎会不爱呢？她的经历让她感到自己受重视，也让她感受到自身的重要。看着她与周围的人相处，就好像看到一只友好的小狗，她活跃地蹦跳着去迎接周围的人们。她希望自己成为赢家。她的期望点染了她的行为，使她自信、热情、外向。这些特质使她更加成功。

为什么孩子会行为不端

我们大家都希望尽可能地避免以过激的方式批评儿童的不当行为。无论对我们家长还是对孩子而言，孩子没有不当行为会令我们更加愉快。管教是一个至关重要的话题，我们将在本书的第五部分中详细研究。同时，如果你知道行为与自我意象是相匹配的，你就可以看到不当行为发生的原因正是消极的自我概念的外显。相信自己不好的孩子，会根据他自己的观点来调整自己的行为。他根据自己的设计扮演着适合自己的角色。（其中的原因将在第四章讨论）

通常情况下，一个孩子的不当行为越多，越是遭到人们谩骂、惩罚甚至拒绝，就越会更坚定他内心深处我就是"坏孩子"的信念。长期行为不当可能植根于消极的自我评价，但低自尊不是造成不当行为的唯一原因。

许多孩子（和成年人）辍学、犯罪和吸毒，他们的不当行为对自己和整个社会造成了不利影响，这些人认为，他们毫无希望，没有足够的信心，毫无价值。他们也在摸索自己的人生意义和能履行的职责。但他们朝向错误方向的努力导致了自我挫败的行为。

具有高自尊的小孩很少是有问题的孩子。他们在走路、谈话、与人相处、学习、玩耍和生活方面表现出的特征，完全不同于那些不喜欢自己的孩子。孩子内心的安全感总要通过他们的行动向外辐射。作为成年人，这样的人更能够建设性地对世界上存在的问题和不公平现象进行处理。孩子的高自尊使他们成为创新者，而不是敌对的破坏者。有高自尊的孩子可能会成为社会的建设性成员。

幸福和行为

无数父母说“我只想让我的孩子幸福”，但是家长们不确定这样的幸福是如何来的。

一项针对快乐和不快乐人群之间差异的研究得出结论：两组之间最令人印象深刻的差异在于，快乐的人能成功地与其他人合作，而不快乐的人则不具备这个能力。低自尊对人们来说好像绊脚石，它阻止人们和平参与活动，以致成为个人幸福的障碍。几乎任何组织所面临的最大问题之一，就是当众刺激别人的人。工作进展往往受制于不良的人际关系，而这带来的危害远远超出我们的想象。

内心宁静和幸福生活的关键是拥有高自尊，因为高自尊使个体能够成功地与他人合作。

第三章

镜像扭曲的代价

自尊缺失

每一个孩子都在努力使自己喜欢自己，寻求他人的赞同，不知疲倦地学习能够消除无助感的技能。如果周围的人忽略了他日益增长的能力，他就会毫不犹豫地向周围的人展示自己的能力。

“爸爸，看看我有多强壮！”

“知道吗？我现在可以自己系鞋带了！”

“我比比利跑得快！”

这是吹牛吗？未必。这些陈述只是表明，他们在寻求积极反馈以建立高自我价值感。

当孩子建立自尊不成功时，他们基于三种可能性（或组合）会采取不同的路线。这三种可能是：

防御：想出各种办法来掩饰缺陷；

顺从：把他们自身的不足作为事实接受，并过着自卑的生活；

退缩：退缩到幻想中，以幻想来使自己与遭受的拒绝隔离。

上面的每一项选择都要付出降低生活丰富性的代价。

孩子人生旅途的特定路径会受气质、榜样、经历和试错结果的影响。大多数儿童在顺从或退缩之前都会尝试各种防御，而顺从和退缩通常只是他们最后的选择。孩子们不会轻易放弃。

自尊和防御

防御只是一种反抗焦虑、恐惧、不安全感或不胜任感的心理武器。其目的是帮助孩子保持自我的完整性。而我们所有人都在这样或那样的时刻使用过防御这一工具。

莎莉不断告兄弟们的状，这是她用来与兄弟们争宠的方式；西蒙不断欺负别的孩子，这是他在尝试成为最受宠的那一个；梅格的喋喋不休，其目的是引起人们对她的注意，她渴望别人对她的关注。

孩子们的整个防御性武器库包括补偿、合理化、升华、替代作用、否认和投射，这些都是我们大家共有的。有时候，这些防御机制有助于我们调整，但有时会造成麻烦，特别是当人们对它们过于依赖时。（通常情况下，大多数孩子最终都会意识到，吹牛、说闲话和引人注目的行为招致更频繁的拒绝而不是接受）我们的目标不是详细地处理孩子自我防御的种类，因为这些材料在其他书籍中有所涉及，而是指出这些防御的目的和分析一些常见的防御方法。

孩子暗自认为自己是坏孩子、不可爱、没有价值，大部分的自我防御就是植根于这种信念。这种自我的感觉构成了神经症的核心。毕竟，神经症只是心理创伤的疤痕组织。拥有高自尊的孩子不需要那些不健康的自我防御。切记：

自我防御是围绕弱点而建立，而不是围绕能力和胜任感而建立。

不胜任的感受和不健康的自我防御往往同步建立。

让我们来看看一个孩子是如何具体处理她对自尊的需要的。充满活力、信心满满的苏瑞感觉到，她令父母很失望。虽然她私下相信父母对自己的印象是准确的，但以她的性格她不会被动地顺从。作为一个学龄前儿童，她具有蔑视旧规和反叛的心理，她试图通过直接的肢体行为强行获得认可。六岁的时候，她采取迂回方式（补偿）来掩盖她的心理不适。在内心深处，她感觉自己很渺小，毫无价值，但表面上展现的却是说话大声，态度蛮横、霸道。告诉苏瑞停止这种行为，就像试图通过往皮疹上面撒药来治愈麻疹。如果孩子自身感觉无价值，别人的说教是难以改变孩子的无价值感的，事实上那只会放大这种无价值感。

在八岁时，苏瑞意识到她的策略只会把其他孩子赶走，她也无法在家里获得认可。她搜寻了一些在同伴中受重视的方法。然后，她发现她具备棒球技能。于是她全身心地投入了这项体育运动，她开始用批判性的观点观看每周六的电视体育节目。她把放学后较多的时间用在练习投球和击球上。在她十岁的时候，她已经成为体育课上的杰出人物。所有棒球队为争取她入队争抢得不亦乐乎。现在，她已经赢得了同伴的钦佩，也把自己塑造成了一个真正受人欢迎的对象。

从事棒球运动，补偿了她不受重视的感觉，这个解决方案可以帮助苏瑞获得同伴的尊重。不过，当她成为一名优秀的棒球球员不再受到她的同伴重视时，她又遇到了新麻烦。这个时候，除非她通过发展其他方面来获得同伴的接受和重视，否则她可能会再次陷入困境。

在孩子身上我们可以看到另外一种补偿方式，他们奋不顾身地开始努力去实现更高的目标。例如，约翰逊私下里认为自己没有什么价值，他就“收集”自己的各种成就来证明自身的价值。但是，无论他的“成就”多大，都不足以排除他私下里对自己的认识。外部证据并不能平息潜在的信念。

补偿只是人类为建立自尊而采取的众多手段之一。

防御和恶性循环

不是每个孩子（或成年人）都能以建设性的方式建立自尊。许多人选择防御手段使自己陷入自我毁灭的恶性循环，而这种模式通常起始于家庭。

假设苏瑞没有选取以练习棒球来获取同伴欢迎的解决方案，相反，她有可能继续蛮横、一意孤行和霸道。她变得越来越专横，遭受的同伴的拒绝也越来越多。作为一个与同学不能融洽相处的人，她也遭到家人的拒绝，她的自尊甚至下降得更低了。在苏瑞这个事例中，恶性循环并没有停止。她与人的关系越差，她就越没有能力专注于学业。从任何一个孩子的观点来看，与小伙伴们合得来比阅读或学习乘法表更为重要。当频繁遭受拒绝、内心出现创伤时，她怎能专注于学习抽象的东西呢？

随着成绩“D”和“F”的积累，苏瑞有更多的理由认为自己是无价值的，她每一个新的失败都为未来的失败奠定了基础。做人的失败为学业的失败奠定了基础。那么，即使她拥有高智商也于事无补，因为她的个人胜任商已千疮百孔。

在低自尊的儿童中，已经发现的一个不健康的自我防御方式是暴饮暴食，而这是一个很难打破的恶性循环。

简（Jane），八岁，她感觉自己就像家里的怪物一样。她认为自己不受欢迎，这给她带来了焦虑和紧张。她最早的婴儿记忆之一就是，暴饮暴食可以缓解内心的紧张，令她感到舒服。作为一个婴儿，吃饭与获得亲密接触和安慰有关。作为一个小孩，她注意到她的母亲在她吃了一顿丰盛的饭菜时，总是给予她很多表扬。

现在，在最初记忆和联想的基础上，每次当她感到沮丧、紧张、寂寞或被拒绝时都会转向食物。周围人给予不了的安慰，她能短暂地从食物中获得。吃能带给她暂时性的奖赏：食物吃起来味道不错。对于简而言，食物成为温暖、亲密、喜欢、认同和好的身体感受的象征。所以她会盲目地转向这往日安慰的象征，试图以此滋养自己。

在孤独的自我放纵中，她暴饮暴食以至于体重变得越来越重。这使得她越来越没有吸引力，运动能力也越来越较差，很快她成为操场上人们取笑的对象。他人的嘲讽使她更加频繁地转向食物以获得安慰，因此恶性循环愈演愈烈。她长得越胖，越是被戏弄。每一次遭受新的拒绝，都会加重她对食物的癖好。就这样，她退缩到自我憎恨和疏离感当中。

虚伪门面

一些有深度缺陷感的孩子（和大人），却摆出令人满意的样子，以此来进行防御。玛丽的父母只有在她衣冠整洁、守时、待人友善和周到的时候才会赞赏她。只要她展现出了哪怕是虚有其表的温和善良，她就能赢得父母的喜爱。

她把自己正常的愤怒、嫉妒、沮丧和焦虑的感觉都隐藏了起来，表面上看起来一切都很好。而麻烦的是，她知道这些不被接受的感觉依然潜伏于内心（第七章中讨论了受到压抑的消极情绪及其对自尊的影响）。玛丽花了大量时间，建立了令人高兴的“好女孩”形象。她成为了一个依赖、顺从的个体，她调整自己的每一个行为，以赢得认可，并将她的“坏自我”隐藏于人们的视野之外。尽管她成功地掩盖了自己真实的心理，但是她对自己也丧失了信心。她致力于寻找完美而不是发展自己的潜力。她成了“应该”的奴隶，并开始向外界证明她是“成功”的。在这种情况下，“重点从内在转移到了外在”，正如卡伦·霍妮[1]所说。[2]

我们都会遇到看起来很自信的人，即使那人其实没有看上去那么自信。有时候我们也会被愚弄，但是对方有时会出现脆弱、夸张或紧张的行为，这本身就显示他们内心有缺陷感。

拉里（Larry）说话声音有点太大了，握手有点太用力了，笑得太热心了，也不能安静地坐着。他给人的印象是工作表现很自信，其实不然。我们从来不觉得我们了解像拉里这样的人。我们无法认识面具背后真正的拉里。

任何伪装自我的人实际上都处在困境中。他得到人们对他所戴面具的反馈，而不是对他的真实自我的反馈。戴有伪装面具的人知道他呈现在别人面前的自己是不真实的，所以他把人们的认可归功于自己先前良好的表演。他持这样的信念生活：“人们喜欢我的虚假的自我，但这个不是真正的我。”这就意味着别人的认可对他来说没有意义，因为赢得认可的是他

[1] 卡伦·霍妮，医学博士，德裔美国心理学家和精神病学家，精神分析学说中新弗洛伊德主义的主要代表人物。卡伦·霍妮是社会心理学的最早倡导者之一，她相信用社会心理学说明人格的发展比用弗洛伊德的概念更适当，是精神分析学说发展中举足轻重的人物。著有《精神分析新法》《我们时代的神经症人格》《自我分析》《我们内心的冲突》和《神经症与人的成长》等——译者注。

[2] Horney, Karen. *Neurosis and Human Growth*. N.Y.: W. W. Norton & Co., 1950, P. 38.

的虚假自我。

他的真实自我从来没有机会发展，因为它的营养来源被切断：没有了与他人的社会互动。这样一个人害怕让任何人看到他真实的一面，因为他在童年时代通常已经通过父母的反馈意识到，他的真实自我是不被接受的。把这个假设带入成年阶段，他失去了检查机会——检查成年人对他真实自我会做出怎样的反应。虽然面具可能在童年时期是合适的，但到了成年时期它可能不再合适。他认为以虚假的自我出现在别人面前，可以防止自己遭受别人的拒绝。但这是一个个人陷阱。只要他继续玩这个游戏，他与他人的关系就仍然是虚假的。

米尔德里德（Mildred）出生于一个喜欢社交的家庭中，在生命的早期，为了获得家人对她的接受，她必须以表演的行为方式行事。她以必要的假面示人，但面具后面的孤独生活开始折磨她，耗尽了她的精力，直到长大成人，她大部分的时间都在应酬他人，忍受着各种心理病痛的折磨。

在 40 岁时，她接受治疗，学会了接受真实的自己——一个安静、内省的人。她意识到自己以前的生活是一场旷日持久的戏剧表演，她承认，为了她自己的精神和身体健康，她不得不按照自己的内在本性生活，尽管这意味着她达不到家人对她的期望。

当相交多年的朋友告诉她，与那个虚伪的米尔德里德相比，他们更喜欢真实的米尔德里德，这信息令她惊讶。不像她的家人，这些朋友赞赏的实际上是她的安静、温柔。

通常情况下，只有重新审视从童年时期沿用下来的旧的行为方式，我们才能放弃我们觉得不得不戴的面具。我们惊奇地发现，面具不再具有“生存价值”。事实上，不戴面具的人更加受人喜欢，因为真诚才是有魅力的。

我们中有许多人认为我们必须“看起来很好”——强壮、高效、有能力、完美——才会得到他人的认可。而且我们也花了数年的时间来抛光自身呈现在别人面前的美好假象，却从来没有意识到，这些面具长期以来让我们痛苦不堪。

愤怒的青少年，没有化妆就羞于见人的女士，在房子凌乱时有邻居到访就极度焦虑的女士，一个身材极矮、好斗、仗势欺人的男士……每个人通常都有隐秘的不足之感。感觉内心不够充实，于是这样的人认为外表看起来很有能力特别重要。反过来说，内心充实的人不必试图永远向别人呈现毫无瑕疵的形象。

戴面具是为了掩盖“无价值的自我”。

面具掩盖了人们的低自尊。当我们使与我们共同生活的孩子真正喜欢他们自己，那他们就不需要面具。

顺从和退缩

没有足够自我防御手段的孩子可能会诉诸顺从或退缩。如芭芭拉（Barbara）和哈罗德（Harold）就做出了这样的选择。

芭芭拉几乎没有获得过父母的接受和关爱，天生被动，仅仅是尝试着获得认可。在她的家庭中，她的父亲具有极端的权力欲望和轻视女性的观念。小时候，芭芭拉亲眼目睹她母亲对父亲逆来顺受。以她妈妈为榜样，芭芭拉逐渐长大。她相信自己不值得尊重。像妈妈一样，她选择了一种自我牺牲的生活方式。

哈罗德的早期经历也使他相信，自己没有任何价值也不重要。他曾试图以很多方式赢得父母的爱，但他从未取得过成效。父母的拒绝和他看到的父母之间的争斗使他害怕与人接触。他没有勇气向别人提出建议，而他所做的少量的暂时的努力也同样以失败告终。

对于哈罗德来说，现实世界和置身其中的人们带给他的个人满足感或心理上的温暖很少。他由于无法在外界获得满足而感到沮丧，转而从内心孤独的白日梦中获得安慰。在他的幻想中，他可以命令世界上的各种事物，可以获得他渴望得到的待遇。退缩到幻想中不仅使他免遭更多的拒绝，而且给了他一个私密的地方，这里让他感到威胁较少。于是他选择了退缩。

通常，孩子的行为表现越差，他获得他人认可的渴望就越强烈。他越是退缩或令人厌恶，他越需要他人对他的关爱和接纳。他的自我防御程度越高，他精神上的饥渴和疏离感就越强烈。然而，孩子的防御方法又使得他不太可能赢得他所渴望得到的接纳。所以，他兜了一圈又一圈，最后只能是作茧自缚。

我们的监狱、法院和医院每天都要和付出了个人代价的人打交道，而在这些人的生活中充满了极度扭曲的“镜子”和大量的负面反馈。事实上，历史的书页上写满了这些人对人类文明造成的残酷伤害。

悲剧是，这本可以不发生。恶性循环是可以避免的，甚至在开始后也是可以破除的。（见第五到十二章）给孩子提供一些可以防止他们陷入闷闷不乐、扭曲生活的反馈，在这一点上家长和老师都责无旁贷。我们可以帮助孩子避开顺从、退缩等不健康的自我防御方式。切记：

如果你在和孩子的共同生活中挫伤了孩子的自尊，这会妨碍孩子的积极心理成长。实际上你会促成孩子扭曲的、自我防御性的心理发展模式。

良性循环

当你知道积极反馈的重要性时，你可以让孩子进入一种良性循环，而不是恶性循环。除了是基于积极的反馈，良性循环以与恶性循环相同的方式运作。

例如，乔（Joe）感到他的家人深深地喜爱和重视他。当他出去与其他孩子玩耍时，他的状态是平静的、非防御性的。自然而然地，他快速交上朋友并与他们保持友谊。他不需要再付出精力进行防御，因此在学校他很放松，能充分关注学习，并努力提高能力。从家庭、朋友和学校那里获得的积极反馈，使他进入了一种不断拥有更多能力和被接纳感的良性循环。这些积极的反馈也更加坚定了他最初的信念——自己是重要的，而他的自信和快乐也为他带来了更多的朋友。

我们与孩子共同生活，在他们的生命的第一年，就为他们搭建了使他们步入恶性循环或者良性循环的舞台。然而，即使在最好的情况下，生活经验和家庭以外的人也会给孩子带来负面的影响。然而，一个孩子从家人那里得到的消极信息越少，他承受来自家庭之外压力的能力越大。

我们作为父母对孩子的自尊程度并不是负有完全责任，但是我们在他形成对自己的初始观点的过程中扮演着重要的角色，并且会长时间地在他的生命中发挥重大作用。

第四章

消极反馈的陷阱

自我概念改变

自尊不是一成不变的，但自尊一旦建立，就不容易受到干扰。孩子对自己的看法通常随着他的成长和获得新的经验而发生变化。例如，吉米（Jimmy）只有身体成长到一定高度才能骑自行车，他的自尊也随着这样的变化而上了一个台阶。建立自我意象的过程是这样的：获得的新的反馈、新的经历或进一步的成长导致一个新的成功或新的失败，这又导致一个新的或修改了的自我认知。以这种方式，每个人的自我概念在他的一生中不断演变。

僵化的自我概念

然而有时候，孩子对自己的态度是僵化的。然后，他们开始出现麻烦。这是如何发生的呢？

正如我们所看到的，高自尊让他们感到自己是可爱的和有价值的。在这两种感觉中，相信自己可爱才是更为重要的；而认为自己可爱的意思是：认为自身的存在至关重要。一旦某个孩子感到自己不可爱，即使有确凿的证据来证明他自身的能力和价值，他也会视而不见。

那个坚信自己并不好的小孩（或成年人）就会更加敏感，更容易受那些能证明自己消极形象信息的影响。“我不可爱”这个信念，就像一副滤色镜，会有选择性地过滤相互矛盾的信息。当孩子不喜欢自己时，会忽略或拒绝与他的自我意象不符的反馈。

原因是这样的：

人类必须对自己有意义。

我们必须感觉自己具有内在的一致性。没有人可以既相信他自己不重要，同时又相信他对自己和他人有价值，这两种感觉是互相矛盾的。

例如，14 岁的蒂娜（Tina）觉得自己基本上是不可爱的，因为她很少接收到别人把她作为一个有价值的人的反馈。她已经学会把她自己的“不可爱”作为先天的事实接受下来。她缺少她的同伴们看重的一些技能，她不会跳舞，也不会游泳。她自惭形秽，这必然妨碍她学习父母为她提供的教导。她对自己的学习能力没有信心，即使她有信心，她基本的自我意象也并不会改变。无论她变得如何有能力，她在心理上都始终认为自己不行。她的理由是：“哦，是的！我会游泳、跳舞、打网球，也能弹吉他，但即使这样又能如何呢？其他人也可以做这些事情，甚至做得更好。我的技能跟他们的比什么都不是！”

蒂娜不能用她越来越强的能力来改善她对自己的印象。她感觉不到自身可爱，她总是关注自己的弱项而非强项。成就对她而言就是空洞的胜利。她的僵化的自我意象没有改变，她的低自尊因此而得以维持。通过持续不断的单调的自我灌输，她维持着错误的信念。除非她改变自己的信念，否则她的神经症会随着年龄的增长而趋于严重。因为每一年使她不信任自己的能力的证据都会增加。相反，如果蒂娜在不经意中从父母那里接收到自己是可爱的这样的信息，那她会认可自己逐步增长的技能，因为她的成功与她的基本信念相符。

感觉自己可爱的另外一个好处是，充满自信的人，能接受自己缺乏特殊的技能的事实，而同时又不会威胁到他的自尊。因为马克（Mark）喜欢自己，他不相信自己必须是完美的。他不把自身的缺点看作自己不足的证据，而是看作今后增长的空间。相比之下，玖恩（June）的低自尊意味着她将每一个弱点都用作对付自己的武器。她期待完美的自己，而认为自己所做的一切都不够好。

低自尊与对自我提出的不可能实现的要求密不可分。

我们都遇到过陷入对自身缺陷的关注而无法自拔的人。他们的思想总是原地打转，因为他们忽视了所有相反的证据。所以就是有这样的女孩，她坚持认为自己是愚蠢的，尽管智力测试表明她很聪明；一个漂亮的女人却认为她自己是丑陋的；一个男人面对与别人同样的情境时，却总认为自己遭受了拒绝；一个非常有能力的男人总是在追求目标的过程中半途而废，认为自己不能胜任。不管事实如何，这样的人坚持认为自己一无是处。为什么？一旦人的自我意象清晰下来，保持内部一致性的需求就会推动我们每个人保护和维持我们已有的自我意象。

如果低自尊者认可别人对他的积极的反馈，那他之前生活所依据的基本假设就必须改变。这意味着他要重组他自己是不可爱的这种基本信念。

放弃多年来保有的自我意象，即使这种自我意象不能令自己满意，也会让人不知所措。生活在已知的，尽管是不愉快的状态中，也许令人感觉更安全。坚持自我意象的人总是设法保护自己，避免重大变革。这种对待变革的观点是一种低自尊的流露，且带有偏见。变革包括尝试新的事物，存在冒险的未知数，意味着要放弃熟悉带来的安全感。

生活在拒绝和失败阴影中的人更多地受到变革的威胁，这也可以理解，因为新的改变可能会为他带来更多的坏消息。而且，在此之前他已经拥有了太多的负面经历。相反，过去有积极经历的人，相信好事会随着变革而至。

偶尔，我们会遇到一个自我概念似乎是朝向积极的孩子（或成年人）。他的言行仿佛是在告诉人们他是“上帝对人类的恩赐”；当然，他的自我意象是不准确的，因为完美的人并不存在，而他拒绝接受能证明自己有弱点的证据。（记住：高自尊并不意味着自负）

这个看似“积极”的自我概念实际上掩盖了他们自我感觉不佳的深层心理。缺乏真实自我意象的人，就会与他人和他所处的环境产生冲撞和摩擦。由于他拒绝承认自己的弱点，他也就不能克服自己的弱点。

有关僵化的具体说明

让我们来看几个关于僵化的自我概念的问题。

如果有人相信他自己是不可爱的，他对自己的态度可以改变吗？

是的，确实可以改变。记住：自我概念是学来的，不是天生的。这意味着对自我的态度是可以朝着积极的方向改变的。然而，变革的主要条件是孩子有对人和生活的积极体验。要想感觉到自身可爱，孩子必须感受到周围人对他的接纳（见第二部分）；而要想感觉到自身有能力和有价值，他必须通过自己的努力经历成功。

如果你的孩子对自己的看法不佳，你就很容易想到，“我的天啊，他被毁了！”但他并没有被毁。每个人都有惊人的灵活性、韧性和成长的能力。尽管来访者经历了巨大的变化，情绪低落，但他们的心理机能仍然很完善，这一点常常让给他们做咨询的心理咨询师感到吃惊。

尽管一个孩子曾有很多消极的经历，但他通常还会对堪比“阳光”的肯定的环境和正面反馈做出积极回应。虽然每周只有一个小时的“阳光”，但孩子（和成年人）的自我意象却发生了巨大的变化；治疗师的本子上填满了这样的记录。请想想其中的道理。我们每周醒着的时间大约有一百多个小时，对孩子只花费一个小时做出积极的反馈，一两年就可以帮助他们改变自我意象。这对于人类再学习的巨大能力是多么有利的见证啊！它还证实了，每个星期，人只需要一点点“阳光”就可以开出灿烂的花朵。

转变了态度的父母，开始向孩子提供积极的反馈，他们会发现孩子在短时间内就出现了惊人的积极改变；即使这些父母是在孩子已经十多岁时，才转变了态度，这种积极的改变仍然会出现。通常，在家庭环境没有任何变化的情况下，只要低自尊的孩子身边的老师、亲戚和朋友能提供给他积极有益的成长氛围，他也会发生重大转变，向更积极的自我表现迈出新的一步。

为什么一些孩子会形成自身能力不足的僵化信念？

一个因素可能是遗传。如果你有不止一个孩子，你可能已经注意到，你所说的话和语调对一个孩子比另一个孩子有更大的影响。一些孩子由于其特殊的神经系统，对他们周围的环境更为敏感，诸如食物的口感、光线、颜色、声音、认可或不赞成。每个孩子都有独特的遗传基因，并依此做出反应。一些孩子应对生活挫折的能力较弱，不太敏感的孩子在感觉到受伤之前已经承受了很多负面经历，他只是反应没那么激烈罢了

此外，低自尊的孩子持有的信念是否会僵化，取决于他们接收负面反馈的时间早晚，频率、强度的高低，以及负面反馈来源的多少。

在什么年龄僵化会来临？

正如我们已经看到的，到了 5 岁孩子已经形成了自己是一个独立的人的观点。他的态度是否会变僵化，是当时还是后来发生的变化，取决于许多因素：他的遗传因素，他的经历，以及他是如何对待这些因素的。然而，多种因素的融合才会导致僵化。没有一个因素或经历是与僵化没有关系的，戏剧性的电影和小说的影响也不能排除在外。

僵化需要多长时间才能缓解？

答案取决于个人。对孩子发挥负面影响的遗传因素越少，出现效果所需的时间就越短。孩子开始接受积极反馈的年龄越小，获得的积极反馈越多，那他改变消极的自我意象所需时间就越少。某些自我防御方式也会比其他的防御方式带来更多的痛苦。孩子使用的某些防御方式带来的痛苦越多，他就越渴望改变对自己的基本态度。

只有专业帮助才能改善低自尊吗？

如果消极态度已经牢固地扎根，治疗可能是必要的。但是，正如 W 先生的例子所说明的，有时仅仅是生活的经历就能为孩子的健康成长提供治疗契机。

W 先生乐于与他人合作共事。50 岁时，他开始为一位根本无法取悦的主管工作。W 先生成了“替罪羊”，慢慢地他失去了对自己的信心，开

始变得紧张、退缩和防御，忍受这种负面的心理状态长达七年之后，他换了工作。在新公司，他的想法和经验受到同事热烈的欢迎，他被公认为是公司的顶梁柱。他的自信心得以恢复，他再一次感受到温暖、自信、轻松。

W先生的经历，展示了“镜子”对一个人自尊的强大影响力。消极的反馈可以摧毁人生，积极的反馈可以让人们重拾愉快和轻松。这种情况再次说明，别人如何看待我们，影响着我们如何看待自己，以及如何行动。这一事例也表明，像积极的工作变化这种如此简单的事情，其治疗效果相当于数百个小时咨询。

许多把孩子当作生活唯一重心的母亲，也拥有类似的经历。当她的孩子离开家时，她会突然感到自己不再被需要，变得不重要。她的自我概念改变为“我现在没有什么可以提供的”，而她这种新的自我陈述降低了她的自尊。如果她积极参与有意义的工作或发展新的兴趣，她就会找回个人价值感。而再次感受到自身的价值也会让她重拾对生活的兴趣。

工作在一个人的生命中发挥着重要作用，退休会使他的自尊降低，除非他发现新的活动，让他重获成就感。

有很多情况可以防止自尊的降低，比如：一个接纳你的家庭，一个尊重你人格的老师，一个特别适合你展示才华的工作，一个温暖笃实的朋友或者婚姻伴侣，有意义的宗教哲学学习，对自己的基本假设的内省和具有挑战性的态度，有意义的阅读，针对个体或团体的治疗。实际上，上述每一种情况都能帮助人们摆脱低自尊的陷阱。

任何一种使人们感觉个人更有价值——肯定了他独特的人格——的生活状况，都有助于培养他的高自尊。

而僵化的观念则会阻止人们心理健康成长，并限制他们潜力的发挥。

当孩子喜欢自己时，在他的成长过程中他可以吸收关于自己的新证据。他知道自己有些方面不够好，而且不担心把自己暴露在新场合。然后，他的潜力就有机会得到发掘。而感觉自己基本上不可爱的孩子，会固守他消极的自我意象，他不接受能证明自己有能力的新证据。只有当自己对自己的怨恨消失时，他才能自由成长。

在某种意义上，高自尊是一种保险政策。孩子能最有成效地发挥他自身的能力，并对变化持开放的心态——这是我们能够提供给孩子的最好的保障。我们当时时检查作为“镜子”的自己，所提供给孩子的反馈的质量。我们应该“抛光”我们的镜子，使孩子们不被低自尊所困扰。

第五章
擦亮父母这面镜子

透过滤光镜观察

我们每个人都会不同程度地透过自己以前的经验、个人需要、自己的文化价值观这些“滤光镜”来看待孩子。这些“滤光镜”决定了我们对孩子的期望。

这些期望成了我们衡量孩子的标尺。

弄清楚你对孩子的期望是什么和为什么这样要求他，是“擦亮”父母这面镜子的第一步。我们来看一些常见的透过“滤光镜”看待孩子的做法，看看这些做法是如何影响你育儿的。

缺乏经验

由于每个孩子都不一样，所以我们都在一定程度上带着缺乏经验这副滤光镜看他们。我们养育第一个孩子时，这一点尤其突出。例如，B 夫人下午休息之后，发现儿子的房间混乱不堪，她觉得自己简直就要被气死了。她毫不客气地告诉儿子：你是个坏小子。而几年后，当她的三儿子把房间搞得凌乱不堪时，她也不责备孩子了；事实上，如果她发现三儿子的房间很整洁，她反倒会怀疑儿子是不是病了。养育学龄前儿童的直接经验和她自我调节以适应现实的能力改变了她的期望。她对照以往经验衡量了三儿子的行为，并将其视为正常现象。对这两种情况的不同处理方式都是源自她的期望。

沿用下来的标准

我们的期望中有很多是不假思索地沿用而来的。一个普遍的观点是，安静的孩子是“好”孩子。我们对孩子的的接受度会随着他制造的噪音的大小而变化。

我们在教育子女时严重依赖家传的指导原则。在没有考虑、质疑或验证儿童的自然的行为的情况下，我们沿用家传的指导原则管教自己的孩子。这样倒是节省了精力，但是我们可能会为此付出代价。

我们大量沿用文化中的教养标准。“男孩不应该哭泣”“女孩应该玩娃娃，但男孩不应该”“兄弟姐妹应该永远相爱”“孩子们永远不要对父母生气”“男孩应该是运动员”……我们不断大量采用像这样的标准来衡量自己的孩子，尽管这些标准对孩子来说可能是不切实际的。

在美国中产阶级家庭中，父母特别看重孩子学业成绩的快速提高、尊重财产的观念、清洁的习惯、社会交往能力，也看重对性的自我控制。尽管这些目标可能是值得实现的，但是希望孩子诸多行为超越现实的年龄段，或者希望这些行为发生在任何情况下，或者是三番五次地要求孩子们学习这些行为，使得我们对孩子的有条件认可成为不可能。这样，我们让孩子陷入了一种自尊遭受破坏的恶性循环。我们迫使孩子去实现这些目标的时间早晚和速度快慢，影响着每个孩子对自己的看法。

往日未实现的愿望

我们对孩子的一些期望，旨在实现我们自己未实现的童年愿望。一位母亲动情地向她女儿的高中辅导员分享了一个故事。“我攒了几个月的钱，给女儿金妮（Jinny）买了一套搭配得很好的开司米羊绒毛衣和裙子让她换上，因为她的朋友中没有一个是像这样穿的！我在她这个年纪时，如果能得到这种东西，简直愿意付出一切代价。我养了这么一个不知感恩的孩子，究竟错在了哪里？”

自己的一个没有实现的愿望让这位母亲期待女儿的感激之情。她的往日未满足的愿望让她不了解女儿的需求与她自己的需求完全不同。

当下的需求

我们或许会采取一种能满足我们自己当前渴望的方式来对待孩子。例如，T 太太非常渴望别人对自己的认可，她需要周围每一个人对她的赞同。如果来访的邻居是一个严格的人，她就会表现得像是孩子们日常生活中的独裁者；如果她的客人非常宽容，她可以让孩子们离开去和任何人玩耍，只要不是杀人犯就行。她对孩子的回应（来源于她当下的、未满足的需求）取决于她与谁交友。

如果我们没能通过自己的努力获得渴望得到的身份、地位，我们可能会不自觉地推动孩子去实现那些我们自己未能实现的理想。我们可能希望孩子在课堂上领先，所有的成绩都是“A”，或者因为表现优良而被选为学生干部。孩子必须做得出类拔萃来满足我们的需求。当然，我们可能在自己的生活中已经为自己赢得了许多荣誉。但是，如果将孩子视为自己的延伸，而不是把孩子视为独立的个体，我们可能会觉得，如果孩子不优秀，我们自己的光芒也会暗淡。我们的期望是，我们的后代像我们一样闪耀。

婚姻关系中的需求催生了另一种滤光镜。如果夫妻相互之间缺乏尊重和欣赏，他们就很容易陷入让自己的孩子满足父母需求的陷阱。当孩子不能满足父母的需求的时候，父母就会对孩子产生不满。而当夫妻彼此欣赏和尊敬时，父母就不用要求孩子去填补自己的缺憾。

未竟的事情

对孩子的期望，往往渗透了我们自己童年未实现的理想。大多数人都是根据自己的需要而不是孩子的需要来培养孩子的。这是一个令人不悦的想法，但的确是真的。

在 P 先生还是一个男孩时，他不得不与年长的、主宰自己的哥哥不停地战斗。他从来没有和哥哥达成一致过，但也始终没有放弃争取平等的行动。他始终没有实现与哥哥之间的平等，而现在他发现了一个扳平的绝佳机会，然而，对象却是对他的长子。当他看到他的长子主宰他年龄较小的儿子时，他童年的记忆就被触发了，他以强烈的语气批评他的长子。他不知道自己为什么这样做，而他的长子也不明白这是为什么，却承受了他父亲未解决的内心冲突带来的冲击。就这样，父亲童年时代淤积的心理遗憾影响了孩子的自尊。

期望对自尊的影响

孩子会根据父母的标准衡量他能做什么。然后，孩子对自己的价值做出判断。在家长酗酒的家庭中存在一个基本模式，即家长对孩子期望太高，而孩子难以满足家长的期望。如果一个人的表现一直不能满足他人的期望，他就会对自己做出判断："我没有价值。"内心感觉自己没有价值，为了建立一种自己是有能力的感觉，孩子会借助酒精作为外在的支柱。强烈的依赖心理和低自尊，使他走上了漫长的自我挫败的道路。

在校学习成绩不佳的孩子，往往来自上述家庭，父母不断地给孩子施加压力，以至于孩子疲于奔命，却达不到要求。习惯于刺激孩子的父母会间接地敦促孩子说："我对你没有信心。"甚至还说："你又一次不合格。"

无论什么时候，对于某种特定的孩子，在某些特定的情况下期望太高或者过于严厉，以至于这些孩子不能适应，那么家长们就很容易大失所望。而父母的失望就像白蚁一样，蚕食了孩子自尊的基础，颠覆了孩子的自尊。

孩子们很少质疑家长对自己的期望；相反，他们质疑自己的能力。

这是否意味着要避免挫伤孩子的自尊，父母必须抛弃对孩子的全部期望？绝对不是！正如家长太高的期望会经常让孩子感到挫败，缺乏期望就好像在说："凭什么对你有期待呢？你可能做不来任何事情。"对孩子缺乏信心会粉碎他们的自我价值感。

孩子感觉到父母的期望具有的力量，这些期望会直接影响他对自己的看法。哈佛大学心理学家罗伯特•罗森塔尔（Robert Rosenthal）发现，若老师对孩子的学习能力有信心，就会使这些孩子的智商提高 15 到 20 分。非语言评价成了给予孩子的积极反馈，促使他们相信"我可以做到"。于是，老师的信心变成了孩子的信心。对孩子有负面效果的期望与有积极效果的期望之间的差别在于，对孩子有积极效果的期望是切合现实的，并且伴随着父母对孩子真诚的信任。

"表现符合我的计划的孩子就可爱，否则就不可爱"，这样有条件的认可往往会破坏孩子的自尊。迈克就其天性而言，是一个安静、好学的男孩，但他意识到父亲更希望自己的孩子是外向的、运动员类型的人。迈克要赢得父爱，就必须放弃自己的天性，去努力使自己符合父亲心目中的可爱儿子的形象。

孩子对自己的信心是他茁壮成长的核心。当他不顾自己内心的期望，屈服于别人先入为主的期望时，他的自尊就受到了伤害。忠于自己的内心，意味着维护自己作为一个独特个体的完整性，而这是他人格稳定的根本原因。给孩子提出违反他们天性的期望总是会对他们造成伤害。"做一个符合我的要求的人，而不是成为你自己！"这种僵化的、不切合现实的期望是多么刺耳！

孩子的信心必须建立在真正的自我之上，而不是建立在别人的想象之上。

失去自我的悲剧

要么实现父母对自己不切实际的期望，要么就遭受父母的冷落，孩子处于一种两难的困境。下面这个来自孩子与咨询师会谈记录的可悲例子，无可辩驳地证实了这一点。

一个 15 岁的男孩和父母一起生活，他父母对他的要求标准是僵化的、专制的，绝对不适合他的秉性，他说："我彻底灰心了，我对父母非常无奈。我不能让父母改变观点，所以只有改变我自己。嗨，无论我有什么想法还是想成为什么样的人，都意味着麻烦。我真的只有一个选择，那就是按照父母说的去做。"

"当然，也有其他孩子完全由他们的双亲统治，所以我不会是唯一这样的孩子。但是，你知道吗？我觉得这些孩子内心的某些东西已经死去。我在很久以前就死去了……我想我出生时就已死去。我真实的秉性不能让我的家人或者其他任何人喜欢。可是人又怎么能摆脱自己的秉性呢？"

这个男孩悲伤地选择了父母指定的道路，从来不质疑父母对自己的期望，反而认为错的是自己。失去自我的悲剧上演。

然而，他非常清楚，当他做这个决定时，他在心灵已经死亡。但他宁愿进行这种"自杀"，以获得外在的接纳和表面的宁静。尽管他尚不成熟，但他已经深刻地意识到一条心理学上的真理：许多孩子在心理方面摆脱不了父母的不恰当期望的摆布！

父母的期望与孩子的禀赋不合，会迫使孩子陷入是否做真实的自己的困境。如果孩子选择了适应家长的意愿，就等于放弃了自己的意愿，只要他否认自己的真实自我，就有可能发展成为一个没有主见的人，一个复制了他人期望的复制品。然后，他可能被剥夺了自我，成为按照别人的意愿塑造自己的人。

双重困境

在孩子应该发展为哪种类型的孩子这个问题上，父母与孩子的意见有很大出入，许多孩子被推入双重困境。

R 先生认为他愿意接纳的儿子应该是性格非常外向且有闯劲儿的；R 太太则偏爱粘着母亲并处处需要母爱的儿子。所以，无论他们的儿子多么竭力去适应父母的期望，他都注定会失败。与此同时，他内在的自我可能在出生时就已经湮灭了。

依赖心理的形成

想象一下，对于父母为孩子设计的蓝图，孩子必须付出艰辛的努力才能实现。家长为孩子应有什么样的感受、态度、价值观和目标提供了一系列完整而粗制滥造的套路。家长认为自己的意愿是最好的，他们教给孩子不要跟从自己内在的自我想象。于是，孩子发展成为一个高度依赖别人的木偶，当你拉线时他才会移动。而家长对孩子的奖励就是给予他们认可。（记住，认可是生命的氧气，特别是对于年幼的孩子）然后，孩子将心理重心放在依靠他人身上。他人的意愿强加给了孩子，而孩子自己的自信却从来没有机会得到蓬勃发展。父母严厉的形象和超高的期望，为孩子实现真正的自我设置了巨大的障碍。而这些是他们“失去自我”的真正原因。

高度依赖他人的孩子不会突然从心理上成熟起来，成为充满自信的成年人。一旦有很大一部分公民成为高度依赖他人的人，国家将会因此而遭殃。民主政治需要这个国家的成年人具有敢于维护自己坚定信仰的勇气，而只有拥有高自尊的孩子才能成为拥有这种勇气的成年人。他们可以把精力用于解决自己周围的问题，从而为国家做出有意义的贡献。而一个国家不能没有这样的人。

切合实际的期望

如果父母的期望标准太高或太低都会损害孩子的自尊，那你怎么知道你的期望是切合实际的呢？

如果你的期望是基于儿童发展的实际情况、敏锐的观察，和对孩子过去和现在承受的压力的考虑，那么你的期望极有可能是切合实际的。

除非你熟悉一般孩子是什么样，你才能知道对孩子抱什么期望才是合理的。小泰德（Ted）的父母一直期待泰德是个小大人，而不是一个孩子。而当年幼的泰德不能完成专门为他安排的长距离远足或者是在餐厅无法耐心等待接受服务时，他的父母就会生气。当泰德的鞋子和裤子穿了一个星期看起来脏兮兮、破破烂烂的时候，他的父母也很沮丧。泰德的父母无法理解，泰德在去访问他的表弟时的无法安眠。一天又一天，在许多常见的、微不足道的情境中，父母给与的、越积越多的消极反馈都对泰德产生了消极影响。不过，这也不全是泰德父母的过错，因为他们根本不了解孩子的心理特征。

家长不仅需要了解孩子的秉性，而且必须了解孩子在各个成长阶段的心理发展任务。（参阅第三部分）这就要求家长对孩子的期望不要与孩子的心理成长需求相冲突。

仅仅知道一般孩子能做什么和不能做什么，并不足以保证家长的期望是切合现实的，因为每一个孩子都不是一般意义上的孩子。（如果我们是与可以按照一般原则来衡量的孩子一起生活，那生活岂不是简单了很多）每个孩子的成长模式都是一般成长模式的变式。对于这一点家长必须知悉。一般的教养方式忽略了孩子的个体差异性。了解四岁孩子的基本发展趋势对家长是有帮助的，但查理（Charlie）的父母必须密切注意查理这一独特的个体在这一阶段的表现。

对孩子公平的期望需要考虑他们过去和现在承受的压力。我们大多数人都尽力去做到这一点。

“比利的成绩在这个学期下降了，主要是因为他很难接受祖父的死亡，他和祖父的关系非常亲密。”

“丹尼总吮吸他的拇指，对此我并不感到惊讶，因为他正在适应家里添了个新宝宝。”

“最近，艾格妮丝（Agnes）很爱发牢骚，这主要因为她所在的快班竞争激烈。她一直是班里的优秀学生，但并非特别突出。一定是她最近感到压力很大。”

上述这些父母们，都考虑到了自己的孩子近期面临的压力，而调整了自己对孩子的态度。家长们要知道，孩子的任何行为都是有原因的，要从孩子的角度考虑，观察孩子的生活情状，这样能防止家长的期望不至于过高而脱离实际。当内部或外部压力很大的时候，我们都希望与自己一起生活的人们能多给一些包容。

● 期望清单

由于你的期望影响你提供的“镜像”的质量，你需要反思自己的期望是否合适。而通过内省和反思，你可能会发现你使用了某种干扰你对孩子行为判断的“滤光镜”。然后，你就可以处理自己的错觉或者误差，而不是盲目地对孩子的行为做出不恰当的反应，一味地满足你自己对孩子的期望。

在接下来的几天里，观察你对每个孩子行为所做出的反应，尝试弄清楚你的期望。把你自己的每一个期望写下来，对照下面的问题，思考这些期望是否恰当：

我为什么有这个期望？

这个期望从哪里来？

对我来说这个期望意味着什么？

这个期望的制订是根据我的需要还是根据我孩子的需要？

这个期望的目的是什么？

考虑到孩子的年龄、气质和环境，我的期望真的适合这个特定的孩子吗？

如实地列出自己的期望可能会带来痛苦，但它预示着改变。它与你的孩子的自尊利害攸关。

使用期望清单着手工作

检查每个期望是否适当。对家长和孩子而言，每个期望实际上有多大意义？

也许你一直追求丰盛的早饭，但你的儿子却喜欢吃清淡的。当检查这个期望时，你会意识到你的孩子在午餐、晚餐以及放学后都吃得很好。他很少生病，体重也正常。结果如何？你可以抛弃一个不假思索就拿来使用的标准。

扔掉那些过去盲目追随却对你和你的孩子没有任何实在意义的期望吧！

再次查看你的列表，看看是否还存在只是满足你自己需求的期望。例如，J 先生和夫人支持他们的儿子劳埃德参加其他任何有益的活动，但是都坚决反对他参加飞行这项危险的活动。劳埃德的高中老师说，他们的孩子是飞行俱乐部的所有男孩中，对飞行这项活动最有兴趣和天分的一个。经过和老师的多次讨论，劳埃德的父母认识到了真正的问题。他父母对他的期望是由于他们自身害怕飞行。最后，他们认为劳埃德有权利选择过好自己的生活，而不用受父母恐惧的束缚。他们放弃了自己的反对意见，全力以赴支持他们的孩子发展他自身的才能。

为了帮助孩子成长，家长也必须能够放弃自己对孩子不符合他们独特个性的期望。你能因为儿子喜爱动物，而放下你自己做一个工程师的梦想吗？如果贝蒂（Betty）不喜欢做侦察工作，她是否还必须当侦察兵呢？因为你认为学习音乐是一个好主意，那么你的孩子汤姆（Tom）就必须学习音乐吗？

我们每个人都有不可忽视的需求，但是必须通过我们自己的努力去满足。否则，家长可能会在无意中做出这种有风险的举动：要求孩子去实现我们自己未能达成的夙愿。

我们都要问问自己："我是否有被爱的感觉？在我与成年人相处中有个人成就感、认同感和归属感吗？"（这并不是说孩子不能给我们带来爱、归属感和成就感。希望他们能。但更重要的是，对于家长来说，孩子们不应该成为爱、归属感、成就感的唯一来源）

逐一检查我们对孩子的期望，看看它们的存在是否是为了满足你潜在的渴望。对那些不当的愿望或者未完成的任务，我们要小心对待，因为这些期望在我们需要的时候很容易被我们伪装成是孩子的需要。

为人父母意味着养育，意味着要给孩子提供"心理食物"，帮助他们建立自尊。当你能通过自己的努力来满足自己的需求，而不需要孩子来完成你的夙愿时，你会做得更好。

你从充实中获得滋养，而不是从空虚中。

作为独立的个体，你自己越充实，就越不会把孩子作为满足个人需求的安慰。

如果你发现自己主要利用孩子来满足自己的需求，你就需要改变这种安排和现状。只有你自己意识到了这些问题，才可能刺激你采取行动进行改变。如果你没有意识到，专业的帮助可以让你从这种困境中解脱出来。

人们以前认为治疗只适用于精神病患者。然而在今天，咨询越来越被人们所认可，它能够帮助人们从低自尊、过高期望的经历中解放出来，并能帮助人们充分挖掘自身潜力，促进个人发展。个人治疗和团体治疗、家长教育和发展个人潜能的课程正在吸引越来越多的没有患精神疾病的人参加，他们都意识到自己仍然具有学习和成长的空间。

● 尴尬的境地

L 太太对自己的邻居说："如果我的儿子还是不能维护他自己，我就要崩溃了！”

已经认识 L 太太一段时间的邻居对她说：“再给你的孩子一些时间，他才四岁。但你又能指责谁？你不也是任人摆布。”

“那正是问题的关键，我自己都不能忍受这种行为，我讨厌此类问题发生在他身上！”

往往我们对他人的态度与对自己的态度密不可分。正如弗雷德里克·珀尔斯（Frederick Perls）所说：“你对他人所做的一切也就等于你对自己做的一切。如果你对自己严厉，你对别人也一定严厉。如果你能接受自己，你也可以接受别人。如果你接纳了你自己所拥有的敌对态度，就不会对外界的敌对态度那么敏感了。因此，你的孩子维护自己的能力在很大程度上取决于你维护自己的能力。”

转向自我接纳

你如何看待别人，特别是如何看待自己的孩子，往往取决于你对自己的态度。对你提供的镜像进行审视，就涉及你如何看待自身的自尊状况。你对“我是谁”这个问题的答案是什么？

写出你对自己的个人感受。你是个什么样的人？你认为自己有什么品质？对自己拥有的品质你有什么感受？总体上来说，你是喜欢真实的自己，还是宁愿成为别人呢？

如果你不喜欢自己，请记住，这种态度是学来的。切记：低自尊不是对你的价值的评定，而是反映了你的判断和过去的经历。你可以选择去做一些改善自己低自尊状态的事情。

正如你不能忽视孩子对他自己的态度一样，你也不能忽视你对自己的态度。你的自我意象在你作为“镜子”给孩子提供反馈的过程中起着重要的作用。如果你患有胰岛素缺乏或甲状腺功能低下的疾病，毫无疑问你一定会想办法治疗。

纠正自我形象缺陷更为重要。

为了使你喜欢自己，你应该寻找尊重你的人，因为你需要拥有被人喜爱的亲身体验。参与活动，让你有胜任感和成就感。如果你的自我概念变得僵化，以至于你不能接受有关自己的正面证据，要寻求专业人员的帮助，它可以使你免于低自尊的固化。

你周围的人喜欢你，你也拥有成功的经验，这些对你的个人成长来说是很重要的，但关键是不要让别人对你的看法完全影响你的自我意象。在某种程度上，其他人都会用能够满足他个人需要的滤光镜来看待你。重要的是你要记得，他人对你的看法只是你从外界得到的众多对你的看法之一。而某人的观点对你来说可能并不总是准确的。简言之，作为镜子的他人向你提供的你的“镜像”可能会有一些扭曲。

孩子借用别人对他的反馈来构建自我意象，往往会相信他人对自己的这些观点。作为一个成年人，你在看待自己的同时必然会参考其他人的观点。但你必须记住，别人看到的你，可能在某种程度上被扭曲了，他们提供的的“镜像”可能并不完全准确。[1]

值得欣慰的是，许多人开始认识到自尊的重要性，并采取积极的措施提高自尊。我们的成长不仅会使我们自身获益，同样会使我们的子孙后代获益，因为自我接纳是可以代代相传的。作为人类的一员，不断发掘自身的潜力，对我们来说是一项终生的课题。是尊重自己的天性、成为真正的自己，还是相反，这是你人生的一个重大课题。

当你正在努力改善你的自我态度时，你的孩子也会感到满足。让孩子多接触那些喜欢他们的成年人或其他孩子；鼓励孩子参与那些能给他们带来成功的活动。孩子们需要正面的镜像，并且他们的自我确认可能需要来自除了你以外的其他人提供的资源。

---

[1] 我感谢维恩•凯利键(Verne Kallejian)提出的将这些内容包含进来的建议。

第二部分

爱的氛围

第六章

真诚的交流

生活的“元素”

我们都知道孩子需要爱。这听起来简单明了：爱你的孩子，让你的孩子能够感受到自己是可爱的。父母们经常会听到诸如此类的建议。然而，无数的父母深深地爱他们的孩子，孩子却感觉不到来自父母的爱。这是怎么回事呢？

对于“爱”这个词的意义，人们的理解极为混乱。若请六个人给“爱”这个词下定义，可能会得到六个不同的答案，但混乱并不止于此。问人们如何看待爱的传递，你会再次得到各种各样不同的说法。有些人从来没听过“我爱你”，但他们却深深珍惜别人对他们的爱。而其他沉浸在充满“爱”的言语的环境中的人，可能并没有深切感受到别人的爱。所以劝告父母“爱你的孩子”，会让他们陷入迷茫中，因为这种劝告等于没有给他们任何具体指导。

在审视你给孩子提供的氛围之前，你必须了解什么是能够滋养人心的爱，以及爱是如何传递的。

滋养人心的爱是一种温柔的关爱——珍视孩子，仅仅是因为他的存在。你将孩子视为一种特别而珍贵的存在，尽管你可能不会完全赞成孩子的行为。

关键的问题是，如果你对你的孩子持有这样的感情，那么你如何将爱传递给他呢？我们中的许多人对于爱这一生活的基本元素是如何传递的，一直有着模糊的概念。我们在探索采用怎样的具体方法将我们的“爱”传递给孩子之前，首先要了解清楚一些常见的误解。

对爱的常见误解

父母对孩子充满深情，为了孩子一再牺牲自己的兴趣，小心翼翼地看护孩子，为他们提供优越的物质条件，通常我们认为这就是父母对孩子的爱的表现。然而，这些行为并不一定会使孩子感受到被父母所爱。

虽然温暖的感情和亲密的身体接触能促进身体、精神和情感的成长，但这种感情本身并不能保证孩子能感受到被爱。冷漠、缺乏人情味的待遇，特别是在孩子年幼时期，会损害他们各个方面的发展。然而，仅仅是关爱的感情本身并不能让孩子确信自己是可爱的。孩子需要更多东西来确认自己是可爱的。有许多来自很有爱的家庭的孩子却感受不到家人对自己的珍惜。

父母不断放弃满足自己的需要来满足孩子的需要，以此来表达对孩子的爱。但父母的这种行为可能掩盖的是强烈的自私、低自尊、害怕冲突，甚至无意识的拒绝。成为孩子的附庸，最终酿成了父母的愤恨（见第二十一章），而这种感觉必然会通过肢体语言表达出来。牺牲自己一味迁就孩子并不是爱孩子。

在孩子人生转折的时刻，父母作为教导和呵护他们的监护人，常常向孩子传达这样的观点：这个世界充满了孩子无法处理的危险。父母的过度保护等于是在对孩子说“你不能胜任”，而不是“你是可爱的”，这会破坏孩子的自尊。

家长常会听到“要多花时间陪孩子”这样的建议。然而，正是家长陪伴孩子的质量决定了孩子能否感受到被爱，而不是陪伴时间的多少。H 先生与他的孩子一起度过了几个小时，和他们一起做作业和玩游戏。表面上，家长花费了时间来陪伴孩子，这似乎证明了他们对孩子的奉献。但当你观察时，会发现 H 先生给了孩子这样一连串评论：

“别磨蹭，转过头来，吉米。走吧！”

“你那样拿锯子的姿势不对。我告诉你多少次了要这样拿。”

“你为什么不能像哥哥那样投球？你什么时候才能学会从你肩上

扔球？”

“你搞砸了这个刷油漆的工作。放在这里，让我做吧。看在上帝的分上，仔细看看我是怎样做的。如果你想做某事，就要把它做好！”

在H先生与孩子相处期间，他对孩子有很多批评，缺乏尊重，总是拿孩子相互比较，对孩子要求过高。孩子与他一起度过的时间越多，孩子的感受越不舒服，也越感受不到自身的可爱。家长延长陪伴孩子的时间并不一定更能使孩子感到自身可爱。

我们都见过为孩子提供奢华物质享受的父母。然而，一个来自这样家庭的男孩说：“我父亲坚称我应该拥有一切最美好的事物。他认为我应该镶金牙，尽管他付不起钱。但我从来没觉得这是爱。”

这个给儿子提供奢华物质享受的父亲之所以这么做，是因为爱自己的儿子，还是因为想要满足自己童年时未能满足的需求？他这样做，是为了塑造他心目中的“好”父亲的形象，还是为了对自己也对孩子隐藏自己对孩子的拒绝呢？家长提供的优越的物质条件可能是作为爱的替代品而存在的。给予礼物比无私奉献更容易。

S先生相信他的儿子非常优秀。他夸大了孩子的成就，并期待他做出震惊世界的事情。看着他，我们可能会认为他的儿子被他的“爱”包围了。但从深层次来看，孩子知道父亲对他的期许是不切实际的，他也觉得自己不可能达到父亲的期望。于是，他开始觉得自己不够好，感到自己不可爱，就好像他真的是这样。

在培养孩子时，以使孩子满足父母的需求为导向，而不是满足孩子自身需求，这样的做法无法建立起充满爱的家庭氛围。每个孩子都须要认识到，他的成就与他的被珍视的感觉并没有因果关系。

除非我们小心谨慎，否则我们可能会错误地认为，对孩子身体的关心、父母的自我牺牲、对孩子的过度保护和高期望、与孩子共度的时间，以及物质礼物，就是爱的证据。但是这些会混淆爱的真正的含义，使孩子无法感受到爱。

积极的因素

那么，能使爱——那种能让孩子建立高度自尊的爱——得到传达的积极因素是什么呢？你怎么以一种孩子能够明白的方式来证明你对孩子的爱呢？

当你与孩子进行真正的内心交流并向他提供心理安全感的时候，孩子就会真切地感受到你的爱。首先我们看看什么样的沟通能帮助构建爱的氛围，接下来我们将会探讨支撑心理安全感的六个因素。要让孩子感受到爱，孩子需要在支撑爱的七个因素中领略全部的爱。

真正的交心

每个孩子都需要和父母定期进行真正的内心交流。

实现真正的交心的一个简单条件就是专注。

真正的交心来自直接的个人参与，是一种特殊强度的关注。与孩子的真正联系是你对孩子独特的个性品质的接纳。

非常年幼的孩子会表现出注意力的持续集中。一个蹒跚学步的小孩，他正盯着一只毛毛虫看。那是他被毛毛虫毛茸茸的外形、特殊的移动方式及饮食方式彻底吸引。他观察到了毛毛虫的“特殊”。

真正的交心的反面是疏远。即你没有密切关注，你在自我控制。你只会旁观，而不会参与。许多父母看着是和他们的孩子在一起，但他们的关注点却在别的地方。待在一起，却没有真正的内心交流，这只能算作貌合神离。

● 孩子们知道自己拥有真正的交心

儿童对他们自己所受的重视程度非常敏感。C 夫人家里有两位年长保姆，表面上看这两位保姆照看孩子的方式类似。但是孩子却更加喜欢其中一位。C 夫人通过仔细观察找到了答案：孩子们喜欢的那位保姆与孩子“全身心地在一起”。当孩子们捕捉到昆虫或者捡到一块石头的时候，这位保姆像给予成年人关注一样给予孩子们全身心的关注。

莫莉在她生日当晚分享了她的感受，N 夫人对此感到惊讶。晚餐后，莫莉妈妈带着女儿莫莉散了一会儿步。后来，当她把莫莉放在床上时，莫莉对她说：“猜猜今天最令人高兴的事是什么？”

“得到了你一直想要的那辆自行车？”

“不，我喜欢自行车，我的派对也很有趣。但最重要的是我们今晚手牵着手散步时谈论我们这一天的见闻。”

“全神贯注”“直接参与”“全身心陪伴”，是一种能将爱传达给孩子的方式。这种方式能从根本上滋养孩子的自尊，因为全身心陪伴对孩子来说意味着“父母在乎他”。

● 孩子们知道自己缺乏真正的交心

D 夫人为了缓解女儿芭比（Barby）对新生儿的嫉妒，每天下午都安排了时间陪她。起初女儿的态度显著改善，但不久她发现女儿吃手的老习惯很快又犯了。D 夫人不明白为什么原来起效的方式时间长了不再有效果。随后，她发现了原因。原来随着她对陪女儿玩幼稚游戏感觉越来越无聊，她开始利用这段时间来想心事。像“我得记得把馅饼从冰柜里拿出来”和“我忘记给莎拉（Sarah）写信了”……这样的想法萦绕在她脑海里。她进入了自己的个人世界，而芭比立即感受到了她的疏远。

之后，她把自己的注意力从游戏和她的个人计划中抽离出来，开始专注于芭比的鼻涕、面部雀斑，以及眼睛里闪耀的光芒。她完全接纳了芭比的“特质”。果不其然，通过她与芭比的直接接触，芭比对新生儿的嫉妒也消退了。

要把孩子放在心上。如果和孩子相处时做不到全身心投入和专心致志，在一起就是浪费时间，甚至对孩子有害。然而，与孩子相处时，家长人在而心不在，这种情况多么普遍啊！

缺乏交心造成的曲解

缺乏真正的交心很容易造成对信息的曲解。想象一下，你和你丈夫（或妻子）说话时，虽然他在看着你，但你觉得他的心与你相距甚远。他回答你“嗯嗯”“是啊”“对，对”，你却感觉他希望你停止说话，以便他可以继续看他的报纸，做他的木工活，或者继续想他的心事。不管他说多少次他爱你，如果你常常得到上述回应，你就会觉得“他对我不感兴趣，他也许不在意我、不爱我”。家长与孩子之间与此类似，缺乏彼此的关爱，疏远就会接踵而至。

爱的反面不是很多人认为的仇恨，而是冷漠。没有什么比疏远更能清楚地表达不感兴趣。总是投入自身事务的父母，永远不能让孩子感受到受重视。切记：

疏远让孩子感受到自己不可爱。

每一次真诚交心都会传达给我们的家人重要的信息。直接的亲身参与意味着“我认为和你在一起很重要”。另一方面，孩子也会得出“父母花费时间一心一意地和我在一起，由此看来，我很重要”的结论。

忙碌抵消了“全心全意”

你能给予孩子多大程度上的全身心陪同？我们这些做父母的都是忙得不可开交！我们有那么多事情等着去做。不是我们不爱孩子，我们的确很爱。但是，我们有需要完成的任务，从早到晚时间表排得满满的，要启动发动机除杂草，要缴税、工作，要洗衣服、打扫卫生，要赴约和修课程，会一直忙到夜间。我们急于完成手头这项任务，然后开始时间表上规定的下一个“必须完成”的事项。然而，这些应接不暇的工作让我们难于真诚地全身心陪伴自己的孩子。

R 太太非常关心她的孩子，但她在准备早餐的过程中忙得晕头转向。她“嗯，嗯”地嘟囔着应承着汤姆告诉她的故事，当她把一个发卡别在凯西的头发上时，又边喝一口咖啡边悄悄地看一眼报纸头条，并操心即将要烧焦的培根。

在家人都坐下来吃早餐时，汤姆开始再次分享他的经历。她插嘴说：“哦，真的？汤姆？凯西！请离你的盘子近一点，你在这个地方落下了面包屑。鲍比，你体育课的请假条是否在你的笔记本里？又看着汤姆说，你必须换换你身上那件衬衫，上面有一个很大的黑斑。”

在无意中，大家都没有意识到全身心陪伴孩子的重要性，我们总是东拉西扯，啰哩啰嗦。而这样“全方位”的深入参与总是抵消了“全身心的陪同”。

很少有人能在现实生活中做到全神贯注。家长们往往思虑着过去，又考虑着未来，以至于没有将注意力集中于现在，而我们唯一拥有的时间就是现在。我们试图做到无处不在。然而，在某种意义上，我们是无处可去。

你所去除的每一项压力，都意味着给你更多时间陪伴孩子。我们每个人都需要扪心自问：“我的行为是优先考虑了要做的事情、时间表还是优先考虑了孩子？”

一个年幼男孩将他的祖父母定义为“有时间陪伴孩子的人”。他没有说出的话是：“父母经常挤占与孩子进行真正内心交流的机会。”

你的关注焦点在哪？

你是否专注于为孩子做很多的事情，以至于忘记把孩子当作独立的个体来关注？你是否忙于赶快为孩子做饼干、缝衣服、为他的教育赚钱，以至于忽视了孩子本身？

或者你是否专门花费时间（在一些小的时间片段，当孩子坦露一种感觉或想法，或者是在他指望与你在一起的一个特别时段）对孩子敞开心扉真正交心？你需要每天根据你的行为来回答这个问题。如果你习惯性地关注孩子过去或未来的行为，而不是关注孩子在此时此刻的“特性”，你就不会看到孩子身上的奇妙之处。

练习专注

如果对自己与孩子的交流不满意，你可以改变关注的焦点。也许你多年以来专注于匆忙地办理待办清单上的事项，以至于很难将注意力放在此时此刻、放在孩子身上。如果是这样，首先将注意力放在当前的、与个人无关的情境中，以此作为练习专注的第一步。

选择独自一人的时刻，放下一切思虑，集中注意力，专注于此时此地。不要规划未来，也不要回忆过去。

全神贯注于你的任务，无论是洗碗或洗车。充分感受飞溅的水花打在身上的感觉，仔细观察气泡。你看见气泡中的倒影了吗？想象自己是第一次看到水流过汽车或碗碟。无论是坐在摇椅上还是沿着道路行驶，将你的心灵贴近你所做的事情，并将注意力集中在你关注的事情上，但仅限于你此刻所看到、听到、闻到和感觉到的。

我们大多数人可以把注意力短暂地停留在此时此地，然后注意力就会飘忽不定。不过，没关系，我们可以练习专注。通过练习，看看你是否在独处时可以增加专注的时间。

接下来，练习与你的孩子“全方位接触”。完全与他融合在一起，即使只是一段时间。放开除了直接接触之外的一切，用新眼光看待孩子，沉浸在孩子的奇妙之中。在孩子的成长过程中，只有你对孩子坦诚、敞开心扉，才能看清孩子的本质。他是谁？他是什么样的人？要用欣赏的眼神、倾听的耳朵和敏感的神经来对待孩子。他是什么样的？现在呢？需要经常检查你的注意力集中程度。这个月可能做得很好，但当压力来了，你可能又会忘记。

坦诚对待你的孩子是一种可以成为习惯的技能。和孩子真正地交心能为你带来巨大的红利；你的孩子将因之而能感受到自身的可爱，这是值得的。

● 真正交心的频次

和儿童需要多长时间交心一次？答案是越多越好，但连续不断的交心也是不必要的。当我们感到自己并不是焦点时，也并不总是会认为自己不可爱。只有当别人从来没有时间与我们真正交心时，我们才会觉得自己不重要。如果孩子能感受到你会定期与他们坦诚相处，他们也可以容忍你有时注意力在别处。

● 坦诚交心的增效剂

当孩子遇到压力时，最需要家人对他们的全神贯注。诸如小弟小妹的出生，到一所新的学校“冒险”，家庭搬迁，过度的竞争，以及令人失望的情绪等事件对孩子更容易造成压力，如果这时候那些对他们很重要的人能够与其进行真正的交流，就可以帮助他们减轻压力。青少年在面临重大发展变化时所产生的内在压力（见第三部分）会因为更多的人际交流而得到缓解。要注意你的孩子在哪些时刻特别需要你全心全意的关注。你与孩子之间的真诚接触，能大大缓解给他的生活带来困扰的内在压力。

● 约定真诚交心

当你感觉到孩子正面临着内心或外在的压力时，就可以与孩子进行一个可靠的明确约定。可以是每周一小时，也可以是每天20分钟。无论你的孩子是否需要这种安排，与孩子真诚交心对孩子都是有帮助的。一位妈妈每周有一个下午都会和女儿在一起，这位妈妈说她的孩子把这个时间段称为"最喜欢的时刻"。

很多时候，我们的注意力集中在孩子的不当行为上。然后我们的注意力像手电筒一样瞄准了孩子的过错。但是在孩子们生活平顺的阶段，我们也需要与其进行重要的沟通。当然，你给予孩子关心越多，他就越不可能走弯路。

你可能多次告诉孩子你很爱他，但是你日复一日与他的实际相处才是更重要的。

● 真诚交心的障碍

你越是满足，就越容易集中注意力。内在的需求如此强烈地啃噬着你，以至于阻碍了你全身心与孩子在一起。你不可能一边关注孩子，同时又全身心地关注另一个人。

G夫人的自尊极低。她渴望完美（这是她自己通向自我接受的门票）影响了她对各种事物及对各类人物的观点。她觉得很难与女儿弗吉尼亚（Virginia）共度时光，因为她觉得自己的生活中总还有一些需要完善的东西。

即使她和女儿（弗吉尼亚）单独在一起，也几乎不能照顾女儿。当女儿笑时，G 夫人想到："唉，我们必须开始为口腔正畸攒钱了。"看到女儿的侧影，G 夫人想起来她曾经希望弗吉尼亚遗传她上翘的鼻子而不是丈夫的高鼻子。当她看到女儿的头发时，她又担心她的头发长得太柔软了。她对完美的渴望使她无法了解自己女儿的独特性。

你自己的自我接纳让你专注于自己的孩子，不受自己内心需求的阻碍。个人的不适并不妨碍重要的全身心投入，但如果个人的不适难以去除，你就需要更多的努力将自身不适暂时搁置一边。

全神贯注的交心是让孩子们感受到被爱的一个有力因素。但这只是其中一个必需因素，除非与心理上的安全感相结合，否则不会达到效果。我们来看看涉及心理安全感的六个部分。

第七章

信任带来安全感

抵抗神经症的抗生素

没有人想让儿童在成长过程中出现问题。当孩子出现症状（无论是哮喘、溃疡、学业成绩不佳还是两性关系混乱）时我们真的很困惑。

大多数人都不知道，当孩子感到不安全时，就会大量出现神经症的症状。让人震惊的是我们可能无法给孩子提供安全感。事实上，我们通常只是从物理角度考虑孩子的安全，但提到他们的心理安全感时，我们都是处在黑暗中。

然而，爱的基石是心理安全感。

真正的交心与安全感的六大成分结合在一起，构成了消除神经症的抗生素。离开了它们，孩子们可能会学着戴上面具，朝着疏离、不健康防御，甚至扭曲成长的方向前进。

警告说明

在考虑安全感之前，我们必须留意如下警告。

没有父母能一直为孩子提供始终如一的安全氛围，因为完美的父母不存在。

我们所有人都有各种各样的缺陷，所以有时我们会伤害我们所爱的人，尽管这一点让人很难接受，但这却是事实。生活在心理方面如此贴近、空间方面如此融合的一个家庭里，不可避免地会引起伤害，这就是生活的现实。幸运的是，大多数孩子并非过于脆弱。他们的心理伤痕会愈合，他们拥有韧性。他们的内心驱使他们去发展自尊，若给他们机会，他们会成功的。

首要关注点

想象一下，假如你被突然弹射到火星并被奇怪的生物包围。你首先担心的是："我是否安全？我可以相信这些生物吗？"

降生在我们星球上的每个宝宝都处于相似的处境中。虽然他不这么认为，但早期的经历会告诉他，他能否依靠我们的帮助来满足他的身体和情感需求。

安全感的基础是信任。

没有信任，后期的成长就建基于流沙般的情绪，影响着未来的整体发展。

大多数婴儿，虽然不是全部，都会感到他们自己的需求是如此强烈和紧迫，他们几乎忍受不了挫折。父母喂养宝宝以满足孩子的需要，他们尊重孩子发出的已经吃饱了的信号，逐步为孩子添加新的食物，慢慢帮助婴儿建立安全感。父母对婴儿的温和的尊重和安静的友善，可以帮助他们建立相互之间的信任。

放松的母亲增加了婴儿的安全感。一些父母正在着手减轻孩子的紧张感，他们的宝宝能够感觉到。父母之间的紧张关系——无论是否通过语言表达出来——和动荡的情绪带来的紧张感，都能很快被儿童察觉。出于对孩子安全感的考虑，这些问题必须得到解决。

建立信任的方式有许多种。要让你孩子知道你去哪里，什么时候去，什么时候回来。避免突然、不愉快的意外。带孩子看牙医、看医生或去医院，要坦诚地跟他们讨论他们即将面对的是什么。要让孩子为上幼儿园和学前班提前做好准备。避免做出你不能实现的承诺。

这些只是建立安全氛围的几个方面。

信息混淆不清造成的陷阱

我们中许多人，可能在无意中，没有告诉孩子自己的真情实感，而引起孩子对我们的不信任。让我们看看这是怎么回事。

鲍比从学校回家，发现母亲在用力地拖厨房的地板，她把下巴紧紧地靠在拖把上，瞥了鲍比一眼，轻声打了个招呼。

鲍比马上感觉到出了什么事情，问道："怎么了？妈妈！"

母亲咬着下嘴唇说："没什么，鲍比。"

他非常了解自己的母亲，所以没有再多说什么，但是他外出时还在思考，"哎呀！妈妈是不是在我床下的罐头盒里发现了青蛙？或者她对我做过的其他事情感到生气了？"

鲍比的困惑和不解是可以理解的，因为他从母亲那里得到了两条信息：一条是母亲的语言信息（"没什么不对劲的"），一条是来自母亲身体和语调的与语言相矛盾的信息（"肯定有哪里不对劲"）。每当我们的言语与身体语言不一致时，孩子就会被置于信息混乱的陷阱中。这带来的困惑使其进一步猜测究竟是怎么回事。

每个孩子首先学会的是依靠非语言线索。当非语言信息与语言信息冲突时，孩子自然会给予非语言线索优先考虑权。他信赖这些非语言信息，但他也不会对那些语言信息置之不理。

信息混淆不清带来的困扰

混淆不清的信息带来一种解谜似的氛围，家长戴上假面的行为使孩子学会不信任。

当你阅读本书第一部分时，了解到积极反馈对儿童的重大意义，你可能非常想知道是什么妨碍自己成为一面为孩子提供积极镜像的"镜子"。

问题就在于，你的真实感受会通过非语言的方式表达出来。你可以从自己的经验中了解这一点。如果你的妻子假装和颜悦色，显而易见，你马上就能识别她的伪装；如果你的丈夫假装很有耐心，你很快就会发现。我们不能日复一日地与他人，特别是与孩子一起生活，却在真实感受方面愚弄他们。

哪怕在过度宽容的家庭中也可以看到，虚假的外表掩盖不了事实真相。例如，G 先生和 G 夫人，扮演着愿意“满足孩子所有需求”的父母角色，即使他们内心深深地反对孩子所做的一些事情。他们用虚伪的言辞掩盖了自己的真实感受，但是他们内心深处的愤恨却在增强，这透过他们紧张的表情、讽刺和虚假的笑容显现出来。

感到不幸福的孩子大多来自过度宽容的家庭（在这样的家庭中，父母掩饰真实的感受），因为他们总是被混淆不清的信息环绕。在极端情况下，父母的言语与他们的真实感受和想法总是相反，导致孩子患上精神分裂症。由于在其生活中人与人之间的交流是虚假而扭曲的，精神分裂症患者对他人有着强烈的不信任。

信息混淆不清的另一弊端是，孩子们将依照自己的担忧对模糊不清的信息进行解读。在前面提到的例子中，鲍比已经对自己在床下隐藏青蛙的行为感到内疚，所以他首先猜测是自己的秘密导致了母亲的愤怒。但是，如果他的主要忧虑是怀疑母亲对他的爱，他就可以把自己的焦虑理解成双重信息。那他可能就认为：“我猜测，妈妈看到我回家了不高兴，也许她不希望有我这样一个儿子。”

没有一个孩子可以信任其他人，除非他周围的人坦诚表达自己的感受。混淆不清的信息消除了孩子的安全感和被爱的感受。

能够给人带来滋养的关系，其最重要的成分是真诚。

我们大多数人都很喜欢小孩子的原因之一，可能正是小孩子非常真实。当小孩子生气时，我们看得出来；当小孩子开心时，他们会大声且清晰地向我们传达这一信息。我们可以与孩子共享他们的喜怒哀乐。

一个常见的笑话：“我现在要离开房间，所以你可以随便谈论我。”这个笑话之所以很有趣，是因为它的真实。我们经常觉得有些人表面上对我们有礼貌，但我们想知道他们背后怎么议论我们。我们对真正的朋友没有这种感觉；事实上，我们珍惜那些我们信任的人，因为他们让我们感到安全。同样，孩子们也以这种方式回应我们。

避免混淆不清的信息

发送混淆不清的信息是一种必须打破的习惯。我们中的许多人通过模仿别人而让自己陷入困境。我们担心表达自己的真实感情，会引起他人不满。我们对坦露内心感到迟疑，还会害怕处理某些感情。有时，我们会给予他人虚假的回应，因为这比触碰自己的真情实感要容易。在其他时候，我们之所以把自己的真实情感掩饰起来，是因为我们害怕自己的坦诚可能会伤害他人。（如何避免这个陷阱，我们将在下一章中讨论）你要全力以赴避免掩饰，否则会给太多的事情带来危害。

当你真的不想分享你的感受时，你应该如何避免给出混淆不清的信息呢？让我们再回到鲍比和他妈妈的例子。假设她对个人的争吵感到不安，但不希望鲍比知道，她可以说：“儿子，我正在对一个成年人的问题感到不高兴，但我现在不想与你讨论。”这样她的口头言语和肢体语言相一致，鲍比就不会被矛盾的信息所困扰。

另外，假设她找到了鲍比隐藏的青蛙，但又觉得最近一直在唠叨鲍比。对此她有两个想法，一个是要发泄她的沮丧，而另一个则是认为什么都不说更明智。

当然，她可以说：“我宁愿不讨论令我烦恼的事。”她用这种方式掩盖了自己的不悦，却为后来借着一个小事大发雷霆而埋下伏笔。另一种选择是对上述的两种想法都抱持诚实的态度。她可以说：“鲍比，我发现了你的青蛙，坦白说，这件事让我坚持认为，你没有遵守我们的家庭规则。但是最近，似乎我一直在找你的茬儿，所以我很讨厌再提到它。我处在两种感受之间。一个让我很沮丧，以至于我想尖叫，而另一个让我想知道我是否对你期望太高。”

分享冲突的感受是诚实的一部分。对一种情况我们很少只有一种反应，有时会有两种相反的感觉，甚至有时会有四五种不同的意见，这很常见。因为孩子对我们的真情实感非常敏感，只和他们分享我们的一部分感觉，会令他们迷惑不解。

诚实是将所思所想全部公开吗?

你可能马上想知道“要建立信任，我应该在任何时候都对孩子完全坦诚吗？”

当然不是。你可以选择有所保留，但要保持真诚。如果鲍比的母亲对他说：“儿子，我正在对一个成年人的问题感到不高兴，但我现在不想与你讨论。”那么她选择的就是对自己保留细节，但与此同时坦白说出她保留了哪些部分。

如果她对和鲍比分享一些信息感到很舒服，她可能会说：“哦，我对与邻居的争吵感到不高兴，但是我不想详谈。”如果她希望获得她儿子的信任，那么当某些事情困扰着她时，她就绝不应该说“没什么”这种话。

在任何时候，对所有人公开自己全部的感受根本不合适。你必须为自己决定在什么时候、什么地方、对谁、在多大程度上分享你的内心世界。无论你做出什么决定，

诚实说出你的保留，而不是掩盖它们。

弱化信息

当你传递温和的信息用以掩盖自己强烈的感受时，使用的正是弱化这一掩蔽形式。针对愤怒，我们常常采取弱化的处理方法。（参见第十八章，处理愤怒的恰当方法）

我们许多人认为感情过激是不成熟的标志。因此，如果我们感觉到情绪很强烈时，就会缓和自己的情绪，以匹配自己成熟的形象。许多男人觉得，除了雄心、愤怒或性兴趣，如果他们表现出强烈的情感，他们的男性气质就会受到质疑。男孩被教导要隐藏自己的失望、温柔或悲伤等，避免被认为不擅长运动，或像弱不禁风的姑娘。

心理上成熟的人认识到，他有感受，并且在合适的时候可以和他人分享他们的感受。高自尊与对自己所有内在反应持接纳态度有关，因为无论男性还是女性都有各自各种不同强度的感受。高自尊的人不必否认自己的感受。自我接纳给了他安全感，让他能够正视自己的感受，因为他不受困于别人对他接纳与否。那么，能够坦露自己的感受就是高自尊的标志。（当然，如果情绪过于强烈而与情境不相匹配，或者不合时宜，就说明哪里出了问题）

当我们使用温和的方式表达强烈的情绪时，孩子们会发现这种差异，但是他们不知道我们为什么要把强烈的情绪弱化。许多孩子因此而得出结论：感受过分强烈是不正确的；如果我并不浅薄，我最好假装成这样。我们的伪装成为青少年模仿的榜样。伪装的结果是教会了孩子们不再信任强烈的感受。然后，孩子们私下里会轻视自己，因为他们认为自己内心有秘而不能示人的感受。在这种情况下，孩子的自尊永远不会是全心全意、毫无保留的。

你可能会想“如果我决定分享我的感受，我是否应该按照感受的实际强度来分享，无论它的强度有多大？”

我们必须始终考虑适度性。诚实并不意味着要让孩子受感受的折磨。我们可以用与感受相匹配的词来表达感受，同时保证向孩子传达的信息是适度的。

例如，一天V夫人过得很郁闷，而且儿子不与她合作。一会儿她就有一种"哦，我希望永远没有孩子！"的感觉。可是和她的儿子乔治分享这样一种感觉会毁灭他。在这种情况下，她可以继续保持坦诚态度，对乔治说："我今天绝对坦率告诉你，乔治！我需要单独安静一会儿，我现在什么也听不进去！"这个回应是诚实的，既表达了她自己想离开儿子一会儿的需要，也没有伤害她儿子的自尊。

如果V夫人对儿子说："乔治，你对我来说总是那么体贴，今天这种缺乏合作就不像你了。"那她的身体语言很可能会让乔治失望，因为她掩盖了自己的愤怒。

如果V夫人希望没有孩子的想法总是出现，那她需要找一找这种想法的根源。或者她需要关注一下孩子周围的环境，并用建设性管教让孩子的行为不至于太过令人反感。切记：

要把坦诚和适度结合起来，但要避免给出混淆不清的信息。

你敢于正视自己吗?

这里隐含的问题是，你是否敢于在孩子面前正视自己，还是你觉得必须扮演一贯正确的正人君子呢？

看似"完美"的父母常常是戴着假面具的。孩子们需要与真实的人接触，而不是与机器人按照设定好的程序互动。作为一个人，你拥有各种各样的感觉——虚弱、沮丧、担心、疲劳和困惑——是合情合理的。你不会因为有了这些感受就掉价或者变得无足轻重。其实，坦诚需要力量。你的经历告诉你，任何感情都是合理的。拥有真性情的父母使得孩子能够对自己的感受持坦诚的态度。

许多家长问：“当我做错了事情或者说了不合适的话时，应该向孩子道歉吗？如果我承认错误，孩子会不会不再尊重我呢？”

你会不尊重那些承认自己愚蠢的人吗？你会不尊重道歉吗？几乎不会。而由于他的诚实，你可能会更加尊重他。T太太以前习惯于因为孩子的不当行为而打孩子屁股。后来，她决定避免再打孩子的屁股。在坚持一段时间后，有一天她又忍不住打了孩子的屁股。但她马上对自己的行为感到后悔和遗憾，她坦诚地向女儿承认了错误。

“泰利，我打你是不公平的，特别是不许你还手。我这样做是不对的。我真的很抱歉。我希望我能以其他方式处理我对你的感受。”

而女儿泰利的回答让她感到震惊：“哦，妈妈，没关系。我知道你不想打我屁股，就像我不想在跳房子游戏中作弊一样。但是有时候肯定难以做到，不是吗？”当我们与孩子坦诚相处时，即使是非常小的孩子，他们对家人的理解程度也是让人非常惊讶的。无论年纪大小，我们都尊重真诚。像这样，我们彼此就可以建立信任。

坦诚对待孩子不会让孩子产生幻灭感，反而会让孩子与我们靠得更近。坦诚对待孩子，使我们看起来不像遥远的神，而是真实的人。我们许多人都有一个伪概念：必须把自己装扮得像上帝一样，才能赢得孩子的尊重。我们需要对此概念提出质疑。我们经常担心，如果孩子看到我们感到不安、担心、犹豫不决或者失误，孩子对父母的信心就会受到破坏。但伪装的感受和粉饰的错误只会使孩子意识到我们对他们的欺骗，最终会破坏他们对家长的信任。这让孩子们相信他们最好也玩同样的游戏。无论父母还是孩子，只有承认自己的不足，才能更好地弥补自己的不足。

此外，我们的假面具促使孩子们建立起他们自己的堡垒，拒绝心理上的亲密关系。然后，孩子们就切断所有人类滋养的来源：与其他人建立密切、真诚的关系。

当然，极端的行为会伤害孩子。如果强烈的情绪主宰了父母的生活，那对家长来说最积极的行动就是去寻求专业的帮助，因为这种情绪动荡表明他有心理缺陷。他可以真诚地对孩子说，他正在努力使自己不受每一种感受的冲击。而这种诚实可以防止孩子认为自己是父母情绪风暴的源头。

信任和自尊

信任的氛围对孩子意味着什么？

它意味着“你可以依靠我，让我来帮助你满足你的需求。我虽然不完美，但你可以信赖我对你的诚实。你也可以不完美，让我们一起克服自身的缺点。如果我对你缺乏适度的坦诚，那就是我欺骗了你。伪装不好，因为伪装让我们产生隔阂。你和我在一起是安全的。”

这种态度体现了爱和尊重。它给了孩子安全感，教会他们用友好、坦诚的方式与别人相处。这样，别人就会相信和尊重他们。

每个孩子都需要相信父母说的话，并依靠父母的友好帮助，满足自己身体和情感需求。

然而，仅仅坦诚地对待孩子还是不够的。如何告诉孩子自己的感受决定了你是会帮他们建立自尊，还是会伤害他们的自尊。想要孩子们与你相处时感到安全，你就必须以非评判的方式与他们沟通。在下一章中，我们将探讨安全分享感受的方式。

第八章

非评判带来安全感

反馈与评判

“我怎么样才能与孩子进行坦诚沟通呢？当我发泄自己强烈的情绪时，孩子要么像被碾碎了一样，要么持一种防御姿态。我不太确定这是否有帮助！”

这个母亲的观察是合乎情理的。

即使在小心谨慎的情况下，父母与孩子坦诚沟通也可能会产生不良的结果。父母告诉孩子们自己的感受，在这个过程中，有些父母会使孩子的自尊降低，有些父母却和孩子建立了相互尊重。是什么导致了这样的差异？

区别就在于你如何分享感受。

当T太太和她的朋友M太太一起聊天的时候，T太太的儿子不停地打断她们的谈话。于是她对儿子说：“你太粗鲁了！”

而M太太则对自己的儿子惊呼道：“我厌倦了这些中断！”

由于儿子多次打断她的谈话，T太太的话使她自己担任了裁判的角色，她居高临下对儿子下了判决。“粗鲁”这个负面标签，狠狠地贴在了孩子的自我意象上。

M太太不像她的朋友T太太那样，她没有评判。她对孩子的行为做出反馈，她说：“我厌倦了所有这些中断。”她传达的是她内心的感受，而没有进行判断。因此，她的话不会影响孩子的自尊。

消极的判断使你成为儿童的负面镜子。更重要的是，消极的判断也破坏孩子的自尊和安全感。消极的判断还贬低、羞辱和惩罚孩子，使得孩子感到自身不可爱。和孩子适当分享你的内心感受和反应，不会降低他们的自尊，不会破坏他们的安全感，也不会侵蚀你对他们的关爱。

为了安全起见，孩子们需要你的真实反应来确保他们的行为在界限内。但是家长必须避免对孩子贴标签的行为。非评判是心理安全感的第二个成分，因为：

责备、消极评判是造成情绪障碍和低自尊的核心原因。

正如我们所看到的，孩子会把负面的标签纳入他的自我意象，并按照这些负面标签看待自己。负面的自我评价对孩子的发展总是一种威胁。要想真正培育孩子的健康心理，父母就须从法官角色转变为合伙人角色。

想象一下，把自己作为小孩子对下面两列情况发表意见。你有什么反应？哪一组语句让你失望？

A	B
“你不可能完成！”	“我不能忍受这些争吵！”
“你真懒惰！”	“我真为你的成绩担心！”
“你真是没有头脑！”	“我不想总在你后面捡垃圾！”
“你是个坏孩子！”	“当小迈克受欺负时会感到受伤。我不喜欢看到他受伤害！”

A 列中的陈述传达的是父母的责怪。难道它们不会让你感觉不舒服吗？而 B 列中的陈述，让你知道父母的感受，同时还不会让你觉得受到了攻击。

即使积极的评价（如赞美）也与安全感相悖，因为我们对孩子所有的判断都会使他们感到被贴上了标签。孩子用不了多久就会发现，如果一个人能进行积极判断，他也可以进行消极判断。

只要告诉孩子你对他们行为的个人反应，你就可以避免充当判官的角色。你可以说“我非常感谢你记得收拾你自己的房间”，或者说“知道你在我离开的时候仍然记得我们的规则，这让我觉得很舒服”。这些反应对孩子比典型的评判——“你是一个好男孩”——更有帮助。

很多家长都听到牙科医生或其他医生说过“你的儿子是一个好病人！”而如果医生说“杰基（Jackie）对我的工作很配合，使我工作起来更方便。谢谢杰基！他帮助了我”，医生对孩子的行为的这种反应就更有利于孩子的自尊。

许多家长在送孩子去参加派对或去上学的时候，会对孩子说“从现在起，做个好孩子！”这难道不是一种暗示吗？暗示孩子“我对你持怀疑态度”。若家长说的是“我希望你能牢记行为准则”，这则是在告诉孩子，你不是在对他进行评判。我们稍后会看到，质疑孩子的行为与质疑孩子的价值带来的结果是截然不同的。

这是一个需要注意的区别。

无数的书籍和文章，都敦促家长和老师们要大力赞扬孩子。许多实验表明，作为一种有效的行为调节变量，赞扬的效果远远超过惩罚。当然，孩子们希望家长对他们的行为给予积极反应，希望家长对他们的努力给予赞许。他们想从家长那里得到认可。

贴在孩子身上的正面标签（“好”和“妙”）与直指孩子行为的赞赏性语言（“我欣赏”和“我喜欢”）之间，有种微妙然而却很重要的区别。关键是孩子要想拥有自信，他就不能对自身的价值有所怀疑。这一点家长一定要清楚地了解。家长欣赏孩子的某种行为，于是告诉他，他是一个“好孩子”，这会让孩子不明所以。

把行为与自我进行分离

与评判相伴而生的是一个高昂的心理价格标签：孩子逐步学会把自己的行为视为他这个人的同义词。一个人本身和他的行为是分开的，恰如太阳之于阳光。如果将构成太阳的气团球体比作孩子本身，那么可以将阳光比作孩子的行为。

因为行为来自孩子，就像阳光来自太阳一样，这让我们很容易想到“有坏的行为的人是坏人，有良好的行为的人是善良的人”。而这种想法不能让我们将孩子与他的行为截然分开。

无论何时，如果一个人的价值取决于他的表现，那么他的个人价值会因他的每一次失误而被削减。

除非孩子像走钢丝那样，总能完成高难度的表演，否则孩子的自尊就无法获得平衡。然而，“走钢丝”表演意味着时刻小心翼翼，而这会破坏孩子的安全感。

没有孩子能做到总是以我们能接受的方式行事。当你的态度和话语将他的行为与他的人等同时，他就像一个悠悠球般的存在。他会认为自始至终他的个人价值体现在他的行为上。然后，他就不能发展出一种坚实的个人价值感，因为他总是有“如果我表现得不好”的担心。即使你认为孩子的行为并不等于孩子本身，你的言辞也可能让他这么想。而运用“我认为”这种第一人称的反应方法，就可以避免使孩子掉入上述陷阱。

● 避免评判的陷阱

为了避免对孩子进行评判，告诉他们你内心深处的真实想法是什么，而不要贴标签。

标签词——用来表述一个人的形容词和名词——会引起麻烦。如“游手好闲”“脏乱”“拖沓”“草率”“粗鲁”“平淡”“刻薄”“调皮”“好”“坏”“可耻”等都是判断性的词。所有父母在将孩子抚养成人的过程中都不该将这类词汇用在孩子身上。

一般来说，使用第二人称“你”并加上名词或形容词来描述孩子，就是对孩子做判断。而通常用第一人称“我”加上自己对事情的感受，传达的是“我”对孩子行为的反应。[1] 我们来看一些判断性的语言和与其对应的行为反应性语言。

[1] 感谢托马斯•戈登，是他提出的这个概念。

“第二人称(你)判断”	“第一人称(我)反应”
“你怎么这么磨蹭！”	“我很担心你上学会迟到。”
“你怎么这么邋遢！”	“我可不想清理这些地板上的面包屑！”
“你怎么搞得一塌糊涂？”	“这种混乱不堪真让我烦恼！”
“你是个骗子！”	“当你言行不一致时，我不能相信你的话。”
“你很有品位。”	“我喜欢你选择的衣服。”
“你这个笨蛋！你不知道在街上玩耍不好吗？”	“我很沮丧，我受不了了！我已经多次告诉你在街头玩耍的危险。我很害怕你会受伤害！”

判断会带来麻烦，这一点无论怎么强调都不过分。使孩子获得安全感的秘诀是家长做出反应，而不是做出判断。

实践非评判

停止判断是不容易的，因为我们大多数人一辈子都在承受他人对我们的判断。描述性标签一直伴我们左右。我们和别人谈话时，我们的“判断电脑”会高速运转。我们习惯于默默地用下列字眼对别人进行判断，诸如“那很好”“那太傻了”“那是一种愚蠢的态度”“这是正确的思考方式”。

我们甚至对自己也是这样评判。S 夫人对她的朋友说：“昨天我这样评价我的孩子了。我是不是很可笑？”她的朋友说：“哦，没什么！有一次我也这样评价我的孩子了，你有没有听说过这么愚蠢的人？”给自己和别人贴标签是我们这个民族的消遣方式之一，我们很少质疑这种思维方式。

要从这种习惯中转移出来，首先你得意识到你正在进行判断。当意识到这一点，尝试把定性的判断变成对行为的反应。例如，S 夫人可以说：“昨天我这样评判我的孩子了。我希望我没有。”（反应，而不是判断）她的朋友可以说："我知道你的意思。有一次我也这样做了，我真后悔！"

为了摆脱这种接连不断的判断，记下你对自己和孩子使用的一些句子——"你"后面跟着判断性词汇的句子，然后把每个句子改成对你内心感受的陈述。

显然，多年的习惯不会在一夜之间消失。不断地提醒自己和付诸实践可以逐步转变你的习惯，而改变所带来的结果会证明你的努力是非常值得的。

第一人称（我）反应的好处

你可以说："是的，但是我的孩子会被他的朋友、老师和雇主加以评判，所以他最好在家里先慢慢习惯。"

的确，每个孩子在家庭之外的人际交往中，都会被贴上是与非的标签。但是，如果他生活中的重要他人没有将他淹没在对他的评价中，尤其是在他的成长关键时期，他就更容易摆脱别人对他的评判。你不对他滥施判断，这有助于他把别人的标签解读成反应。然后，在他的自我形象建立过程中，他就屏蔽了那些不必要的流言蜚语。

"第二人称判断"会使孩子产生自我防御，导致他们无视你的存在。当然，如果他们相信你对他们的判断，就像我们所看到的那样，这种情况会伤害他们的自尊。

另外，当你不再对孩子进行评判时，你的孩子更容易与你分享他们的感受。而且，"第一人称反应"也给他们提供了一个建设性的例子，他们会在与朋友交往时使用这种方法。

切记：

评判是阻碍关爱传递的烟幕。

当孩子的父母常常给出第一人称反应而不是进行评判，孩子就会认为：

"即使我的行为不一定被全部接受，但我很可爱。"健康的孩子能把自身和自己的行为分开来看。独立于行为之外的个人价值感对高自尊至关重要。你如何与孩子交谈，影响他们能否发现行为和自我之间的重要差别。

第九章

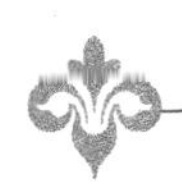

珍爱带来安全感

接纳与珍爱

建议家长按照孩子的本来性情接纳孩子，这样对孩子有利。但是，当我们考虑爱的氛围时，却发现接纳这个词实在是太轻描淡写了。"接纳"意味着可以容忍不可避免的事物——发生在美国中西部地区的龙卷风、青春期长出来的青春痘或约翰尼的跛脚。

接纳使孩子成长，但并不能保证孩子的茁壮成长。

他们需要更强的东西，需要别人对他的珍爱。他们必须因为自己的存在而感到自身的珍贵和独特。然后，他们才能发自内心深深地喜欢自己。

珍爱孩子你不能口惠而实不至，珍爱是你对孩子的真情实感。珍爱是发现孩子的独特与可爱。尽管你不时会被孩子激怒，但你仍能敞开胸怀发现孩子的奇妙之处。

为什么珍爱会缺失

我们大多数人都珍爱我们的孩子，如果我们的孩子突然死亡，我们会痛苦一生。在危机时刻，毫无疑问我们首先关心的是自己的孩子。既然我们那么珍爱自己的孩子，可他们为什么感觉不到父母的爱呢？这究竟是什么原因呢？

其中一个原因是，我们把日常生活当作理所当然。投票权、宗教信仰自由、身体健康——这些都是我们珍视的东西，而通常我们都将这些视为理所当然，除非它们受到了威胁。

所以，虽然我们与孩子朝夕相处，却经常忘记每个孩子所代表的奇迹。

我们大多数人对我们珍惜的物质财富都给予优惠待遇。一个奇怪的现象是，我们不能对孩子持同样的态度。我们会大力奖励孩子们，甚至愿意为他们献出我们的一切。然而，我们却常常在心理关爱方面忽视了他们。

这种不一致性要仔细检查，因为对一个孩子而言，

尊重意味着珍爱。

问自己一个问题：“如果我对待朋友像对待孩子一样，有多少朋友会不再与我亲近了呢？”

我们当中有几个人会想到在别人面前羞辱或剖析自己的朋友！有谁会去讽刺、羞辱、打击自己的朋友，使他们难堪？或像指挥士兵一样指挥自己的朋友？我们当然不会这样做。但是想想这些场景在我们对待孩子时是多么司空见惯！

当B先生和他的儿子内德（Ned）一起去拜访邻居时，他对别人说：“内德太害羞了！不管我怎样鼓励他，他似乎都不能‘适应场景’。”

“你刚才太炫耀自己了！”F太太在她的四个朋友面前骂她那处在青春期的孩子。

“你为什么这么飞扬跋扈？基恩（Gene）！这些男孩竟然还愿意和你一起玩，我很惊讶！”E先生看着儿子和一帮孩子打垒球，对他的儿子抱怨说。

“比利，如果你继续吃这些油炸薯片，将来会胖得像浴缸一样。”T太太在客人面前嘲笑身体超重的儿子。

我们反复把孩子视为没有感情的二等公民，虽然我们想给他们奖励，但有时我们却公然无视他们的敏感性。

A太太与她十岁的女儿正在和L夫人共进午餐。这期间，A太太和L夫人兴致勃勃地交谈了45分钟，完全没有考虑到她安静吃饭的女儿（尽管她是小孩）。但如果第三个人是另一个成年人，这两位女士就不会这样

做了。毫无疑问，她们认为成年人不能接受的方式对孩子来说无所谓。但是，孩子需要获得尊重，对此你是怎样处理的呢？虽然孩子个头不大，他对尊重竟然如此敏感。虚有其表的关爱掩盖的是不尊重，孩子当然能够感受到这一点。

在父母培训班中，经常听到这样的总结："这个课程使我开始把孩子视为一个独立的个体。"我们大多数人不是故意不尊重我们的孩子。我们只是忘记了，不能把自己放在孩子的位置上考虑问题，或者一味按照我们小时候被对待的方式来对待我们的孩子。

对孩子的尊重反映在方方面面，比如你是如何抱起孩子、喂养孩子，如何给孩子洗澡、打扮、换尿布。家长对孩子的尊重也反映在你如何与他们谈话、玩耍、争论和惩罚他们。在表达对孩子的尊重时要遵守黄金法则（Golden Rule）。

任何时候你让孩子感到渺小、羞耻、内疚、被无视或尴尬，也就意味着你正在压制他们，对他们不尊重，摧毁他们的安全感，损害他们的自尊。

有时孩子感觉不到你对他的珍惜，因为你总是专注于他们的错误，而不是优点。

约翰尼把考题带回家进行数学考试，答完后发现对了 27 道，错了三道。而他父亲看到了什么呢？是答错了三道题！如果有人质疑约翰尼的父亲关注的焦点，他会回答说："我需要让他知道什么是错的，以便他不再犯类似的错误。"但约翰尼答对了 27 道题，却没有从他爸爸那里得到任何回应。

在很多方面，我们忘记了孩子拥有的独特才干，只专注于他没有的东西。我们习惯过多关注孩子的过失，却白白丢掉了对他们的珍爱。如果你的孩子对自己缺乏信心，那就关注他能做好的事情。在孩子能做好的事情上面多给予他认可，并拒绝关注他不能做好的事情。他的胜任感是他相信自己的关键。这使他相信他是有价值的，有一些可以提供的东西，从而激励他付出新的努力。

另一个使珍爱蒙尘的事实是，我们倾向于根据自己的特点来看待孩子。我们重视让孩子拥有我们自己缺失的品质。与此形成对照的是，我们不能接纳自身的某些特点，于是不能容忍孩子也有这些特点，正如我们在第六章中看到的那样。父母缺乏自我接纳，却使孩子为此付出代价。

意识到这种现象一定程度上有助于我们更好地接纳自己和孩子。N 太太坦言："我女儿的敏感以前经常会激怒我。当然，我自己也非常敏感，但我讨厌这种敏感。克服这种敏感需要努力，但现在，当我再遇到女儿表现得敏感时，我会对自己说，'那好吧，她只是在用与我同样的方式做出反应'，尽管我不喜欢我自己的反应方式，但识别出这种关联，她的敏感就不再让我恼怒了。"

正如上一章所述，除非你把孩子与他的行为看成是相互独立的，否则你只能做到有条件地接纳孩子。"第一人称反应"在防止珍爱缺失方面也发挥着很大的作用。以下几点会妨碍父母传达自己对孩子的珍爱：不尊重孩子，对孩子的特点不以为意，专注于孩子的缺点而不是孩子的优点，以自己的好恶判断孩子，采用"第二人称判断"，以及把孩子的偶然行为与其人格混淆。

● 提高你的珍爱能力

你为提高自己的珍爱能力所做的一切努力，都会反映在孩子的自尊上。

首先，问问你自己，你对自己珍视到什么程度。（记住：你是按照对待自己的态度对待别人的）我们很少有时间认真进行"自我清点"。现在是该做反思的时候了。

你对自己这个独立的人所拥有的特质了解吗？全世界没有其他人像你一样，你知道这一点吗？你有自己特殊的优势，这些优势在某种程度上与别人的优势不同。

用笔写出你那些与众不同的品质。如果有困难，请与你亲密的朋友联系，看看你们是否可以一起列出你的“特长”表。

如果你像大多数人一样，花了几年时间专注于你没有的东西。现在，转移你的焦点，专注于你自己具备的积极品质。当你不再将自己的优点视为理所当然时，有趣的事情可能会发生。你可以成为乐观主义者，认为杯子是半满的，而不是成为悲观主义者，认为杯子空了一半。

接下来，问问自己：“我是尊重自己还是在玩诋毁自己的游戏？我是否不时给自己安排个小假期，给自己买点东西或是小小放纵一下？我是曾安静却坚定地要求别人尊重我的需要，还是玩‘我不重要’的游戏？”

“我是否尊重自己身体和情感的需要，是否积极尝试去满足这些需要？我是否花时间和喜欢我的人一起度过美好时光？我是否腾出时间做我喜欢做的事情？”（记住：你自己越是充实，越能给别人带来滋养）

然后问自己：“我是否觉得我做的事能够代表我的为人？”

当一个女士做了一项工作得到他人赞许时，她会说：“很高兴你喜欢我。”她没有把她的工作与她本人分开。某位作者说：“如果你不喜欢我的书，你也不会喜欢我。”可以看出这位作者的个人价值感不是取决于他的本性，而是取决于他的写作技巧。如果玛丽不喜欢莎莉的画，她认为自己也不会喜欢莎莉。她没有意识到想法与人之间的界限。

不幸的是，我们生活在“要么成功，要么消亡”的文化中。我们因为我们所做的事情而受到重视，却不是因为我们本身的存在而受到重视。

如果你仅仅从行为角度看待自己的价值，这可能是因为在你成长的过程中，你周围的重要他人传递给你了一种这样看问题的方式。在理想的情况下，你生活中的重要他人，让你知道你有价值是因为你存在。但是，你不必再被过去的来自他人的反馈所困扰。你可以自己或者在他人帮助下改变你的思维方式。

为了让孩子们免受“要么成功，要么消亡”思想的束缚，你首先要使自己摆脱这一束缚。最自然的方法是，用自己对自己的态度，分辨出来个人与其行为之间重要的区别。你对自己持什么样的态度，决定了你能否使孩子从你这了解到个人与其行为之间存在界限。当你能够欣赏自己的独特性（即使你知道你有缺点），当你尊重自己、专注于你的积极品质时，你会更加自由地珍爱你的孩子。

当父母不能珍爱孩子时

如果你发自内心地同意上述的观点，但你仍然无法做到珍视自己的或孩子的潜能，这该怎么办？你面临的难题是你无法珍爱自己的孩子。

你在生活中需要来自他人的积极反馈。去寻求积极反馈。如果你的朋友不把你作为一位独立的个体加以重视，那就去结交新朋友。当然，其他人也许会珍惜你，但是你却不愿意接受别人给的积极反馈；也许你躲在假面具后面，结果他人无法帮你。在任何一种情况下，你都可以寻求帮助以破解自己的低自尊。

一方面，你需要持续努力和成长，另一方面你可以多与外界接触获得认可，从而发现自身的价值。你可以放弃自己内心的专断判断，如果不能，请寻求帮助。

被珍爱的好处

不把个人价值与行为联系起来，允许孩子选择对他来说更加现实的目标，这样他更可能实现这些目标。他所取得的成功会提高他的自尊。当一个孩子知道自己的错误行为不会抵消他的可爱时，他也就更能宽容别人的错误，更重视别人。他不会专注于别人的弱点，因为他生活中的重要他人并没有把关注点放在他的弱点上。他的这种态度吸引了别人，也让他能更加平静地与他人相处。

当孩子的错误与他的个人价值不相关联时，他就不会那么不知所措。然后，孩子可以把自己的错误看成成长的阶梯，而不是个人的灾难。如此，他就敢于正视自己的错误并加以改正。

斯科特（Scott）来自一个按照学习成绩给予重视和珍爱的家庭。因此，他任何低于“B”的成绩都会撼动他在家庭中的地位。他参加考试的场面就是“紧张”二字的写照。

对他来说，个人表现是一场生死攸关的斗争。他相信自己的个人价值是由他每次考试分数决定的。这种紧张感实际上造成了一种学习障碍，切实妨碍了他清晰思考。他必须以已知的、别人赞成的方式来表现自己。他将自己的价值与自己的表现挂钩，这样就压抑了他本身的创造力。

“请等一下，”你可能会说，“在第二章，我被告知，孩子们需要有成功的经历才能感受到自己胜任和有价值。这个观点在这里怎么衔接不上了？”

的确，所有的孩子都要通过证明自己有能力来建立自尊。但每个孩子都需要感受到，无论他的能力如何，他本人都能受到他人的珍爱。

成功的表现增强价值感；作为一个独立的个体受到珍视，则有益于感受到别人的爱。

每一个孩子都需要既感受到自身可爱，又感受到自身有价值，但是爱不能与出色的表现挂钩。然而，任何孩子越感受到自身可爱，越更有可能以令人满意的方式表现自己，因为那样他更喜欢自己。

第十章

“独立拥有”感带来安全感

否定所有权

“我现在想要一个糖果。”十岁的泰迪（Teddy）在上午十一点半提出要求。

他的母亲L夫人摇摇头说：“泰迪，你现在不能吃糖果，吃糖果会影响你吃午餐。你可以午饭后吃一些甜点。”

九岁的布莱恩（Brian）打了他的弟弟。他母亲命令他道：“够了，孩子！现在对你弟弟说对不起！”

我们以无数的方式，反复拒绝让孩子“拥有”自己的感受。我们总是告诉孩子们，他们的情绪是错误的，是不合适的，甚至是不应该存在的。然后，我们再规定用哪种感情去适应某种场合，这种做法错上加错。

L夫人告诉泰迪他现在不能吃糖果。布赖恩的母亲命令他用悔悟来抵消他的愤怒。

这是否意味着L夫人在泰迪想吃糖果时就应该让他吃？布莱恩的母亲是否应该允许他在方便的时候揍他的弟弟？当然不是！但是，

若否认感情所有权，孩子的心理安全感就会受到侵蚀。

尊重孩子的感受是尊重孩子完整人格的一方面。情绪会自发涌现，每个人的情绪都是他自身的一部分。

无意中，我们对待孩子像对待有情绪的电脑一样，尝试编制适应这台电脑的程序。我们希望在我们感到遗憾的时候孩子也感到遗憾，在我们饥饿时他也感到饥饿，在我们关注的时候他也开始关注，等等。我们家长往往要求孩子将他们的感觉与我们的感觉相匹配，而孩子没有做到这一点时，家长就会被激怒。

当你规定孩子应该有什么样的感受时，也就相当于你要求孩子放弃他对自己内在体验的所有权。但孩子做不到。他没有力量制造情绪，他只能压抑或假装。被他们掩盖起来的情绪仍然会很活跃（见第十七章），而且从长远来看，最终对孩子的自尊起决定作用的还是它们。

感受拒绝向命令屈服。

请注意：让孩子“拥有”他自己的感受，并不意味着让他做任何他想要做的事情。制止行为与对情绪的控制之间有很大的区别。人们的行为经常需要受到抑制。我们只是在谈论拥有感受的自由，而不是采取行动的自由。（更多内容见第十七章）

在上述糖果事件中，是L太太，而不是她的儿子泰迪，想在午饭后吃糖果。她无意中要求儿子像她一样去感受。实际上她可以避开这个陷阱，对泰迪说：“泰迪，我知道你觉得现在吃糖味道肯定棒极了（这就是说，“即使你与我的想法不同，你也有权利拥有你的感受”），但是你必须等到午饭后再把糖当成点心来吃（这里她限制的是他的行为）。如果你饿了，我会开始准备午饭。”

而布莱恩打他的弟弟，是因为他生气了。他母亲的话并不能阻止他对弟弟的敌意。母亲要求他说谎，会导致他更强烈的愤恨和内疚。

既让布莱恩拥有自己的感受，同时又对他的行为加以限制，布莱恩的母亲可以这样对他说：“布莱恩，你现在必须停止打你的弟弟！（她限制了他的行为）我知道你真的很生气，所以才会打弟弟。现在把这个枕头当作你弟弟，告诉我你想对他做什么。”（用这种方式她告诉布莱恩，“你内心的感受是你自己的。虽然我必须限制你的行为，但我会帮助你安全地释放你的怨气”）出于对孩子的安全感考虑，他们对自己感受的所有权必须得到我们的保护。

● 独特性和安全感

真正允许自己的孩子有权利拥有独立和独特感受的父母是罕见的。因为我们身边的人也曾要求我们按照他们的感受去感受。除非我们加倍小心，否则我们对待孩子也会像我们身边的人曾对待我们那样。

此外，我们自己当年被教导不能拥有自己的感受，而现在要做到允许孩子拥有他自己的感受，这是非常困难的。他们的情绪触发了我们自己当年受压抑、遭禁止的感受。所以我们在惊恐中后退，要求孩子们也照做。

当孩子反复感受到，父母对他的接受与否取决于他是否成为父母和老师的情感复制品时，他的独特性和安全感受到了威胁。家长们给孩子提出了太多这样的要求——“和我的感受一致才能获得我的爱”。

D 太太规定了自己的孩子每餐要吃的食物总量，并坚持让他们把盘子里的食物吃干净。她用她规定的标准决定孩子们的饥饿程度。

当 W 女士的儿子不喜欢她准备好的饭菜时，她对儿子说：“你不知道什么菜好。”她认为，当儿子的口味与自己的不同时，很显然儿子是脱轨的。而她的这种态度贯串于她与她所有子女的关系中。她不能容忍或理解孩子们拥有任何与她的不同的内心经历。

当我们允许孩子选择他自己的衣服、班级课程和职业时，我们经常认为自己做到了尊重孩子的个性。但这不过是微不足道的尊重罢了！只有当你接受孩子的真情实感时，才能证明你对孩子的独特性秉持全心全意的尊重。

父母大声宣称自己尊重孩子个性化的意愿，但私下里，他们想知道“为什么吉米不如鲍勃更自信？”

“马琳（Marlene）一直喜欢科学这门课。我不明白为什么鲍勃不喜欢它。想想，他们都是来自同一个家庭啊！”

“娄（Lou）太太喜欢参加社团活动，而约翰（John）却不喜欢，这是多么难以理解啊！”

“如果埃里克（Eric）更像我那脾气平和的范安（Van）该有多好啊！”

如此等等，永无止境：

刚才还在说“这就是尊重个性”，过了一会儿却说“为什么这个孩子和另一个孩子完全不同？”

刚才还在说“独特性和创造力万岁！”过了一会儿又说“哇！我们儿子的感受也像我一样！”

“我真的不懂，我们孩子之间的差别像白天和黑夜一样分明。”

这种常见的评价父母们很少以喜悦的语气说出来，而通常是以惊讶或疲倦的语气讲出来。

令人奇怪的不是孩子们的反应不同，而是他们彼此之间惊人得相似。世上的每个人，除了同卵双胞胎，都是一种独特和不可重复的存在。除了遗传的个性不同外，没有两个孩子可能有完全相同的经历或环境，所以他们有所不同，这并不奇怪。

抛开遗传不谈，你可能会认为，同一个父母所生的三个男孩，吃同样的食物，住在同一所房子里，他们应该算是有相同的环境。从表面上看，这可能是真的，但他们各自所处的心理环境却差别很大。我们不会以同样的方式对每个孩子做出同样的反应。每个孩子都处在不同的成长阶段，面临不同的压力。每个孩子都有他自己的社区生活和校园生活体验。许多因素相结合，形成了每个孩子独特的心理环境。每一个因素都在孩子如何做出反应方面发挥着作用。

那是谁的经验呢？

允许孩子拥有自己的感受，这引出了关于给孩子们安排各种各样课程的问题，许多家庭都面临着这一问题。咱们问问自己，“那是谁的经验呢？”

谁能讲清楚，通过什么方法可以激励出另一个人的激情？示意孩子体验各种各样的经历，并给予他做出特殊反应的权利。当家长决定孩子“应该”喜欢什么时，孩子的安全感就会消失。若你告诉孩子他们必须喜欢某种经历才能获得你的认可，那你就是在玩火。

玛丽•安（Mary Ann）说：“无论是我想要的还是喜欢的都不重要。我的反应在父母看来似乎从来没有正确过。问题一定是出在我自己身上。”

尊重孩子的独特性证明了你对孩子的爱护。

认可差异

你为迫使孩子拥有与你相似的感受而施加的压力的程度，取决于你将他们视为独立的个体的能力和对差异的容忍度。

检查你对孩子的独特性和差异的反应，它会透露出你个人的改变和成长能力，并且它影响你是否允许孩子做同样的事情。不要轻视这个问题。听听你说了什么话，注意你自身的感受。如果持有偏见地看待差异，你就是在教导你的孩子他的独特性是错误的。那么，你这种做法就会发挥负面作用。

塞尔玛（Thelma）觉得露营极端无聊，但她的家人都喜欢郊游。出于尊重她的喜好，她的父母在离开她去郊游时为她做了其他安排。她的家人绝不会因为她有不同喜好而暗示她是一个令人扫兴的人。家人的尊重让她珍视她自己的独特性，而不是把自己视为一个大煞风景的人。

只有当你认可差异并且不因差异而减少赞许时，你的星星才能在你的安全星图上正常运转。

检查你对差异的容忍度

要了解你对差异的容忍度，请先检查你与家人之间的关系。

O 夫人难以与别人相处。她的问题在于，在她与别人建立起关系之前，她就想让别人的想法与她的想法一致。如果你对家庭以外的人都有类似的态度，那么你的孩子很可能更难得到你对彼此差异的容忍。

“盲人与大象”的故事就谈到这一点，它讲述了几个盲人第一次遇到大象时的情况。每一个盲人都触摸了大象的不同部位，然后觉得自己知道大象“看起来像什么”：触摸到大象尾巴的人认为大象像一根绳子；触摸到大象鼻子的人相信大象像一条蛇；抓住大象腿的人坚持认为大象像树干一样；而来到大象侧面的盲人，确信大象就像一堵墙。

每个人都触摸了大象的不同部位，每个人都确信自己认识大象的方式是唯一“真实”的方式。然而，他们中没有人认为，不同的观点可能同样合理。

有时候，我们也有像盲人一样的经历，以某种特定的方式做出反应，并相信只有自己的反应是正确的。但是，如果我们真的接受别人是独特的个体这一点，就不能坚持说我们自己的观点是唯一合理的。

在某种程度上，我们都像盲人一样触摸了大象的不同部位。我们每个人都把自己的独特性、过往经历及自己的各种感受融入所处的场景里。我们每个人的体验都会有所不同。你需要不断地提醒自己，

你对事物的观察和感受的方式并不是唯一的方式。

你认为自己的观点站得住脚，孩子同样认为他的观点站得住脚。你的态度应该是“你的观点和感受只是你自己的观点和感受，绝不能强加于人”。这样，孩子才能感受到安全和关爱。

如果你难以接受其他人与你之间的差异，那么这暗示出你的自尊不高。缺乏强烈个人价值感的个体一定会受到这种差异的威胁，特别是在他的家庭中。他需要他的家人对他的各种观点随声附和，如此他才能相信自己。他需要外界的支持来验证自己的观点。若没有得到别人的赞成，他会感到焦虑，认为遭受拒绝，无法感受到别人的关爱。

如果你是这种情况，这就意味着你需要提高自尊。

对自尊的影响

允许孩子“拥有”自己的个人感受和反应，对他的自尊有很大的影响。这等于允许孩子说“做自己很好。即使我和家人意见不同，我的内心经历也是合情合理的。在某些时候我有某种感受绝不会损害我作为一个人的价值”。

具有这种信念的孩子不会隐藏在伪装后面，也不会试图把自己的看法强加于人。结果，他与他人相处得更好。

有趣的是，当你把自己放在孩子的立场上，试图从他的角度看世界，你经常会发现孩子观点的合理性。如此，你就用对孩子的理解为他带来了安全感。我们将在下一章中更全面地探讨这个观点。

第十一章

共情带来安全感

揭示内心所想

布鲁斯（Bruce）有点儿不高兴，于是他母亲对他说："去你的房间，直到高兴了再出来。"母亲允许他有自己的烦恼，但是在这样的情况下，母亲显然不想要布鲁斯在她旁边。简而言之，母亲清楚地表明，如果布鲁斯把自己不高兴的感受显露出来，他就会遭到拒绝。

强烈的消极情绪会给人带来压力，但无论如何，当孩子最需要帮助的时候，我们却经常拒绝给他们以建设性的帮助。我们常说需要孩子的信任，但是我们对他们所做出的回应也常常让他们无奈地走开。如果我们不能接受孩子的感受，他们也就学会拒绝这种感受。

对共情的需要

自我反思一会儿。当你和他人分享你的感受时，你不想听到别人的否定，或者对你喋喋不休讲道理告诉你不该那样感受。你想听到别人对你的理解。当你预期自己会得到理解时，你才会说出你的真实想法。

想象一下，假如你对女儿即将要做手术感到担忧，并将这种担忧告诉你的朋友。如果他回答说，"哦，别担心，我相信一切都会好起来的。"你几乎感受不到他对你的理解。他的保证对你来说绝对不起作用。很可能，你会认为，"这还用他说，鬼都知道！我敢打赌他从未有过自己小孩做手术的经历！"

假设相反，你的朋友真诚地对你说"朋友，这些天是你最感焦虑的日子吧！"他现在的言语和语调告诉你，他明白，在这个时刻，你会拥有怎样的感受。这种情况下，你不可能不和他分担你的担忧，告诉他你的恐惧。而他会伸出援手，减轻你孤独担忧的痛苦。

孤独地承受痛苦，永远比有人"与你"一起分担痛苦更加困难，他人的理解能给你带来温暖的安慰和安全感，可以弥合孤立无援招致的哀伤。

什么是共情

有一个特别的字眼，可以表达我们都渴望的那种理解。这个字眼就是“共情”，有些人把同情与共情混为一谈。但是，同情表达的是一种“啊，如此可怜”的态度，虽然我们有时候希望获得怜悯，但怜悯远不像设身处地的真诚理解那样有帮助。

共情是一种设身处地的理解。

它意味着另一个人进入你的世界，并通过反馈的信息证明他理解你的感受。他暂时放弃了自己的内心所想，在所有微妙感受方面都与你保持一致，即使在特定的情况下也是如此。正如卡尔•罗杰斯（Carl Rogers）[1] 所指出的那样，与你共情的人与你保持一致，并不对你表达同意或不同意，而是在没有判断的情况下理解你。

正常情况下，我们每个人通过两种方法与他人沟通：口头语言和肢体语言。通常，我们的有声语言表达事实，而我们的面部表情和说话音调说明了我们对这些事实的感受。我们的口头语言和肢体语言所传达信息的含义是关联在一起的，我们希望别人理解我们传达的全部信息。然而，

理解态度和感受比理解事实更重要。

当你的小孩跟你说话的时候，只有你了解他反应的全部含义才能表现出对他真正的理解。例如，如果泰德（Ted）进入客厅，沮丧地说：“哎嗨，我终于完成了这个学期的论文。”泰德的这句话从字面上看是在说他的论文作业终于完成了。但他的语气和态度揭示了他对这个事实的感受：他很

[1] 卡尔•罗杰斯（Carl Rogers），1902—1987，美国心理学家，首创以患者为中心的心理疗法，强调咨询师与患者间的关系，著有《当事人中心治疗：实践、运用和理论》《心理治疗和人格改变》《论人的成长》等——译者注。

消沉、气馁。如果泰德的父亲只对儿子的话做出简单的回应，就会仅仅针对泰德的说话内容做出回答："好吧，你完成了这项工作"。

父亲重复泰德的话让他感觉父亲仅在一个层面上对这件事做出回应，这种回应让泰德感觉父亲并没有充分地理解他。泰德对这项作业的感受比他所说的话的字面意义要重要得多。但他父亲的回应却并未触及他的感受。

如果泰德的父亲对儿子语言和非语言信息都很敏感，他就能明白他儿子表达的全部信息。如果他回答泰德说："虽然完成了，但是你感到很气馁。"这就证明他对自己的儿子非常理解。这时，父亲捕捉到了泰德内心世界的完整信息，泰德感受到来自他的理解和温暖。

当你与孩子共情的时候，不要试图去改变孩子的感受。你只需试着去理解他如何感受他摸到的那一部分"大象"。也不要尝试去分析他为什么会有那样的感受。你只需在这一刻捕捉到他特定情感的所有细微差别，你就会逐渐明白他的看法，感受到他的感受。

共情是安全感的第五个要素。

因为人存在于社会，他通过和他人建立心理亲密关系来克服自己的孤独感。然而，要做到这一点，他必须知道有人能对他产生共情，能听到他内心的声音。人类是有感情的动物，为了获得真正的自尊，他们还需要别人接受和理解他们的感受。

在个体社会化的过程中，他逐渐意识到，不是所有的感受都可以转化为行动，正如前一章所提到的那样。对孩子来说，他知道袒露内在的感受是安全的，他生命中的重要他人会理解他的感受，这会帮助他接纳真实的自己——一个有着各种各样情绪的人。

你有没有想过，你虽然知道孩子成长过程中的每个具体细节和事实，但你发现，你并不了解他，直到你明白他的观点你才真正认识他，直到你了解他如何从他的角度解释发生在他身上的所有事情之后才会认识他。你只有进入他的个人内心世界才能认识他；正是在情感的舞台上，上演着人类在心理意义上的生存或死亡。关闭情感的大门，就意味着切断了生活，切断了成长，切断了孩子保有独特性的命脉。关闭共情理解的大门，就等于消除了亲密、安全感和关爱。

我们借助一个典型案例分别来看一下破坏安全感的处理方式和建立安全感的处理方式。

三岁的凯伦（Karen）被突然的爆炸声吓了一跳，哭喊着跑向了她妈妈。

典型反应：

她的母亲对她说："哦，亲爱的，这只是飞机的声音。你不应该害怕。"

这种保证实质上是在说："不要害怕，没有必要害怕飞机的噪音。"显然，凯伦的母亲试图通过给出合理的解释来消除她的恐惧。然而，巨大的噪音不管来自哪里，对小孩子来说都是可怕的。凯伦的母亲对此并不了解，她用逻辑推理取代共情，导致凯伦觉得自己并没有被母亲理解。只有在情绪首先得到处理之后，解释才能更好地发挥作用。人们在情绪强烈的时刻，第一个渴望的是理解，其次才是解释。

共情反应：

凯伦的母亲紧紧地抱着她说："天哪！这飞机马达轰鸣声太大了！太可怕了！"

在这个短暂的时刻，母亲进入了女儿充满恐惧的内心世界，证明她理解凯伦的感受。能够传递共情的回应是，首先让凯伦知道"妈妈与我在一起，她知道我的感受"。一旦孩子知道她的恐惧被妈妈理解，她就能更好地听妈妈解释产生令人恐惧声音的逻辑原因。

共情的反应是，用心去听，而不是用你的耳朵。如果共情反应被你用冰冷、就事论事的语调表达出来，那么孩子就会感到你不理解他。

你可能已经有过这种经历：当对方一本正经地对你说"哎呀，也真够你为难的"，你感到他没有理解你。但是如果他说"哎呀，真够你为难的"，好像他也感到很为难一样（他的语气和面部表情告诉你，他与你有同样的感受），那么你就感到别人理解你了。说话的语气和面部表情会让你感受到，他是满腔热情地理解了你的内心，还是他只是口头说说。别人的语气还能

透露出他对你理解的程度。(在第十七章中关于这一点有更多的内容)

共情的先决条件

真正的共情是态度和技巧的结合。这种技能涉及通过理解进入另一个人内心世界的能力。内心比较平静的父母，比那些动辄紧张陷入内心冲突的父母更容易进入孩子的内心世界。

G先生说："我几乎听不到我孩子讲话，因为我内心很嘈杂。每次他们说话的时候，我想的都是自己的心事。"这位父亲在能让孩子自由表达他们的情绪之前，他必须先处理好自己的情绪。他必须先能排遣自己的情绪，而后才能进入孩子的内心世界。

当你对语气、音调变化、身体姿势、手势和面部表情敏感时，会更容易共情。有些人对这些线索无动于衷，不能调整到非语言交谈状态。然而，心理学家艾伯特•梅拉比安（Albert Mehrabian, 加州大学心理学教授，于1971年所做的研究揭示，有效的沟通技巧都包含三大要素）则认为人们的信息只有7%是通过言语传递，而其余的则由语调和肌肉表情传递。

对身体语言的敏感是共情的基础。共情可以通过实践和努力来增强。

你共情理解孩子的程度，深受你对扮演父母角色态度的影响。当你把自己作为一个养育者，对孩子拥有的自我指导能力有很大的信心时，更加容易共情。当你相信你应该指导和引导孩子，觉得你总是最了解孩子的时候，共情会很困难。我们不是去试图理解孩子，而是经常唠叨、责骂，甚至强迫他们像我们一样去做，这就相当于我们在削足适履。但关键是我们不是我们的孩子，孩子有他们自己独特的体验生活的方式，他们独特的方式必须得到我们的尊重。容忍差异，尊重他人的完整性，会使我们更容易共情。

最后，你对你自己情绪的态度从总体上来讲是最重要的。如果你害怕你的情绪，那么你很难做到，甚至是不可能全心全意地共情。共情包括听见并接受真情实感，而不是把真情实感作为“棘手问题”。能够承认自己的各种情绪，拒绝先验判断，有助于为孩子提供共情的安全感。

共情的好处

共情是关怀的强大证明。当你将个人观点暂时搁置一边，设身处地“进入”孩子内心世界时，你将表现出对孩子作为独立个体的基本尊重，孩子的观点对你而言是重要的。共情意味着：“你怎么看事情对我很重要。你值得我花时间和精力与你共同感受。我真的很想知道你有什么样的感受，因为我在乎。”

你的共情使你的孩子感到自己具有交流能力；使他知道他能够与周围的人沟通。而沟通的成功对孩子建立自尊很重要。对于保持沟通渠道畅通，共情是至关重要的。当孩子们一直觉得自己被误解时，他们就会停止交谈。

在高自尊儿童的家庭中发现一种模式：在家里他们可以自由、从容地畅所欲言。这些孩子在表达自己的感慨和意见时觉得安全。虽然其他人可能并不总是同意他们的意见，但他们认为自己的观点受到了尊重，而家人也认为他们有权拥有这些观点。一旦孩子了解到自己的意见不被尊重或得不到理解，就更容易关闭沟通的大门。毫无疑问，

共情可以将爱传递给孩子。

共情孕育温暖和亲近，也就是亲密无间；共情能够抵御孤独感。

恰如共情能让孩子更亲近你，它也使你更亲近孩子。当你能够站在孩子的角度思考时，当你用孩子的观点看问题而获得真情实感时，你就会认为孩子的行为是有道理的。那么，你便很难再对孩子的行为感到生气或不安。

共情有助于将判断放在一边。

N 女士的报告是一个生动的例子，说明共情在促进亲密关系和释放父母愤怒的判断方面能够发挥作用。“格拉迪斯（Gladys）总是打她妹妹，因为她比妹妹更有力量。我试图强调她的优点并竭力对她给予理解，但她从不做出让步。有一晚当我哄她睡觉时，她开始向我抱怨她的妹妹，我也竭尽全力地聆听。不久之后，她开始谈论学校的孩子们。

“‘妈妈，’她说，‘在学校的情况，就像家里发生的情况一样。在大多数情况下，其他孩子都比我强壮（这是事实），而且在活动中总是赢得胜利。我总是垫底。即使在言辞方面，他们也比我更厉害。他们所说的话有时会伤害我，让我痛苦不堪，以至于我想不出来任何言辞对付他们。’

“当她说这些话的时候，我领会了她内心世界的滋味，这也让我感到伤心。几乎到处都有小朋友欺负她。我了解到了所有的一切，知道她打她妹妹安妮是有前因的。难怪她打她妹妹时那么无情，因为家里是唯一她可能有机会扳回比分的地方。整个事情好像有点像奇迹一样，一旦我真的明白事情的原委，我也不生气了。我只感到同情和温暖，我决心采取措施给她更多的呼吸空间。”

一旦产生误解，孩子们会感到被父母从身边推开，和父母的亲密感也消失了。孩子就会得出结论：“我的父母不理解我。他们就是不在乎——也许，是我不值得关心”。相比之下，每当我们（无论是小孩或成年人）感到深深地被理解时，我们就能感受到被爱，因为

理解是爱的语言。

（关于共情缺失的代价，更多的细节见第十七章）

安全感是永远不会完整的，除非父母和孩子之间有共情，但每时每刻的理解并不是必不可少的。即使是间断性的理解，也会使孩子相信：“至少有某些时间段我的父母明白我的观点和感受”。

在这个重要的问题上做个反思：你是在从谁的角度看世界？如果你发现你习惯性地只从自己的角度看世界，那么你给孩子的爱就打了折扣。如果，至少有时，你可以用孩子们的观点看世界，你对他们的关怀更有可能传递给他们。还记得盲人摸象的故事吧。不要仅仅告诉孩子你明白，要通过共情来证明你对孩子的爱。

第十二章

独特成长带来安全感

神秘的开关

四岁的琳达（Linda）在睡觉之前要求妈妈给她一个安抚奶嘴、一瓶牛奶和一片尿布，这让她妈妈感到惊讶。无奈之下，她妈妈L夫人答应了她的要求。当妈妈去拿尿布时，琳达说："哦，我不想要尿布了"，然后自己又把奶嘴放下，只拿着奶瓶上床睡觉去了。

琳达这样做是在核对她自己的"心理安全感账户"，她母亲对此做出的回应是："你的成长方式是对的，如果你想后退几步，我会尊重你的需要。"通过向琳达证明她能够按照自己的独特方式自由成长，L夫人为孩子安全感的建立提供了又一个重要因素——用独特的方式成长的自由。有了这个保证，琳达不再需要令婴儿感到舒适的所有其他东西，仅有奶瓶就够了。

L太太可以说："天啊，琳达！你都这么大了还要这个宝贝奶瓶。现在，照你的年龄行事，赶快去睡觉。"当她这么说时，她实际上暗示的是："成长中出现倒退是错的。赶快调整过来，好好成长吧（按照我认为你应该采取的成长方式）！"

对孩子成长应有信心

我们中的许多人担心，一时的退步会影响孩子的成长。如果孩子不勇往直前，我们会感到他们永远"长不大"。奇怪的是，我们却相信植物的生长能力。我们把植物种子放在一个育苗的环境中，并相信它自身发展的潜力，相信它会以自己的方式生长。这棵植物的生长状态及它出现一些枯萎的叶子，不会让我们感到不安。如果这棵植物生长得似乎很糟糕，我们会认为原因在于植物的营养条件。但是我们绝不会对它拔苗助长。

有时我们对自己孩子的成长能力的信心比对植物成长的还要小。千方百计地促进、督促，甚至使用暴力，我们总是试图强制孩子成长。当孩子

成长缓慢时，我们把重点放在了孩子身上，而不是从他们成长的环境方面找原因。我们忘记了，孩子也像种子一样，

成长的推动力存在于每一个孩子自身。

我们中很少有人强迫宝宝走路，因为我们确定，发育到了一定阶段他自己就会走路。我们接受孩子在蹒跚学步期，在摇摆着走了几步之后，又恢复爬行的行为。但是，在某个时期，许多家长对孩子的成长失去了信心，并且对他们发出了这样的训斥："你都这么大了竟还做出这种愚蠢的行为"。孩子的每一次退步都会让我们失望、着急或者感到有压力。而我们这样的态度必然侵蚀孩子的安全感和自尊。

每个孩子都有他自己内在的成长时间表——专属于他自己的成长模式。他的特殊成长方式必须得到尊重。

● 沿"之"字形路线成长

孩子的成长不是稳定地向前、向上进展。相反，它沿着一个曲折的路径：在另一个向前的飞跃之前，往往向前三步，退后两步，徘徊磨蹭一会儿，有时干脆止步不动。这种曲折成长的形式令人不快，但据此规律孩子每天都有新进展。如果家长了解规律，担心可能会少一些。

有一条适用于各个阶段的成长准则：成长的过程就是向新的突进和向旧的退行。就像大海的潮汐一样有起有落。

孩子的成长过程，是既向前扩张又向后收缩的运动过程。

安全感与成长

正如亚伯拉罕•马斯洛（Abraham Maslow）[1]指出的，我们每个人都由两股力拉着。一个是使我们停留在已知范围内以获得安全感的拉力，另一个是新鲜事物的吸引力。成长中的每一个环节都要求孩子不断把他们熟悉的事情抛在后面。成长对他们来说就是不断抛弃旧的东西。

孩子心灵稚嫩，却被要求快速放弃一个接一个的已知事物，如妈妈的乳房、奶瓶、拇指、奶嘴、尿布、爬行、捣碎的食物。家长应该允许当他想要的时候能够再次拥有这些。孩子必须摆脱对母亲的依赖、家庭的庇护，放弃待在同龄人中间的安全感；他必须摆平依赖和独立、服从和支配、保留和分享之间的关系。

每次新的前景引起他的兴奋，对母亲怀抱的美好记忆也在向他招手。即使是成年人，他们偶尔也会想退缩到完全的依赖，享受轻松的关怀。那么，犹豫和退行、前进和成长相互融合又有什么好奇怪的呢？倒退可能是前进的必要前提。

安全感第一

在安全感和成长这两股拉力之中，安全感更为重要。没有安全感，孩子们就会检查他们的探险环境。珍妮着迷于市场上产品的颜色和纹理，当她抬头寻找妈妈时，却遍寻不见。为了寻求妈妈的保护带来的安全感，珍妮探索的兴趣立即消失了。

在每个幼儿园里，熟悉周围环境并与老师建立温馨关系的孩子，都可

[1] Maslow, Abraham. *Toward a Psychology of Being*. New York: D. Van Nostrand, 1964, Chapter 4.

以自由地离开母亲的怀抱。孩子首先需要拥有安全感，然后他们才能进入探索未知的状态。

所有成长都包含不确定性。“这会带来什么样的结果呢？”“它会很危险吗？”“如果我这样做会有麻烦吗？”探索未知可能会引起焦虑。对于后退感到安全的孩子，他们在冒险时不需要太多鼓励，因为他们知道自己还有后路可退。

不因退却感到羞辱，这使得孩子更有可能拥抱未知。

帮助孩子成长

这是否意味着你要被动地等待，对孩子的成长无所作为？绝不是这样。在孩子准备好时，为他们提供有吸引力的新的体验。和蔼地鼓励他们进入新的情境。但与此同时，如果他出现沮丧或退缩，也要尊重他的选择。强迫成长只会使他们更紧密地拥抱旧事物。不尊重孩子的喜好和退行，说明家长对孩子的成长能力和个性缺乏信心。尊重孩子的成长模式及他们对安全感的需要，这是关爱他们的具体证明。

如果在你成长过程中别人对你有信心，那你更容易相信孩子自身拥有成长的驱动力。有些家长可能没那么幸运，但无论如何都要有全然的决心，要坚信孩子有他自己的发展方式。然而，许多人无法通过决心坚定信念。如果是这样，请寻求对你有信心的人的帮助。（每个丈夫都需要妻子的信任，每个妻子也都需要丈夫对她的信任。很多夫妇非常专注于外部的活动，他们没有时间来互相滋养。这样导致的结局就是他们无法向孩子提供他们所应得的东西）

熟悉儿童成长的规律，使你能够理解孩子成长的整体进程（见第三部分）。它可以帮助你理解孩子当下的行为与每一个孩子必须完成的长远的任务之间的关系，进而可以使你免于过度夸大孩子行为的波动。

能够以独特方式自由成长的影响

尊重孩子的个人发展模式，也就意味着告诉孩子：“我相信你的特殊成长方式。你不会因为按照自己的模式发展而受到冷落。”这样一来，孩子就会确信自己选择的成长路径是对的。

爱的氛围

虽然前面我们分开讨论了爱的成分，但实际上它们相互交织，共同形成了积极的心理氛围。七个基本成分拼构成 LOVE（爱）。这个由四个英文字母组成的单词，涵盖了自尊带来的温暖与自我恼恨带来的孤独之间的巨大差异。

构成爱的氛围的另外一个成分是你如何管教你的孩子。因为这个话题内容广泛，我们将在第五部分详细讨论。但请记住，你使用的管教方式能为你提供的安全感添加一个重要的维度。

安全的内心交流能把“爱”翻译成孩子能够理解的字眼，无论孩子的年龄、性别、气质、智商或能力如何。而这样的内心永远无法假装。沉浸在一种安全的氛围中，孩子自然而然会得出如下的结论：

“我是一个独立、独特的人。我知道我有价值，因为我父母喜欢、理解和尊重我。”

“对我周围的重要他人来说，我不必成为他们的复制品。”

“即使我的行为必须受到限制，我也是受到珍惜的。”

这些都是高自尊的反映。

由于感到被爱对情绪健康和自尊非常重要，我们每个人都要重新审视我们给孩子提供的心理氛围。只有当你与孩子之间的内心交流是安全的，你的孩子才能肯定他自己。这样一来，就相当于你给予了孩子无价的礼物，不仅仅是生物意义上的生命，而且是孩子内在的平静与完整。

第三部分

自我发现之旅

第十三章

自我发现之旅：整体进程

成长进程

可以把人类的发展过程看作是自我发现之旅，在这个意义上，每一个人的生活都是认识自我之旅。

人类的成长进程是有序的，每个阶段的任务都与身份认同有关。孩子们一旦意识到他的独立，他们便兴致勃勃地去探索自己的能力，揭示自身的重要性。当你与自己的孩子一起相处时，你要帮助他们得出“我是有价值的，我有东西贡献给别人”这样的结论。

为了方便，我们把童年大致分为三个阶段：前六年、中间年龄段和青春期。在这些不同时期内，有一些具体的任务；它们像楼梯台阶一样，如果孩子准备进入下一个阶段，那他们就必须成功完成当前阶段的任务。如果没有完成特定任务，就会阻碍他们的心理健康成长。任务未完成就意味着发展将会受到制约，这会破坏孩子对自己能力的信任。

这些成长中面临的任务的性质，它们如何影响自尊，以及如何帮助孩子完成需要在家里完成的“心理作业”是以下三章的基本内容。

熟悉这一进程的好处

如果你的孩子突然变得烦躁不安，拒绝吃晚餐，你可能会对他发火。但是当你发现他体温上升，因喉咙发炎而疼痛时，你的想法和期望会立即改变。你会认为他的那些行为是有道理的，你就会着手和他一起帮他恢复健康。

同样，当你知道孩子在某些阶段内心经历了什么的时候，你对他们在不同阶段的期望也会发生改变。如果你不了解孩子的内心，你可能会违背孩子的成长进程规律，为他们制定不切实际的目标。这样一来，你就干扰了孩子的自尊发展。俗话说“无知是幸福，愚蠢是聪明”，但这不适用于为人父母者。你需要对自我认识之旅的要求有所了解。

此外，了解成长进程为评估行为提供了指导。在发现孩子的行为符合成长规律之前，你可能会感到焦虑。而掌握这些知识可以减少你的焦虑，使你的孩子能拥有更加愉快的生活。你越喜欢孩子，他就越能够欣赏自己。然后，孩子会向他自己的内心世界相册添加积极的图片。而且，你拥有这方面知识可以减少不知情的孩子所遭受的试炼。

没有书能为我们提供适合每个孩子的现成办法，大量的阅读也无法替代与自己的孩子共同生活获得的认识与感受。但是，熟悉这些能够实现自我的任务会提醒你关注典型行为模式，并且了解如此行为的目的。如果你想帮助孩子维持情绪健康，你就需要彻底了解所有的事实真相。

在阅读这部分内容时，请记住，孩子不会一直停留在同一个年龄上。人的行为总是代表着一个由他当前发展、过去成长阶段及预示未来成长的伏笔构成的综合体。所以，当我们谈到一个特定年龄的特点时，我们说的是总体规律。每个孩子在每个新年都会带着过去未完成的任务，他对当前内外需求的独特回应方式，以及对未来发展方向的暗示。

如果你家里的孩子是十几岁的青少年，你可能倾向于跳过讨论童年问题的章节。一定要抵制这种想法。你的孩子可能是 13 岁，但是如果他在早期的成长阶段没有完成心理健康成长的任务，那么现在他必然还带着那些自己未完成的任务带来的无形负担。只有放下这些负担，他才能专注于完成他在目前年龄所面临的任务。

接下来的三章是值得一读再读的章节。父母常犯的一个错误是，他们对自己孩子的期望过高。记住：当你总是期待孩子可以完成超过他能力的任务时，你会一次次失望。你的失望就成了孩子对自己的失望。结果呢？孩子产生了自卑。只有当孩子能成功地应对与他的自我发展阶段相符的挑战时，他才会相信他的价值和能力。

第十四章

自我发现之旅：前六年

第一项任务：分离

孩子两岁以前很合作，源自于他还不知道自己有其他的行为方式。后来他意识到自己能自主行事，这为他打开了全新的视野。他对自己的小宇宙有了全新的看法。

孩子小脚丫一下地，他就开始“惹是生非”，紧接着的就是怒气冲冲的父母给出的一连串“禁令”。尽管这使他陷入了麻烦，但他分离的旗帜已经升起，家庭的平静由此打破，“家庭董事会”也难于约束他。孩子发现自己可以自主行事，这一革命性的新发现必须从各个方面进行测试和验证，特别是要从妈妈那儿得到验证。即使妈妈没有给予两岁孩子抵抗的机会，他们也会不知疲倦地创造机会。

只有通过练习分离，孩子才能获得自主行事的感受。就好像两岁的孩子在说：“要认识我自己，我必须违抗你。我必须证实我是真实存在的。”

T 太太问道：“但是，如果我接受这种违抗，我不是在教给孩子不尊重人吗？”

一个孩子以后尊重他人的能力是以他现在尊重自己的能力来衡量的。在生命的第二年，孩子的主要心理任务是形成自我意识。为此，

他或她需要意识到自我的存在。

他的努力可能会令人尴尬和感到夸张，但是他的自主权必须得到尊重。与两岁的孩子一起生活，就像和一位“小暴君”一起生活。而正是在这种生活中一个小人儿迈出了走向自我的第一步。

这个时期被称为“对抗期”或者“可怕的两岁”并非偶然。事实上这些负面标签遮蔽了如下事实：孩子正在完成他生命中极端重要的一项任务。把这个时期称为“独立期”，对父母会更有帮助。

两岁的孩子在自主行事方面需要练习，这并不意味着父母应抛弃所有

规则，退缩在角落里对孩子不管不问。在孩子做出某些必要行为时，家长应避免与他们正面冲突；接纳孩子的违拗情绪同时又不令孩子感到内疚；引导孩子将违拗行为转化为可接受的行为——这才是家长们应持有的目标。

无论何时若孩子因为发现自我而感到内疚，他就会总结道："我是独立的，但独立让我陷入麻烦。想要获得安全感，我就必须做一个应声虫。"这样他就难以发展出独立感。

在这个阶段，孩子反抗的强度取决于他先天的气质和个性，他以前遭受的挫折的多少，和他感受到的周围环境的和谐程度。如果在鲍比（Bobby）还是个婴儿的时候，他就发现只有当他颤抖尖叫的时候才能唤来别人，那么在他两岁的时候他更可能以一种尖锐的方式宣告自己的独立。

影响孩子在这一时期的行为的因素有：环境满足孩子需要的程度，竞争的强度，父母的权力如何使用，生活中发生的对抗和对对抗的处理方式，孩子的身体健康状况，家庭关系紧张的程度。

独立是两岁的孩子优先考虑的事情。除非你明白这一点，否则他的行为可能会令你困惑。沃尔特（Walter）坚定地宣布："我不要冰淇淋！"他的母亲G太太对此大惑不解。但是，当她把冰淇淋端走时，他又像一只被卡住喉咙的猪一样尖叫。G太太被搞糊涂了，干脆决定不给沃尔特甜点。

G太太说："我读过有关这类情形的内容，我当然不想要一个被宠坏的小孩。给他冰淇淋只会鼓励他与我作对。"

从沃尔特的角度来看，他的行为是完全合理的，他可不是在捣蛋。一方面他忙于完成认识自我的任务；另一方面他想要冰淇淋，但只有他的独立得到认可之后他才想要冰淇淋。

心理成长的"家庭作业"居于首要地位，但是你可以想象，当宣告独立导致沃尔特无法获得自己想要的冰淇淋时，他会有多沮丧。他用对冰淇淋说"不"这种幼稚的方式试图传达："妈妈，即使你提供给我一个好东西，我也必须违抗，因为我得先完成我自己实现独立的家庭作业"。他说"不"，实则是在对外宣称“我是独立的”。

家长认识到两岁孩子面临的成长任务，并不能使孩子更容易相处；但是了解了他们违拗行为背后的目的，家长就更能避免自己妨碍孩子成长。孩子的违拗并不是对家长的不尊重。

自主性是未来自尊的基石。

实践建议

你如何帮助两岁的孩子体验心理上的独立，同时又保持自己心平气和？

使孩子周边的环境适应他的需要，尽可能消除挫折。他的内在压力足够他应付的。具有儿童防护设置的家庭环境，对孩子来说远胜任何镇静剂。给两岁的孩子适当时间，让他从一个活动转移到另一个活动，因为他抵制变化。提前五分钟通知吃饭时间，这样可以帮助他迈出一大步。

简单的游戏让变化更具魅力。不要说“过来吃午饭”——这只会招来孩子的反抗，要临时编个游戏说“让我们来开飞机，张开我们的手臂。我们会飞进餐厅。你的引擎吼叫声有多大？”不要对孩子说“睡觉时间到了”，要说“让我们像兔子一样跳到摇椅上唱摇篮曲。我要一边跳一边扭动我的鼻子，你扭动鼻子了吗？”这样说会让孩子乐意去收拾好玩具：“让我们看看节目播完时，是否可以把所有玩具都放进盒子里”。或者说：“让我们看看我们能以多快的速度把玩具放回它们的‘床’上。”

可能这种游戏会让你感到完全不自然。你会觉得自己像个一流的骗子，而你的孩子也会很快识破这套把戏。一个可能的办法是，尽可能多地访问你所在地区的托儿所，并在那里观察教师是怎么做的。你会发现老师们通过游戏把孩子从一个活动转移到另一个活动，这几乎是标准的范式。看到其他成年人沉浸在这样的游戏中，可能会给你启发，让你在效仿他们时不再感到尴尬。即使你不能加入其中，你也可以在旁边观察孩子参与的同时，建议他这么做。

积极的建议优于直接命令。当你带孩子去洗手时，说“现在是用肥皂洗手时间！”而不是对他发出“去洗手”的命令，会使你遇到的阻力更小。使用厨房的定时器，可以帮助孩子避免与母亲发生冲突。“你把这个定时器放在这里，一旦铃声响起，就表明午餐时间到了”，这样使得莫里（Molly）参与了制订自己的午餐时间表。让孩子给他的洗澡水染色（几滴食用色素就能办到）也会使孩子更合作一些，这种强调他自我意识的方法给了他一定程度的掌控感。

另一种方法是想出一些看似荒谬的游戏，给孩子提供说“不”的机会。“泰迪能像飞鸟一样在天空飞翔吗？”“牛奶是粉红色的吗？”“小鸡会‘哞哞’叫吗？”给孩子提供实践自主性的机会，让他们感觉到“我就是我自己。别人认可我的独立”。

当自主权受到尊重时，两岁的孩子不会把这个未完成的任务带入后面的成长阶段。在青春期，孩子将再次专注于“独立”，但如果他的独立性已经很稳固了，就不会再次出现那么激烈的情况。

如厕训练中的小暴君

两岁正是孩子建立心理独立性的时候，很多妈妈认为这时是孩子接受上厕所训练的时候了。小孩子很快感觉到压力，他们可能为战斗做好了准备。

在这件事情上孩子真正拥有对抗的力量。高压导致权力斗争。那么问题就不是如厕训练，而是谁拥有控制权，是母亲还是孩子？于是，卫生间成了对抗的主要地点，而且孩子的火力更猛！

在这段时间内要么忘记如厕训练，要么明确表示孩子对这个家庭具有统治权，如此你可以长期保持自己的理智和孩子的自尊。这种情况下，大多数孩子都愿意合作，特别是在其他方面允许他们反抗的话。为孩子着想，宁可推迟如厕训练也不要破坏孩子的自我意识。

因为建立独立性是一项艰巨的任务，对孩子而言，外界的压力会成为他们的绊脚石。然而，在这个年龄段，父母经常决定拿走孩子睡前的奶瓶，将他们的拇指或奶嘴从嘴中拽出来，拿走他们的安全毯。这些就像要求一个烟鬼，在他承担紧张的新工作时，放弃他吸烟的习惯。

因为孩子的内在压力在两岁时处于高峰期，所以等到孩子三岁时再让他们做出重大改变就更加稳妥一些。如果到了三岁还不行，那就等他到了五岁，通常五岁的小孩内在会比较平静。当感到内心的压力很小时，我们所有人都能更加从容地排除外部压力，孩子也不例外。

分离引起焦虑

把自己置于两岁孩子的位置上想象一下，你会突然发现，你并没有附在全能的母亲身上，她并不能照顾你的每一个需要。你是独立的！如果你不依恋妈妈，她可以离开你。你很清楚她有时会不在眼前。

这样的情况就好像你总是用一件你认为是不可分离的救生衣，突然有一天你发现它是可以遗弃的。这种意识立即引起你的焦虑，特别是如果你不太确定自己可以游泳。

一个两岁的孩子整天违拗他母亲，可当母亲离开时他又突然泪流满面，这看起来似乎是矛盾的。但是，当你知道分离会引起焦虑时，这就不足为奇了。小孩渴望自己独立，但他也害怕被遗弃。

两岁的孩子第一次在睡觉上有了麻烦。他们要求要么睡觉时打开一个夜灯，要么在睡觉时和母亲待在一起。对于许多幼儿来说，在刚刚发现自我认同感的时候去睡觉会让他们觉得不安。两岁的孩子通常晚上打闹，甚至到了凌晨三点还在到处乱跑。当然，采取安全措施是必要的，但惩罚这种行为只会增加他们的焦虑。这让孩子怀疑他获得独立性是否值得。

分离意味着拥有

拥有是幼儿用来锤炼自主性的一种手段。因此，所有权对幼儿具有特殊意义。对他们来说，分离就意味着拥有。

正如在能清楚讲话之前总有含糊不清说话的阶段，拥有总在分享之前。要完全分享，一个人必须首先完全拥有。我们没有人可以分享我们没有的东西。小孩子需要一定时间才能让自己是拥有者的感觉彻底地融入到他的经验之中,之后他才能放手。只有 50% 的三岁儿童可以分享他的东西，并且是短暂分享，然而不可思议的是，我们一边努力教给孩子社交礼仪，一边却反对蹒跚学步的孩子拥有自己的东西。

让孩子充分享受四五年的自主权，然后由他们自己决定是否分享。这等于是告诉孩子:“我尊重你的独立性，也尊重你要分享什么和与谁分享的决定。我会满足你对自主性的需要。”从长远来说，家长这样做孩子们可能会比较慷慨大方。

你如何处理孩子对拥有的需要？

尽可能给孩子提供两套玩具。访客来到之前，先与他们讨论分享的问题——“汤米要来了，让我们把你不想让别人玩的玩具收起来吧。”

即使有这些预防措施可能还不够。在实际情况中，孩子甚至可能不允许别人玩他那些可以“分享”的玩具。请来做客的父母带上几个玩具对分享是有帮助的。无论如何,要保护孩子们“对拥有的需要”——“彼得（Peter）不准备分享他的卡车了。也许以后他会的。”只有承认孩子的拥有权，才能让他得到他所需要的关于分享的安全感,这样他才愿意分享自己的东西，哪怕只是一小会儿。

第二项任务：获得掌控感与认可

一旦孩子意识到他是独立的，他会推论："如果我是独立的，那我得有些能力"。他在努力掌控自己和他的环境。

观察三到六岁孩子的眼睛，你会发现他对自己的每一个新成就都充满了骄傲。他会快乐地给所有愿意观看的人展示自己的壮举。

因为学龄前儿童依然很小，缺乏对社会复杂性的认识、协调和理解，因此他们能做的事情总是比他无法做到的事情要少，而每个孩子都需要经验来抵消自己无能的感觉。每次你贬低孩子，或者给他超出他自身能力的任务，你就妨碍了他完成自我认识之旅中的第二个任务——获得掌控感和认可。

为孩子提供条件，使他们能够获得成功的经验，如一个不会让孩子感到压力山大的环境，式样简单但结实的衣服，开关水龙头和灯时需要踩的脚凳，离地不高的挂钩，一片没有铺地毯的区域，不容易摔碎的塑料餐具和水杯，耐折腾的书籍和玩具，便宜的儿童用小家具，坚固的户外游乐设备，用来挖坑的沙子或土，足够的空间让孩子扑腾水、奔跑、跳跃或者攀爬。在这个阶段，他正在探索自己的环境，了解自己的身体能做些什么。切记：

掌控是感受能力的基础。

第三项任务：创新

四岁的马尼（Marnie）来到厨房里自豪地宣布她会自己穿衣服了。她的母亲G夫人转过身去看了看她穿的裙子。

在发表评论之前，G夫人注意到马尼眼中的喜悦。她觉得鼓励女儿刚刚出现的主动性比关心她会穿衣服本身更重要。再说了，她们当天只能待在家里，这样穿也无妨。如果她不赞成则会对马尼说："不要尝试新的想法"。那么，马尼会在创新的尝试中遭受一点挫折。如果反复遭受挫折，她将不再主动尝试。

一些孩子气的创新当然不能被接受，因为这样的创新会危及健康、安全或引起严重不适。但是，只要有可能，请肯定孩子的每一次主动创新。

第四项任务：对异性父母的依恋

如果"三到五岁"的孩子没有让他们忙个不停的事情，他们就会着手去完成另一项心理任务——对自己异性的父亲或母亲产生依恋。

孩子长到三岁的时候，通常会知道他自己是男孩还是女孩。而在三到五岁之间，他需要在与异性父母的相处中体验到他是男性（或女性）。

在弗农（Vernon）四岁之前，他不在乎谁帮他洗浴、在睡前给他读故事、给他掖被子。但到四岁后，他突然不想和父亲有任何关系。当他的母亲和其他男人谈话时，他变得非常嫉妒；当父亲早上吻别母亲时，他试图站在父母中间。他谈到自己想要与他妈妈结婚，并要把他的父亲抛弃。弗农是感到不安吗？不，他只是按照自然规律忙于成长。

孩子在这个年龄段的情感依恋，为他个人提供了建立浪漫关系的第一次安全尝试。大概六岁左右，孩子的这种冲动就会消失，而且对异性的兴趣一般在未来七至十年内不会再出现。如果受到明智的对待，这个时期的依恋为孩子在青春期爱的体验打下了基础。这个任务是建立性别角色的开始。

和对其他事物一样，孩子对父母依恋的程度也各不相同。无论强度如何，你都不要让孩子感到内疚，这样才能帮助孩子。

除非父母知道这个阶段的规律，否则他们可能出现不必要的担心或感到被拒绝。许多母亲对突然被女儿排斥而感到伤心不已，或者把女儿对她的拒绝误解为做母亲的失败。父亲可能反对他们的儿子依恋他的妻子，担心他们的儿子贴在妈妈围裙上而变成娘娘腔的小男孩。就在孩子聚集自己的一切力量去完成心理"家庭作业"时，父母却在向孩子灌输"讲礼貌、尊重父母"的课程。

你如何处理孩子对父母依恋的需要？

维拉（Vera）在父母面前宣布她偏爱爸爸时，她的母亲B太太答复说："是的，维拉，他是你生命中最重要的人物。你知道，大多数女孩在五岁这个年龄段时都最喜欢她们的爸爸。"

母亲的这个回应让维拉知道自己的感受是可以接受的。她没有感到羞愧，也没有因为把自己的母亲放在一旁一段时间而失去父母的赞赏。

相比之下，N太太对这个正常的发展阶段没有什么了解，过了这么多年，她仍然相信她的儿子和丈夫之间存在着一些误会。她认为儿子兰迪（Randy）对他的父亲粗鲁、不知感恩。为此她多次训斥兰迪并告诉他，他至少跟父亲打个招呼。但她的训斥兰迪当成耳旁风。兰迪继续无视他的父亲，并对父亲出言不逊，直到六岁时，按照成长规律，他开始喜欢父亲。

兰迪因为自己依恋母亲而感到内疚，所以兰迪对自己的看法可能会受到影响，这尤其关系到他未来如何看待与女性的关系。

对这种依恋明智的处理意味着接受它，将其视为正常发展阶段的正常情况。同时，更为重要的是要避免怂恿孩子实施一些加重这种感觉的行为。

一个妈妈说："我喜欢逗我的儿子，在我和丈夫坐在沙发上时，我们俩手握着手，而儿子看到后极为愤怒。"以看似无辜的方式逗弄孩子可能是有趣和令人愉快的，但是当你不将孩子作为独立的个体加以尊重，违背他所处成长阶段的规律时，你就将自己推到了极其危险的境地。任何激发孩子嫉妒的行为，都是在强调孩子的无力和无能。

孩子在场的情况下，应避免夫妻之间长时间的亲密接触，以帮助孩子度过可能使他异常嫉妒的阶段。不要亲吻他的嘴巴，并避免持续的挠痒或其他挑逗行为，以使他的感受停留在正常范围之内。与孩子拥抱很好，但不应时间过长或有性色彩。

在此期间，异性父母应该防止裸体面对孩子，也不要带孩子去洗手间，特别是在孩子对异性父母表现出了强烈的依恋时。小孩子都有模糊的性意识，而避免不必要地逃逗他们是做人最基本的礼貌。

如果在这段时间之前，你的孩子可以毫无避讳地看到你脱衣服或洗澡，现在你可以对孩子说“爸爸想要单独穿衣服”，或者“妈妈想单独去洗手间”。

你不必因隐私而对孩子提出太多要求，要提出一些切合实际他们能够做到的要求。如果孩子有抵触情绪，你应理解这种对他来说真实而重要的情绪，但与此同时还要坚持你的权利。

如果你的孩子在你洗澡时进入浴室，不要立即赶他出去。让他留下一会儿，然后再随意地向他表明你想单独洗浴。而你下一次洗澡时，注意把浴室门锁好。

对于允许处在依恋阶段的儿童看到父母裸体的做法是否可取，儿童发展方面的权威人士意见不一。通常情况下，教育领域的工作人员认为没有必要在这方面设限，而临床心理学家更倾向于剥夺孩子在这方面的自由。之所以有这种意见上的差异，是因为临床心理医生接触到的孩子多来自有着混乱关系的家庭。孩子与父母之间的关系，可能反映出他们未获得满足的需求在此期间加剧。

对于大多数孩子来说，当其他家庭因素正常时，异性父母在孩子面前暴露裸体，对孩子可能不会造成产生重大影响的问题。不过，如果父母限制一下这种暴露，会更保险。

在亲密关系中有所限制，还包括不要让孩子与异性父母一起睡觉。许多母亲会把她困倦的儿子抱在怀里，而不是把孩子带回到他自己的床上，坐在他旁边一会儿。因为这可能过分刺激孩子，最好避免。

父母平静接受孩子对自己的依恋并避免刺激性举动，能让孩子们认为：我的感受是对的。对异性父母拥有依恋没有什么不对。我的父母会帮助我将这种依恋保持在一定合理的范围内。

孩子需要依恋成年父母，这给单亲家庭带来问题。很多时候，来自单亲家庭的孩子可以依恋让他们感觉特别温暖、热情的邻居、朋友或亲戚。但是，如果家中没有异性的父亲或母亲，那么要积极寻找这样一个人，让孩子与他（她）交心和沟通。

第五项任务：以自我为中心

"我五岁半的孩子真是人们可以想象到的最自私、最以自我为中心的人。她只想要最大和最好的。而且她说废话相当老练。坦白地说，她现在比以往任何时候都更自私。"如果你与"五到六岁"的孩子一起生活，你可能会有同样的感觉。

罗马不是一天建成的。从完全依赖到拥有强大独立性的转变并不能在一次简单的跳跃中实现。即使孩子意识到他是独立于母亲的，但他仍然认为母亲处于他个人世界的中心位置，直到五岁。

女孩在大约五岁半时，男孩在六岁时，会突然发生重大心理转移。他们的宇宙中心从父母转移到自己身上。难怪小孩一夜之间成为了一个要求很高的自我主义者。

当这种情况发生时，家长们应向自己表示祝贺，这代表你们的孩子正在按成长计划正常发展。孩子以自我为中心以后才会过渡到以他人为中心。

照顾孩子以自我为中心的需要，并不意味着你要不断地向他屈服。但的确意味着在孩子完全自我专注的过程中，不能让他感到内疚。你接受孩子这个重要的内在需求，不会让孩子在此生长发育阶段觉得自己难以忍受。对孩子的需求要真诚理解和支持，但也要维护你自己的权利。

第六项任务：偏爱同性别的玩伴

一旦对异性的依恋任务完成，那么孩子会再次出现心理转变，这次是偏爱同性的人。六岁以后，男孩们开始喜欢男性玩伴和男性追求的目标，而女孩子开始更喜欢母亲和其他女孩。

六岁的佩吉（Peggy）悲伤地说："尼尔（Neal）只有一处不好。"

"哪里不好？"佩吉的母亲问她。

"好吧，他很有趣，他没有抓我，也没有欺骗我，但问题是，他是一个男孩！"很显然，尼尔的性别使他对佩吉来说不是一个合格的玩伴。

对自身性别的长期认知，使孩子感到自己拥有男性气质或女性气质。这有助于孩子建立性别同一性。孩子对同性玩伴的偏好于六岁左右开始，并且强度会增加；这种偏好女孩可以持续到十岁出头，男孩可以持续到 15 岁左右。（本章末尾将进一步讨论此话题）

● 良知萌芽

我们大多数人希望自己的孩子能辨别是非、诚实、体谅他人、周到，因为我们真诚地相信这是与他人相处之道。

然而，很少有人意识到"良知"是在孩子六岁左右才开始萌动。即使到了六岁，孩子的是非感也是摇摆不定的，孩子需要从成人那里获得大量的外部支持。良知由孩子吸收的道德标准组成。而你所宣讲的东西，远没有你所做的对孩子更有说服力。若父母与他人友好相处，诚实守信，孩子更有可能模仿父母。

即使你给孩子提供了积极的正面例子，但请记住，吸收道德准则是一个复杂而微妙的过程，需要几年时间才能完成。

当孩子拿了不属于他自己的东西时，私下与他交谈，与此同时家长也要了解这种行为是成长的一部分。帮他把东西还回去，但不要让他产生羞耻感。不要让孩子感到自身没有价值，因为他的良知尚不发达。

最初六年

自主、掌控、创新、依恋、以自我为中心，以及对同性的偏好，这是每一个小孩都会面临的一系列任务。但只有当孩子完成这些心理任务时，他们才能获得自我尊重，才能进一步自由成长。

在完成这些心理任务的同时，孩子们必须学会掌控自己的身体，掌握复杂的语言、现代化的玩意儿和社会规则。即使因为家长不懂孩子成长过程中的心理发展规律，而给孩子造成了障碍，大多数学龄前儿童也仍然做得非常好。

接受孩子的邋遢、凌乱、磨蹭和叫嚷并不容易。而那些对孩子来说至关重要的东西与我们成年人的需要相矛盾。发挥聪明才智，你就可以既给孩子提供安全的成长途径，又能保证家里的安稳、宁静。

学龄前儿童有很多事情要做，既要承受强大的内部压力，又要探索外部世界，他们需要理解与合作来建立自尊。切记：缓慢的、非加压条件下的学习总是比快速、高压条件下的效果更好。社会化是一个漫长而复杂的过程，需要家长在良好的氛围中对孩子进行反复教育。

弥补工作

如果你的孩子没有完成特定阶段的任务，该怎么办？

从今天开始这样对待自己的孩子：将孩子视为独立的人，让他有权拥有自己的感受、观念和态度。无论孩子能做什么，不管他们的成功是多么微小，都给予他们欣赏和认可。

好像大自然知道我们会犯错误，我们每天都有改过的机会。与孩子一起回忆过往可以打开孩子内心紧闭的大门。

“陶德（Toddy），记得吗？当你用两个旧木板搭建一架飞机时，我告诉过你，它看起来一点也不像飞机。现在回忆起来，我那时似乎老在挑你的毛病。我希望我没有那样做，我现在打算改变自己的做法。如果你觉得我排斥了你的观点或不赞赏你的努力，请让我知道。有时我自己甚至没有意识到这一点。当我做得不对的时候，你一定要提醒我。”

当然，这样的邀请必须用你真诚的态度来支撑。观念的变化必须与行为的变化相匹配。通常情况下，当孩子发现你言行一致时，他们随时都会去完成未竟的心理成长任务。

● 角色认同

孩子认识到男孩和女孩有不同性器官。孩子首先知道的事实是：长有外阴的人被标记为女孩、女人（女性）；长有阴茎的人被标记为男孩、男人（男性）。紧接着，他们又领悟了第二点：男性的感受和行为都遵循某些特定的模式，而女性却遵循另外一种模式（每种文化都有其独特的对男性气质和女性气质的定义）。

在我们的社会，传统为男孩施加压力，要求他们坚强，不流泪，避免参与某些活动（如玩布娃娃），却又擅长某些活动（诸如竞技和体育活动）。同样，我们也迫使女孩扮演文化上定义的女性角色。

根据性别来设定孩子的行为和感受的方式，现在受到了挑战，因为这样的理念限制了孩子发展。现在越来越多的成年人首先把孩子们看作人，其次才是男性或女性。这种对角色定义的挑战正在给予孩子们一种许可：男孩们也可以哭泣；女孩也可以自由表现自己的决断能力，甚至从事以前只有男性才能从事的活动。

每天，我们都在对孩子的行为加以鼓励或者限制，通过这种方式家长们向孩子传递了自己对性别角色的立场。

第十五章

自我发现之旅：中间年龄段

作为镜子的同伴群体

避开！警告！

未经允许免进，明白吗？

这种粗鲁的警告却传达了令人高兴的信息：孩子正在认识自我的道路上疾驰，他正在完善他的自我独立性！

尽管他们特别好动，但 6 到 12 岁的孩子在心理上比较安宁。前 6 年的快速身体变化已经完成，青春期的明显变化尚未全面展开。来自家庭成员的反馈帮助他们建立了自我认知，孩子还没有到因青春期的变化而必须重新评估自己的时候。

童年中期是孩子进一步扩展自我掌控感和自主性的时期。但是，孩子当前的首要任务是通过家庭之外的人的反馈来界定自我。当他从自己的家庭转向他人时，玩伴是他的新镜子。

这一焦点转移大约从 6 岁开始，在少年期逐渐加强，玩伴给的反馈对孩子的影响越来越大。在我们的文化中，成长中的孩子需要同伴群体的支持来获得必要的力量，如此才能最终自立。没有它，孩子的自尊可能会受到损害。

从玩伴那里获得的认可，以及对运动技能和社交技能的掌握培养了能力感。

在这个年龄段，归属感和相信自己能为别人做些什么对孩子来说至关重要。

转向同伴群体并不意味着他们不再需要家长了。事实上，家长对孩子的肯定，可以保护孩子免遭来自同伴群体的苛刻对待。孩子比以往任何时候都需要把家作为他的避难所。作为价值观和态度的传播者，家长对孩子来说仍然重要。一些研究表明，当孩子的父亲长时间缺席（8 至 9 个月）

他们的生活时，6 至 12 岁的男孩与他们的玩伴的关系就会不和谐。所以，虽然孩子需要走出家庭，但对他来说家庭却仍旧重要。（在本章后面还有更多关于这一点的内容）

中间年龄段（6 至 12 岁）的孩子实际上生活在两个世界：成年人的世界和同龄人的世界。两个世界在他的成长发展中都起很大的作用。但是，他的朋友们如何看待他对孩子的影响越来越大。

每个孩子都必须在玩伴中获得一席之地，他获得与否将对他的自我形象产生真正影响。处在同伴群体边缘的孩子不但会得不到肯定的反馈，而且得不到与他人相处的实践锻炼。随着他“社交能力”的降低，他会感觉越来越不适应，他越是感到不适应，他的表现就越糟糕，于是恶性循环开始了。

偶尔，孩子也喜欢大人的陪同。这可能是一个线索，表明他在同伴群体中间没占上风。对他来说，成年人对他不那么苛刻。高度敏感或显著早熟的孩子会经常从玩伴群体中退回来，而与成年人待在一起时间过长。然而，不和一群与自己同龄同性别的孩子发生联系，对孩子的心理发展是不利的。它会成为孩子成长中一个应完成而未完成的任务。孩子和他的同龄人是同一代人，他需要在他的同辈群体中获得一席之地。

无所谓，谢谢你！

与众人相同，是 6 至 12 岁孩子获得同伴群体接纳的条件。因此引人注目的与众不同，必然会带来麻烦。过多雀斑，特厚眼镜片，出奇勤勉，快速或缓慢的身体发育，与众不同的衣服款式，异乡的口音或不寻常的名字都能引来其他孩子的猛烈攻击。差异意味着不被接纳。

一项关于智力超常儿童（智商在 160 至 180 之间）的研究表明，他们在这个年龄段倾向于成为追随者而不是领导者。由于自身的能力，这些孩子试图在更复杂的层面上组织同伴群体内的游戏，但是那些不太有天赋的孩子却不买账。为了赢得同伴的接受，这些具有才干的孩子掩盖了自己的才华，去追随那些不那么有天赋的同伴！

最糟糕的是在同伴群体中间受到忽视。孩子宁愿被称为“胖猪”或“瘦猴”，也不愿意自己被当作不存在。许多孩子故意培养某种习性，唯一的目的是获得同伴群体的认同。

孩子进入 6 至 12 岁阶段，高自尊能使他们处理玩伴的不友好。例如，玛丽在她的学校里是新生，但她的自信让她以幽默的方式应对来自新同学的嘲笑。如果她过度害羞、敌对或过于敏感，就不会这么快地融入到同伴群体中。如果她感觉不适，那么就不会用幽默的方式对付玩伴的嘲讽。通过以柔克刚，她被大家认为是一个开朗大度的人，很快就成为同伴群体中的一员。来自家庭的认可为孩子融入同伴群体开了一个好头。

玩伴的贡献

有时候，看到自己的孩子成为同伴群体中的小卒子，家长很生气。然而，玩伴的影响对孩子大为有利。孩子的玩伴迫使他直面现实世界。玩伴们以简洁的命令、特殊的术语教导他什么是可接受的，什么是不可接受的。

“你太能吹牛了！”“我不想与骗子一起玩耍！”“你在运动方面不怎么样！一旦输了你总是噘嘴。”“你为什么没洗头发？太臭了！”“快松手，他的意思不是这样的！”“快去死吧！”孩子们显然尚不圆滑老练，不懂得柔和的说话方式。他们相当坦诚，有时坦诚得近乎残酷。他们相互交往时大都直言不讳。

孩子好像感觉到从家庭离开会带来危机，他们于是开始在自己的世界设定各种严格的条条框框，而这些规则还会传给之后的小群体。每个人都要严格遵守规则。这些规则对任何拒绝遵守它们的孩子都具有强制性。在一场捉迷藏的游戏中，保罗（Paul）是捉人的，如果他没有从十数到一，没有说“准备好了没有？”，另外八个孩子就会对他尖叫：“骗子！”“不公平！”“你做得不对！”在我们看来这是小题大做，仿佛茶壶里突降暴风雨。但是，这也说明孩子从家庭迈向外面的时候，的确需要规则的严格约束。

绕口令和童谣似乎都是愚蠢且漫无目的的，但它们是孩子融入社会的一种方式。不论是“一闪，一闪，小星星，你说什么，你是什么”，还是“我是橡胶，你是胶水，你说什么，都与你永不分离”，这些都是缓解疼痛的小处方。

属于这个小团体，知道“内部”谈话内容，遵守严格的规则，这些对孩子成长至关重要。在这个年龄段向孩子灌输要有个性的思想，只会干扰孩子完成他需要完成的心理任务。

提炼分离

尽管孩子在两岁时已经建立了独立性，但在童年中期孩子仍在继续完善独立性。“禁止入内”的标志，锁起来的抽屉，小心翼翼收藏的东西，孩子借这些在宣告自主权。

收集 376 个生锈的瓶盖、208 个绿色弹珠、452 张无与伦比的扑克牌，以及一串 1000 个回形针，这对孩子有什么用处？这些都是他们心理工具的象征，可以用来滋养他们的自尊。这些东西给孩子们带来了创始的兴奋、探索的激动、身份的安慰、管理的迷恋和占有的骄傲。孩子会获得控制、拥有、规划和交易方面的经验。当你知道这些东西服务的目的时，就能更适当地尊重这堆与孩子差不多高的垃圾了。如果在春季清洁房屋时把这些东西处理了，你就违背了孩子的自主和控制欲望。你强调了孩子的无能，使怨恨滋长。

你有没有注意到，密友在各种严肃的礼仪之下告诉孩子的“大秘密”，后来就随便透露给你了？对孩子来说秘密的内容是不重要的，向兄弟或朋友（甚至是你）保密的过程至关重要。决定向谁吐露自己的秘密，这一过程本身就集中体现了孩子在逐步走向心理独立。

在一个很多东西仍然超越他的控制的世界中，他才控制了这么一点点东西。所以，做标记、珍藏秘密、把日记锁起来不能表示他们不礼貌，也不能作为他们拒绝你的证据，它们是孩子正常成长的一部分。

● 破坏性的帮派影响

“我很清楚，孩子们需要归属感，”F 夫人说，“但是我的儿子一直都是值得信赖的。突然间，他开始和其他孩子一起去玩，大家都知道他们的有些行为是轻率的过失行为。我知道我不能给自己的孩子选朋友，如果我禁止他见他的那些玩伴，他会偷偷见他们。但他的玩伴们名声不好，我不知道该怎么办。”

F 夫人说的这种情况令人不悦。安静的孩子不会被那些带有破坏性的人所吸引，他对建设性的玩耍更感兴趣。不管他以前有多少“好”的行为，这个男孩对朋友的选择就表示另一种感受存在于他表面合作之下。

规矩的孩子经常选择不良朋友，因为他那压抑的消极情绪让他相信自己不配与“好孩子”一起玩耍。或者，他总是结交那些他希望交往的玩伴，希望自己也能做出相同的举动。孩子经常选择一个朋友作为情感交流对象：害羞的孩子往往结交外向的孩子作为玩伴，优秀的孩子往往结交那些玩世不恭的玩伴。可以说孩子通过寻求他们的“另一半”,使自己变得更加完整。

无论出于什么原因，对朋友的选择都是为了满足自己内心需求。对于 F 夫人来说，明确的解决办法是不要急于处理儿子与不良少年接触的表面现象，而是要处理他的心理和感情需求。如果她自己做不到，她应该寻求专业的帮助，让她的儿子获得建设性的友谊。

转向同性别的玩伴

如同上一章所提到的那样，蔑视异性，结交与自己同性别的玩伴，这是孩子在建立自己的性别角色。尽管孩子具有这种口头上的偏好，但这一时期的孩子通常都有一个秘密的男朋友或女朋友。在操场上追逐、戏弄、扔纸团或传递匿名的表示爱慕的信件，这就是通常意义上的浪漫萌动中的把戏。

我们可以看到这个年龄段的男孩会手挽手一起走路。但当女孩们碰到其他女孩时，她们会交换爱情笔记，宣布彼此持续一个小时到几个月不羁的感情。如果你不知道这个成长阶段的特点，你可能认为你的孩子正在走向同性恋。但是，这个年龄段的孩子需要对同性的依恋，以后才能更加完全异性恋。

发展为真正的同性恋，除了身体或激素异常，与他们自身角色认同失败有关。发育期间的男孩，由于种种原因（父亲缺席或者被父亲抛弃，起诱惑作用的父母，因为孩子的性别而拒绝孩子），而无法认同自己男性的角色。同样，同性恋女孩也是因为不认同自己的女性角色。这种状况一旦发生，要尽早寻求专业的帮助。

当你嘲笑或责骂孩子对群体的依赖时，等于向孩子说："成熟点吧！"实际上没有孩子能够完成这个任务。当你因为孩子似乎和另一个同性交往而焦躁时，千万要记住，孩子需要认同自己的性别角色。每个孩子都需要时间和理解以支撑他将这些经验构建成他的自我形象。

成人榜样

八到十岁之间，孩子需要同性别的成人作为自己的榜样。成年期的问题已经开始在他们的意识边缘显现。小孩们认为“我正在从童年走出来，很快会成为一个成年人，成年人（男子或女子）的行为方式是什么？”他们还会对周围的人进行模仿。

在一般情况下，孩子们选择模仿的对象是同性别的父亲或者母亲。如果有一段时间父母成为孩子心目中的英雄，那就是这个时期。以前，在孩子心目中你是一个全知、全能的神。而现在你不是一个遥不可及的神，而是一个有血有肉的英雄，他们想要亲近你。

这种需求是如此强烈，如果在家里没有这样的榜样，那么孩子会在家庭外寻找一个模仿的榜样。女孩当然比男孩更容易找到模仿对象。因为在单亲家庭中，孩子通常与母亲同住。在学校，女教师比男教师多，特别是在小学阶段。许多父亲长时间不在家，即使周末也是难得一见。而男性亲戚很少住在附近填补这个空白。较小的家庭意味着可以模仿的哥哥更少了。

实际上，男孩们能够和榜样做得一样好，这是惊人的。幸运的是，这种冲动是强大的，所以如果男孩不容易获得模仿对象，他们会在小说或电视上寻求侦察员、领袖或英雄当作榜样，加以模仿。（不幸的是，电视上大多是软弱的、被动的父亲形象）

如果你家中没有适当的性别榜样供孩子模仿，那就寻求替代人物。为了模仿，孩子需要密切、持续地接触榜样。对八到十岁的孩子来说，找到适合的同性别榜样，就像在他们三至五岁时候找到异性的依恋对象一样重要。转向亲戚、邻居或老师，寻求帮助。你的牧师、拉比[1]、学校辅导员或服务机构的成员，可能会帮你结识愿意做孩子榜样的人。[2]

八到十岁的孩子认为蝙蝠侠、超人和泰山具有吸引力并不令人意外。他们是孩子们容易认同的人物，因为他们具有每个孩子树立自尊过程中需要的确切特征：身体力量、能力、智慧、对环境的掌握和控制，以及不可

---

[1] 犹太教领袖及犹太教法学的专家——译者注。

[2] 许多社区都有一个名为“配偶缺失的父母”的组织，它们可以帮助单亲家庭解决孩子的心理问题。

战胜。

沉浸在这些人物的冒险中，孩子们间接体验到他们的胜利。在男孩的角色扮演游戏中，战斗爆发了，原因是孩子们对谁能成为迪克·特雷西（Dick Tracy）或戴维·克罗克特（Davy Crockett）争执不下。每个孩子都想扮演拥有高自尊的角色。

同样的道理，小女孩阅读著名女性和女王的传记，她们沉迷在无畏的女主角的故事里，如常胜不败的南希·德鲁（Nancy Drew）。这些故事给孩子们提供了额外的榜样力量，帮助他们从有潜力的男孩和女孩变成能干的男性和女性。

模仿态度

这个年龄段的孩子不仅仅只是关注男女角色，而且还对他们所模仿的角色的态度有了很大的调整。

例如，布伦达（Brenda）认识到，女性都要像她母亲一样明智而温和。她从母亲那里学会，家务和烘烤很重要，但并不关键，远没有帮助孩子或花时间分享一天的事情那么重要。她从父亲对母亲的态度中学到，女人有价值，在家庭决策中也是重要的一环。

而凯西（Kathy）从她的母亲那里学习到，生活对女性要求很高并且很严厉。她吸收了母亲对男人的态度，认为他们不可靠，可又不得不忍受他们。她认识到，母亲作为一个女人，她的成功取决于她如何有效地将垃圾清理出去，以及按时快速地把饭摆到餐桌上。她感觉到成年人太忙了，仅是照顾孩子就让人忙得不可开交。凯西对女性的生活的想象是，这是一种艰苦的生活，没有什么值得欣赏，快乐很少。

布伦达和凯西对女性角色分别持有不同的印象，她们会带着这种印象成年。即使她们下决心要过与母亲不同的生活，但她们会发现她们的生活方式依然带有母亲的痕迹。

当你喜欢扮演父母，丈夫或妻子的角色时，你的孩子更有可能在未来同样享受这些角色。这是否意味着在打扫卫生和烹饪中不主动的母亲就是负面榜样？不，这只意味着态度是有传染性的。L夫人发现做家务没有任何报酬，但她知道自己必须做好。她没有抱怨地做了她必须做的事情，并为自己真心不喜欢的工作寻求了帮助。而做童子军队长和兼职秘书的工作，给了她满足感，让她能从家庭事务中脱身，还能额外挣钱来帮助家里。

孩子如何利用他的可用榜样都是他个人的事情。父亲严厉管束下的男孩，可能会在温和的叔叔身后模仿。且不管他选择什么，每个孩子都从内部推动角色认同。

● 家庭以外的模仿对象

自然规律不允许孩子在任何一个阶段延误他的心理发展任务。10到13岁之间孩子的下一个任务，是在家庭以外找到同性别的成人模仿对象。处于这一阶段的孩子“迷恋”一个遥远但安全的偶像，这为孩子的异性恋取向奠定了基础。

当你能够接受自己不是孩子的明星的现实，并保护他不受家人嘲讽，你就保护了孩子的自尊。

● 需要技能

6至12岁期间孩子对掌控感的需求会提高。随着社会视野的扩大，技能可以帮助孩子积极参与同龄人重视的游戏。伴随自身能量发挥，孩子能够主动提高各方面的能力。

不管膝盖是否僵硬、胫骨是否受伤，也不管骨头破裂与否（受伤就是高人一头的标志），孩子都会毫无顾忌地前行。他对每项心理发展任务的掌握都证明了他自身的价值。

帮助孩子完成心理发展任务

了解孩子青春早期的心理发展任务可以帮助你与他合作。

给孩子提供广泛的与社会接触的机会，并让他承担主要任务。他会感谢你的鼓励和支持，有时必要的告诫不会对他造成伤害。但是，当他展现出不利于他培养自尊的行为时，你给他压力、辱骂他、把他与别人比较，你就是在践踏孩子的自尊。

特别注意：不要强迫孩子参与他真不喜欢的活动。如果他缺乏某些技巧，要避免说他没有价值。记住：要珍爱孩子本身，要把他的暂时表现与他作为一个人的价值分开。他的同龄玩伴会给他施加压力，迫使他去获得技能。

孩子在青春期之前发展的能力有助于他们承受 10 岁以后面临的压力。16 岁的马丁对自己游泳、滑雪和打球能力的信心给了他相当大的安全感，而他也有困惑——他在约会时不知如何让自己看起来文雅，如何拒绝隔壁的女孩又不伤害她的感情，以及如何老练地在更衣室与其他男孩相处。

同时，完善自我的任务促使每个孩子挑战新的障碍，每个孩子在学校都面临越来越严峻的挑战。

6 至 12 岁是身体发育、获得社会知识和发展学业能力的阶段。

当你帮助孩子完成他们的“心理发展任务”时，一定要注意以下 6 点：

1. 鼓励孩子加入他们年龄段的建设性群体；
2. 积极支持孩子喜欢的团体；
3. 没有附加条件地给孩子提供发展技能的机会；
4. 允许孩子的朋友到家里来玩；

5. 避免让孩子承担过多的家庭责任，以至于他们没有时间参与玩伴的活动；

6. 避免因为孩子走向独立而让他感到内疚。

许多由成人监督的团体都强调获得新的身体和社交技能。支持这种团体就是对孩子情绪健康的投资。

邀请孩子的朋友参加你们的家庭活动，并用与大人交往的礼节对待孩子的朋友。广泛接触许多不同类型儿童的孩子，能发展出更广泛的社交应对能力。

在孩子小的时候为他们选择朋友对父母来说是难以抵制的诱惑。然而，青少年从负面的友谊和积极的友谊中都能学习。如果你过度保护孩子，那孩子在小的时候就不会从负面的友谊中发现不利因素。教你的孩子区分他的朋友：接受朋友的优点，保护自己免受朋友弱点的影响。家长的工作是支持和教导孩子，但是要避免“母鸡”式的保护。孩子年龄越大，他需要的自己的生活空间就越多。

尊重孩子的隐私就是尊重他的独立性。你要做的很简单，如进入他房间之前敲敲门，不偷看他的邮件、不偷听他打电话，或者得到他的允许后再使用属于他的东西。无论如何，如果你的态度和行为都能向孩子传达“作为一个独立的个体，你值得尊重”的意思，你就给了孩子积极的反馈，他会吸收这一点。

在6到12岁这个阶段，安全的家庭交流氛围能够确保孩子获得掌控感。

中间年龄段的儿童对秩序和礼仪的兴趣都很低，在这些领域教他慢慢地成长，因为孩子的成长必须遵循心理发展规律。让你的孩子充分享受做孩子的自由，可以帮助他们成为成熟的成年人。

熟悉这个年龄段孩子面临的内在压力和外在压力后，就更容易明白为什么他们会不时情绪不佳，咬指甲，或者为什么他们会暂时在某个领域落后。把关注的中心从家庭转移到更广阔的世界，这不是一件容易的事。

6到12岁孩子的良知

孩子从6岁到12岁，良知成为他们人格中更稳定的一部分，但仍然需要成人支持。

6到9岁的孩子经常说些离奇的故事："今天我看到五百万只蚱蜢！""弗兰克（Frank）抓了一只长一英尺的青蛙！""我看到一匹大象一样大小的马！"说这些话的孩子不像学龄前儿童，他们可以区分现实与幻想。有时候，他们编造故事并以此调剂单调的日常生活。孩子的一些弥天大谎仅是一个代码，意思是"请注意我"。而能坚定地感到自身有价值的孩子不必采用使人震惊的方式。

保罗（Paul）随口向他父亲提到，他发现了一种可以吸的野草。他得到的并不是父亲不耐烦的反应——他的父亲没有说"那又怎么样？"而是说"这让我想起了我小时候吸吮甘蔗的乐趣。给我带一个来试试。"保罗不必虚构故事，他爸爸很欣赏平凡的事物。

离奇的故事可能来源于鲜有表达渠道的丰富想象力。E先生对儿子的夸张做出反应道："儿子，值得写下来。"或者，"让我们在晚餐时与家人分享这个故事，扮演一下应该很有趣。"他以幽默的方式接受了格雷格的幻想，并为这些幻想找到了表达渠道。

真正的谎言经常出于对惩罚的恐惧，而严厉的惩罚只能催生说谎的技巧。

当孩子经常说谎时，请你检查他周围的氛围。检查你的期望值，检查你对孩子的管教方法（参阅第五部分）。孩子说谎只是表面症状，要找到根源加以纠正。

在此期间出现偷窃行为并不罕见。它可能来自孩子发展友谊的需求。格特鲁德（Gertrude）偷了糖果，目的是用糖果换取他人对自己的接受。不需要惩罚她，但要教育她，帮助她以正面的方式获得朋友。偷窃对孩子可能代表着为获得玩伴喜爱而采用的一种盲目方式。在许多家庭中，父母通过送给儿童礼物来表达自己对孩子的关心。礼物成为父母传递他们爱的象征。那么，当出生于这样家庭的孩子需要玩伴的接纳时，他就会偷东西给玩伴以取得他们的认可。他不知道为什么这么做，他只是有这种冲动。但被盗的东西——爱的象征——并不是他自己想要的。像在跑步机上一样，这样的孩子重复着象征性的行为，但需求仍然没有得到满足。

一些偷窃行为被孩子作为发泄敌意的渠道。不能直接释放自己敌意的孩子可能会拿父母的东西发泄。每当孩子满足需求的直达路线关闭时，他们都会以迂回的方式寻求满足。

如果偶尔孩子拿了不属于他的东西，那么你不需要马上下结论，认为他是渴望关爱，或者是满怀敌意。他的行为可能只是意味着诱惑太强烈了。在其频繁偷窃且持续较长时间时，对这个问题你就要多加关注了。

放松紧张情绪

“啊，童年的生活真是无忧无虑！”每当你用这种观点来看待童年时，你仿佛是带着玫瑰色眼镜在回顾过去。孩子们面临着孩子的烦恼，恰如你也面临着自己的烦恼。

你可以通过提供宽敞的身体锻炼场地和充满活力的体育活动项目，帮助孩子摆脱他们的压力。艺术和戏剧为创新提供了渠道，可以缓解其压力带来的紧张感。一项研究表明，每周花一个小时参加自由组织的艺术活动的孩子，在社交能力和学业进步方面取得了重大进展。玩耍和自由表达是孩子的工作，他需要充足的机会与其他同龄人一起玩乐。而且，不要忽视共情倾听的好处。

成功养育，意味着做父母的努力从这项工作中脱身。孩子走向独立的每一步，都是你给与支持的结果。提升独立自主的能力滋养了高自尊。如果你处理得当，成熟的孩子还会回到你身边。如果你能够明白这一点，孩子与你的分离对你来说会更容易接受。而这种关系的丰富性值得孩子与家人暂时分离。

第十六章

自我发现之旅：青春期

年青的一代

青少年。青春期。就是“现在”这一代人。对此你有什么回应？你发现自己希望孩子能从12岁直接跳到21岁，而不经过青春期的阶段了吗？陪伴他们经历青春期是否对你意味着像服用了长效泻盐？你的焦虑程度因此而上升了吗？

传统上，父母们对“年青的一代”恼怒得直摇头。但是今天让父母们摇头的真正原因是恐惧和困惑。“孩子到底在想什么？”许多父母都惊骇地问。

要充分了解“现在”这一代人，必须熟悉我们文化中每一代处在青春期的孩子的自我任务。接下来，我们需要研究社会上存在的哪些障碍，使得今天的年青的一代更难获得自我同一性。要理解他们的行为，我们不能孤立地看待“现在”的一代。我们必须在我们的文化和家庭单位结构发生根本变化的背景下看待他们。最后，尽管有这些障碍，我们会考虑你作为父母可以帮助你的孩子做点什么。

第二个童年

对于一些父母来说，“青少年”简直就是一个不雅的字眼。然而，成千上万的青少年通过自己的技能从容不迫迈地向了成年。只不过他们的进步没有得到公众的关注。如果你从发展的角度来看，会发现他们所谓的典型行为，其实都是很有意义的。这一时期的每个特征都是源于重要的心理变化；在我们的文化背景下这些心理变化对于青少年成为成年人是必需的。

随着青春期临近，青少年体格发生变化，模糊的性意识变得具体化，对异性和新的社会关系产生兴趣。与此同时，父母看起来不再那么英勇，他们的缺点显而易见，兄弟姐妹也特别烦人。鉴于这些重大变化，每个青少年都必须重新评估自己以适应新的反馈。以前的自我评价对他们不再适用。快速发育的青少年必须更快地改变自己的形象，这就增加了他的不安全感。

不久之后，他们就必须面对职业、婚姻和基本生活哲学观等问题，同时重新解决童年时代未解决的心理冲突问题。对于一些青少年来说，这些担忧占据重要位置，并导致严重的不安全感，而其他孩子处理这些问题时没有太大的动静。

重新评估自己意味着重新认识自己的自主性、创新能力、依恋、个人能力和社交能力。但这一次，青少年须要作为正在走向成熟的人，而不是作为一个孩子去认识这些问题。

青春期的主要任务是对自我的重新评估。

重新界定自己的身份对于青少年来说，要比学习微积分或莎士比亚的十四行诗错综复杂得多。我们都知道，有些杰出的成年人，小的时候是早熟的“神童”，但因为缺乏坚实的自我认同感而陷入泥潭。他感到生活没有意义，不能成功地与他人交往。他对“外部世界”全都懂，但不得不依赖别人生活，他的内心世界如一团乱麻。

重新评估的四个方面

每个青少年都把过去的经历和感受带到了他十几岁的青春期。不能把这几年完全理解为孤立的时期。每个孩子都要根据他的过去，在四个主要方面重新评估自己。为了获得高自尊，他们需要做到以下四点：

1. 独立于家庭和同龄人玩伴，成为“自信的独立者”；
2. 能够与异性相互沟通联系；

3. 为自食其力从事某种职业做好准备；

4. 树立可行和有意义的生活哲学。

重新转向同伴群体

青少年对团体接受自己的渴望程度，甚至超过了他 6 到 12 岁时的渴望程度。14 岁的山姆（Sam）明知道课堂提问的答案，他却说不知道。为什么？他想成为其他男孩的玩伴之一，他太聪明了，以至于他的同伴对他皱着眉头。他重塑对自己的认识，这带来了不安全感，作为青少年的他需要从朋友那里获得大量的认可。

对归属感的需求是如此重要，当一个青少年看起来对同伴群体的意见完全无动于衷时，他可能是在掩盖自己的孤独感和疏离感。此外，与群体保持绝对的一致也表明青少年过分缺乏安全感。

那些知道自己有能力并且确信自己是同伴群体中的一员的青少年，更能承受来自同伴群体的一些压力。他通常会成为孩子头儿。一般来说，只有安全感很强的人才敢于与众不同。

有些父母对孩子广泛交友强调得有些过火了。当儿子艾伦（Ellen）与同伴玩耍的机会很少时，G 夫人开始焦躁起来。正如艾伦所说："当电话铃响了，她高兴得两眼放光；当没有电话的时候，她总是愁眉不展，一副担心的样子。"而这种压力只会增加孩子的不安全感。

从同伴群体中退出

经过两到四年的对同伴群体的依赖后，青少年开始逐渐和自己的玩伴们分手。先在一个方面，后在另一个方面，他们开始减少自己对群体的依赖。在十几岁到二十岁的时候，青少年应该能够充满信心地脱离同伴群体了。他能够说："我知道我是谁，我相信我有能力负责任地处理自己的生活，我不需要外界的持续支持。"（孩子迈向成熟的步骤顺序如下图所示）

迈向独立的发展步骤

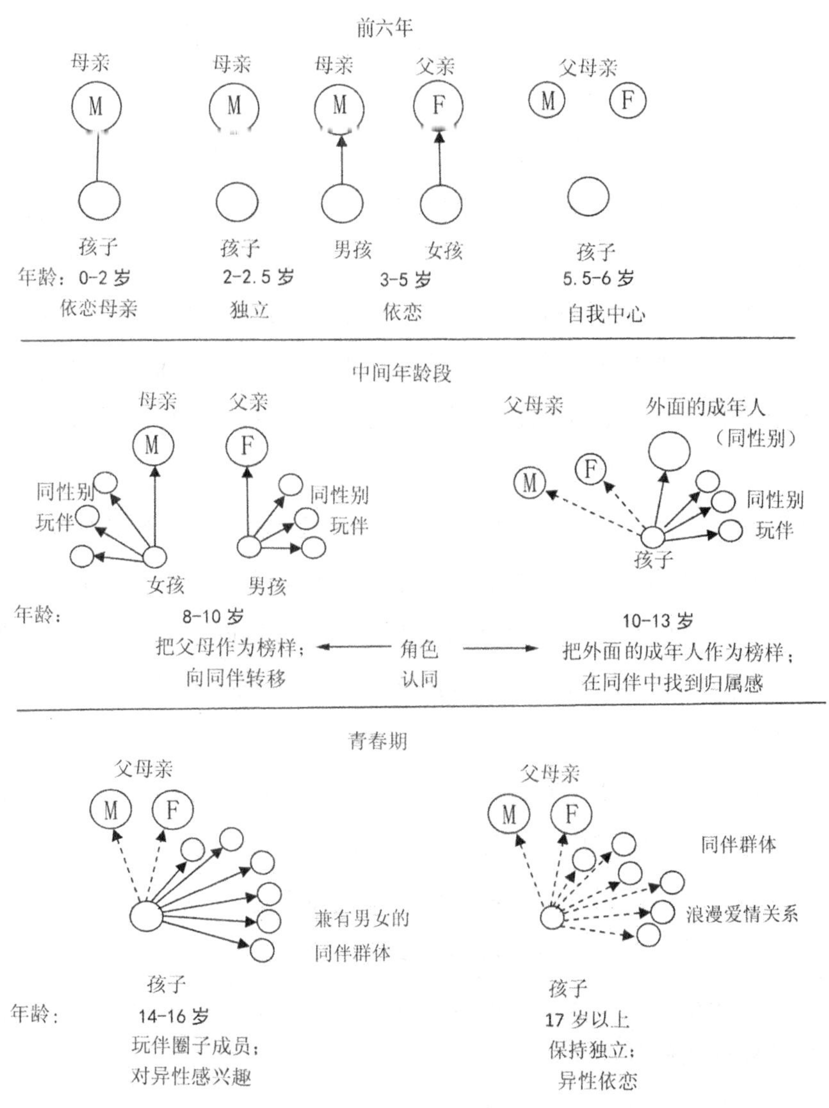

最终分离

在走向最终独立时，青少年可不像他们 6 到 12 岁时处理得那么微妙。对于一些青少年来说，蔑视父母（与需要分离的关系）带有两岁孩子的气质。因此，这一阶段被称为“二次消极主义时代”。称呼这个时期，使用“最终独立宣言”这几个字眼可能会更合适。

青少年在处理自己的新特权方面可能不够确信，但他最后还是承认的。大多数青少年都需要经历把自己的父母看作是石器时代过时的遗物，那样才能让他们感受到自己是真正的人类成员。这种想法使得他们对父母的脱离更加容易。孩子逐步发现玩伴远非完美（甚至也不是英雄），而且这种认识的转变也会影响整个家庭。那些把父母作为大多方面美德的模范，甚至把父母当作大多数领域的权威的人，与那些没有把父母看为具有如此殊荣的人相比，会更多地遇到偶像破灭的情况。

子女对家长的批评和观点转变有助于他们打破和父母的依附关系。

虽然母亲知道 16 岁的女儿格雷塔（Greta）认为她是落伍的，但她从来没有意识到自己在女儿眼里已经是老古董了，直到格雷塔严肃地问她道：“妈妈，当你还活着的时候，人们也佩戴这样的首饰吗？”

就像谚语说的“蛮牛进了瓷器店”那样，青少年可能会以你的外表、价值观、习惯和家庭为由对你进行人身攻击。男孩耻笑他的母亲，女孩嘲笑她的父亲，这种行为中断了从学龄前就开始的对父母的依赖。在 6 到 12 岁萌发的对异性的追求此前一直处于休眠状态，到青春期再次出现。青少年年龄增长，心理上逐渐成熟，文化习俗也在告诉他们，自己不再需要被父母当作小孩子照顾了。所以，他们逃避对父母的依赖，开始寻找自己适当的异性恋伴侣。

青少年反抗心理的激烈程度取决于他自己的情感需要，以及在童年时期他的自主性是否得到了鼓励。如果他们需要挣脱的束缚较少，那他们独立宣言中的叛逆情绪就不会那么激烈了。

决定孩子反抗情绪强度的一个非常重要的因素是，父母的权力从孩子出生后是如何处理的。多年来，人们一直认为反抗情绪对青春期发展来说是正常的、必要的。

然而，对来自民主家庭的青少年的调查表明，他们似乎没有进行权力斗争的倾向。这一证据非常关键，因为第二十二章将详细讨论家庭权力格局转变的影响。在这一点上，请记住

强烈的反抗情绪并不是青少年发展的必要组成部分。

无论在什么情况下，青少年的反抗都是他们对自主的呼声。青少年在推动自己最终独立方面使用的另外一种方法是与他人分享自己的私事及家庭情况。这并不表示他们不信任家里人或缺乏爱。对他们来说，与这些和自己没有那么多情感联系的人分享私事和家庭情况，使他们更容易正视自我。当然，有些青少年会转向外人，是因为他们的父母对他们缺少共情，不够尊重他们，拒绝放权。但是，即使那些对孩子有共情且民主的父母，也常常喜欢通过与家人以外的人合作，来处理好自己的某些情绪。

● 与异性交往

此阶段的自然规律对青少年是不利的。在这段时间，他们被异性吸引，痛苦地自我猜测同龄人对自己的看法，粉刺爆发；成长加速使他们像难看的小马，男孩声音变粗，衣服似乎在一夜之间缩小。

随着青春期的到来，青少年当然会对异性产生兴趣。但这种兴趣通常在他们掌握社交知识之前就来到了。除了身体笨拙的尴尬外，他们还要承受不知道该说什么或做什么带来的痛苦。

盖伊（Guy）害羞地向他的监护人询问：“我想邀请玛丽（Mary）跳舞，但是怎样向她发出邀请呢？”

马丁（Martin）说："邀请女孩倒没什么好紧张的，但是拿下她之后怎么摆脱她呢？"

格洛丽亚（Gloria）抱怨道："你是怎么做到跟男孩一直不停地聊下去的？我只能想到一两件要说的事情，接下来就不知道该说些什么，只好站在那里张着嘴，垂着手。我觉得自己与男孩无话可说。"

"当一个男孩亲吻你时，你是会睁开眼睛还是闭上眼睛？"

许多青春期的孩子寻求异性友谊，他们迈出这令人尴尬的第一步时，是多么的忐忑不安啊！

每个青春期的孩子对自己的体能和社会能力的态度，对自己的男性或女性角色以及新出现的性意识的态度，决定了他会怎样走向社会，怎样结交异性。他之前的所有与性有关的经验，都会影响到他未来与他人相处的模式。（性与自尊的关系将在第二十四章讨论）

在青春期早期，男孩的发育通常滞后于女孩大约两年，直到青春期后期才能赶上。因此，大多数女孩喜欢大自己一两岁的男孩，"因为谁会在约会时希望自己像个保姆？"广泛接触具有不同个性的人，这为青少年以后选择伴侣提供了更为现实的基础。

青少年具备的与人交往的技能越多，他与其他青少年沟通的桥梁也就越多。而有些青少年只有通过性才能接触他人。拉尔夫（Ralph）坦言："我不会游泳、不会跳舞，也不会滑雪或打网球。我讨厌纸牌游戏，我没有汽车，我没有钱看戏。我不知道如何跟女孩说话，所以对我来说约会意味着发生性行为。"

在某个特定的时间点，孩子和他们的父母都要面对孩子与某人"确定恋爱关系"这件事。在头几年里，"确定恋爱关系"这几个词对他们没有意义。女孩佩戴着男孩送的饰针或戒指，"确定恋爱关系"只是为了保证在参加学校的活动时不会落单。他们可以一起去学校出席舞会，但几乎注意不到对方，直到该回家的时候。青少年早期的"确定的恋爱关系"持续数天或数月，然后他们又与别人确定这种不确定的恋爱关系。当 13 岁的安娜（Anna）被问及她为什么“确定恋爱关系”时，她说：“哦，我不知道。这是件很时髦的事。”如今处于青春期中间阶段的青少年认为每周与不同的人约会，是不可接受的“犯贱”行为。

在青春期后期，青少年为自己选择稳定的伴侣成为一种情感投资。每个青少年通常会寻求体现他的理想的伴侣。如果他们与父母的关系很融洽，男孩们往往会选择像母亲一样的女孩作为对象，而女孩则选择与自己的父亲有许多共同特质的男孩。当他们对父母存在强烈的消极情绪时，青少年更容易选择一个与自己父母的特质相反的异性。

保罗与主宰一切的浅黑肤色的母亲生活在一起，母亲霸道地支配着家里的一切。于是，他选择了一个百依百顺的金发妻子。朱莉娅的父亲是一位原则性很强的人，对女儿既信任又看重。于是，她选择了一个像她父亲一样的丈夫。

强烈的依恋可能反映情绪需求。金妮（Ginny）对爱惩罚人的男人很依恋。她的自尊很低，喜欢寻找那些经常恐吓她的男人。特里莎（Teresa）极其渴望有社会地位，所以她拒绝和那些不上进的男孩约会，她需要一个男人来弥补自己的不足之处。梅尔（Mel）选择了像母亲一样的人做自己的妻子，以保持他的依恋需求，他不并想拥有自己的独立感情。

每个青少年选择配偶的类型都是许多因素共同作用的结果。但是，一般来说，当孩子的自尊很高，与你的关系基本上是融洽的时候，你就不用担心。

青少年的良知

青春期后期，孩子的良知通常不再需要外界的支持。而在这之前，孩子需要帮助才能接受某些道德观念。如果 R 夫人不知道这一点，那她对女儿的行为可能会感到困惑不解。

“妈妈，当我今晚与艾迪（Eddie）一起跳舞回来时，你五分钟之内就下楼，逼我去睡觉。"

"你到底在做什么，伊迪丝（Edith）？" R夫人问道。

"嗯，我了解艾迪（Eddie）这个人。我们一到家他就会要求发生性行为，我对这不感兴趣。请你一定要这样做，妈妈，记住，五分钟之内。"伊迪丝说道。

"听起来艾迪像是一个性急的家伙！我一秒钟也不会耽搁的。"妈妈回答。

随着时间的推移，R夫人按照女儿的指示下了楼。但当R夫人向伊迪丝发出她必须马上去睡觉的最后通牒之后准备上楼时，却听到伊迪丝对艾迪耳语说："妈妈对我们肯定是个障碍，不是吗？"

不一致？背叛她的母亲？不，并不是。如果你是一个青少年，你就知道这个花招是有道理的。伊迪丝处于一个两难的境地。她不想和艾迪发生亲密关系，但她也不想自己看起来像一个老顽固。这显然是她的解决方案：让母亲成为替罪羊，以保全自己的面子。

当青少年想要摆脱他们还没有准备好面对的情况时，父母可以通过承担一定的责任来保护他们，直到他们能力更强，能自己站稳。道德观念的确立通常出现在青春期后期。这个学习需要一定时间。

● 职业计划

就在对自己最没有把握的时候，青少年却必须对自己的未来做出基本的决定。青春期早期，他必须决定自己是在高中毕业后继续接受教育，还是直接上班。要学的课程是由他自己的选择决定的。

即使在最佳条件下，这也是一个困难的决定，但是具有高自尊会使他做出更切合实际的选择。有些青少年的选择反映他们取悦父母的愿望，有些青少年因低自尊限制，而没有能力对人生目标做出明智的计划。

通识教育和工作经验，当然有助于每个青少年评估自己的能力，但是

青少年怎样看待自己影响着他们的未来。

鲍勃（Bob）的自信让他准备进军建筑艺术领域，在这个领域他可以发挥他真正的艺术和数学能力。大卫（David）在艺术和数学方面有真正的能力，但他对自己的不良看法，让他认识不到自己有这方面的才干。因此，他辍学之后，找了一份卑微的工作，薪水很低。他觉得这才是自己该干且能干的。

许多辍学者认为自己无能，毫无价值。具有学业和个人失败经历的人，往往看不到自己未来的希望。他们情绪上的问题可能会很明显，从而阻碍了他们专注于学业。一些青少年认为学业对自己基本上无关紧要，另外一些孩子将辍学作为一种反抗方法——公然藐视他们的父母和社会对教育的信念。

职业选择经常反映情绪需求。爱德（Ed）的经历使他害怕与人直接接触。在情绪上他总是处于防守状态，这让他选择成为图书馆研究员。他不喜欢这份工作，但这份工作却为他提供了生活来源，同时也使他不用经常与他人接触。与对和他人打交道的恐惧相比，工作的乏味倒是可以忍受的。

一些青少年为自己选定一个特定的职业，因为这种职业能让他赚大钱或能给予他社会地位。然而，后来，金钱和地位对他们的吸引力可能不那么大了。今天，越来越多的青少年质疑金钱和地位的价值。随着思想的解放，青少年正在寻找以前有性别界限的工作：男子当秘书、护士、电话接线员，妇女成为政治家、工程师、修理工。寻找“与才华相匹配的工作，而不是以性别论短长的工作”，成为他们的诉求。

有趣的是，目前正在出现新的趋势。例如，在法律方面优秀的学生拒绝去提供高薪和身份地位的私营公司工作，他们选择在政府或帮助穷人的法律诉讼中心工作。对越来越多的青少年而言，为他人服务，比地位和财富的积累对他们更具吸引力。

某些青少年想要从事需要高等教育和训练的职业，因为告诉别人他们想成为一名技工或木匠，只会令人惊讶。不幸的是，贸易技能不具备专业地位，而在这个方向上具备优势和才能的青少年必须接受低一些的社会地位；但对那些具有高度自尊的青少年来说，这对他们是无关紧要的。

你可以鼓励孩子去了解各种不同的领域，让他们通过做暑期工对不同的职业进行考察，并与就职于不同工作领域的人进行交流，以此帮助青少年进行职业选择。有些青少年需要离开学校，工作一两年，才能意识到自己的喜好。先期体验可能会帮助孩子找到他们的前进方向。

记住：自尊在青少年选择职业、达成目标、做出现实的选择方面，都发挥着很大的作用。要鼓励他们发挥自己的才干，而不是鼓励他们扮演什么角色。

重新评估道德观念

身体成熟与对宗教和道德问题的兴趣之间存在着紧密的联系。研究表明，大多数青春期后期的男士漫谈，都是围绕着这两个主题。

每个青少年在处理这些问题时都会思考“我是谁？”“我要去哪里？”他的经历迫使他采取某种立场。他自己周围发生的事情迫使他做出道德抉择。

青少年的个人价值感越强，他在同伴群体中越有安全感，就越容易根据个人信念做出决定，而不是为了赢得同伴群体的赞同而做出决定。孩子的自尊越低，归属感越低，更可能屈从于群体压力，希望以此为自己在团体中赢得一席之地。

青春期后期，是孩子对已经接受的宗教观念进行有力质疑的阶段。青少年越来越多地生活在同龄人的世界中，他们突然陷入一些新的思考。部分需要青少年进行重新评估的内容有：我在宇宙万物中处在什么位置？生命的目的是什么？如何把科学与宗教之间的明显冲突整合到一个整体中？

我相信什么？我可以信守什么样的道德准则？我的人生观是什么？

质疑成人的价值观是成长的一部分。但是，由于社会价值观正在显著转变，价值观问题是青少年谈论最多的问题。

在自我发现的旅途中，青少年需要一个有意义的参考框架来作为行动依据。他需要人们允许他质疑，并允许他预想，从长远来看某些价值承诺对自己和他人意味着什么。孩子自我发现的一个必要部分，是搞清楚自己赞同什么。这意味着你会看到孩子质疑、怀疑，以及拿某些观点“试试，看是否合适”。

任何一个青少年的质疑范围，都取决于他的个人经历，他学了什么、如何学的，以及根据他个人经历判断所学内容是否有意义。

青少年是否接受宗教和道德训练，往往取决于他与父母的关系。拉里（Larry）拒绝接受他父母宗教观念的唯一理由是，这只是他父母所重视的宗教理念。这就是他的反抗形式。

当青少年确实拥抱某种信仰时，这种信仰就会让他既能够接受有弱点的自我，又能够接受圣洁的自我。这会使他接受自己人性的弱点，也会使他坚持做诚实的自己，并对别人的诚实做出负责的回应。

例如，汤姆觉得自己在期末考试中有作弊的冲动。尽管他没有为了这个冲动而自我惩罚，但他还是决定不那样做。因为他知道从长远来看，那只是自欺欺人，而且对那些诚信考试的人来说，他的作弊行为是不负责任的。此外，他知道他所信仰的宗教团体不赞成作弊，这给予了他遏制作弊的精神力量。他并不觉得自己必须接受某种道德立场——因为对青少年而言这是一件困难的事情。

一种有意义且积极的宗教哲学能够给青少年提供方向和目的感，更重要的是，能够满足他对接纳和爱的需要。它是处在这一充满压力阶段的孩子的力量源泉，可以大大减轻孩子的孤独感。

当你与孩子建立了友好、温暖、接纳的关系时，他们就会更多地对你持有的价值观进行认真思索。对于那些我们不喜欢、不尊重的人持有的价值观，很少有人会多加思考，甚至根本就理都不理。当然，无论你要教孩子什么，你必须对你要教的东西身体力行，如此才有说服力。

角色排练

青少年在青春期的自我怀疑导致他们不断排练角色。像试新衣服一样，青少年尝试了第一个角色，然后又尝试另一个角色，并观察大家对这些角色的不同反应。

处在青春期阶段的安（Ann）是让她哥哥经常苦恼的原因。“有一天，安说自己是马塔•哈利（Mata Hari），并到处溜达好像自己是公元2000年的世界小姐。第二天，她又说自己是汤姆•塔米（Tomboy Tammy），把脚挂在树上倒垂下来，好像是个倒挂的类人猿。两天后，她又像格绕缂丝（Gotrocks）夫人一样，用英国口音说话，告诉大家她叫格林道来恩（Gwendolynne）。你若是把这个名字拼错了，她就要打人了。她挽着一个法式发髻，改变了自己的字体，并将下巴高高抬起；你需要拉一下才能再次把她的下巴拉回到正常位置。还有呢，她现在正在咬着舌头说话！多糟心啊！”

许多父母都有像安这样的女儿，他们反复告诉自己的女儿，角色扮演终究不是解决办法。“亲爱的，你表现出来的真实的自己就是最棒的，你没有必要假扮别人。”这样善意建议的唯一麻烦是，安可能不知道父母所说的“自己”指的是谁。

这样的角色排练实际上是有目的的。当安把自己想象成一个娇媚的美女的时候，她正在以此方式排遣她的失望，因为这里的罗密欧没有要求她约会。在幻想中，她可以俘获一个男爵或者王子的心；借此她修补自己因遭拒绝而承受的挫伤，恢复自尊。她迫使自己表现得比艾米丽•波斯特夫人还讲究礼仪，以此来缓解复杂的社会关系给她带来的不安。回到家里倒挂在树上，可能是她在宣泄因在同龄人面前表现得老于世故而带来的紧张感。

做白日梦，扮演某个角色，让安实践了她所认为的属于成年人的行为方式。扮演世界小姐、运动员小姐和贵族小姐，在安确认自己真实身份的过程中，都对她起到了一定的保护作用。一旦确定了她自己的身份，她就不再需要扮演这些角色了。

青少年需要时间考虑全部的可能性，他们需要以各种方式投身于未来。

自我反思或者内省，是自我发现过程中必不可少的一部分。当青少年询问："我是谁？"他发现的并不是一个答案，而是很多答案——"我"是身体正在变化的我；内在的"我"是对社交和性知识一知半解的我；智识方面的"我"是追寻着答案和意义的我；外在的"我"则必须看起来是能维护同伴群体利益的我。

青少年倾向于沉浸在自我之中，很难发现其他青少年也被同样的问题困扰，许多人都把对自己的疑惑掩藏起来。

波动

孩子从幼稚到成熟的过程中会有明显波动，这有时会使父母感到沮丧。有时孩子的变化如此之快，做父母的简直不能相信自己的眼睛。他们来回地波动——一会儿退到旧习惯的安适中，一会儿又生出了新的冲动。

一些温和的情绪波动来自身体化学反应的重大快速变化，但很大程度上也源于心理和文化压力。离开童年的庇护所，可能会使一些青少年因失去童年的安适而隐隐觉得伤感。容易掉眼泪，变得敏感，突然间大发雷霆，男孩们扭打成一团，女孩们不断咯咯咯地傻笑，青少年这些行为的目的可能是摆脱他们潜在的不安全感和不协调感。在孩子自我同一性建构的过程中，这些行为成为他们紧张情绪的出口。

当情绪波动太过激烈或漫长时，你的孩子就需要积极的帮助：帮助他们梳理自身的情绪，也要梳理他与别人之间的关系。如果孩子似乎过分地疏远建设性的友谊，他可能就需要辅导和帮助。几次谈心沟通可能会帮助青少年解开他们的一些心结，这些心结甚至正在困扰那些有自信的青少年。对大多数青少年来说，在小组辅导中与其他青少年一起工作是很好的形式，因为他们仍然需要团体支持。了解到其他青少年也有相似的感受对他们是非常有帮助的。与此同时，家长在家庭中要关注爱和接纳的七个基本要素（见第六到十二章），尽力采用民主教养方式（见第二十二章）。

青少年的不安全感程度，取决于他自己的气质、成败经验、家庭关系以及他面临的群体压力。但是，具有高自尊的青少年经历青春期时，则没有太强烈的不安。

● 充满理想的年龄段

“有时候我对佩吉（Peggy）很不耐烦，”F 太太说，“她从来没有立足于现实考虑问题。有理想是一回事，但是仅有理想而忽视现实是另外一回事。”

当青少年沉醉于乌托邦理想，用自己的理解阐述现实时，他们的样子是多么的吸引人。然而，理想主义却集中体现了青少年的不安全感。它所包含的确定性和秩序感促使青少年认为，所有的世界问题都源于某一种邪恶，一切都可以通过采用一个万能原则来解决。这种非黑即白的思维缓和了内心的迷茫。因为缺乏经验，青少年可能不懂得想要实现宏伟抱负，必须摆脱虚幻，并通过汗水和艰苦的工作，去对抗理想和现实之间横亘的大山和错综复杂的逆流。

然而，谁又能夺走青年人的理想呢？乳臭未干的青少年表达着他们即使面对压倒一切的障碍也绝不屈服的意志，他们有想法、有行动、有创新，朝着人生理想目标大步前进。出于同样的原因，在追寻理想的过程中，青少年扩展和提高了自身的潜能。怀抱远大理想，可能会推动他为自身和他人创造新的、更好的生活方式。

当理想主义夸张到过分不切实际，并且持续时间过长时，这可能是青少年在回避自身的心理问题。

还是一个青少年时，杰瑞（Jerry）就强烈地感受到穷人的困苦。成年后，他住在一个阁楼里，并把除勉强维持自己生活所需之外的钱财全部捐赠了出去。他拒绝结婚或生孩子，他说："这意味着我给穷人的东西会更少"。杰瑞的这种强加于自己的磨难是他对自己的惩罚方式，他认为自己就是坏人。后来，通过治疗，他提高了自尊，相信自己不应该过一种苦行僧般的生活，尽管他仍然想把自己的生命献给改善弱势群体的生活条件。他早期夸张的理想主义是对自己低自尊的掩护。一旦他获得个人自由，他的理想就能够植根于对基本现实的健康认识。他照顾自己而不是破坏自己的健康，从长远来看，他有更多可以奉献的事物。

是天生的还是文化感染的

青春期叛逆，完全源于激素变化的说法，已经被针对原始文化的研究所推翻。虽然有着类似的生理变化，但原始文化中的青少年并不具备当今的青少年所具备的特点。

随着性成熟的出现，原始文化中的成人礼，使孩子们正式迈上成人的舞台。几天或几周的仪式赋予了他们成年人的全部特权和责任。他从周围人那里获得了清晰的反馈——他不再是个孩子了。

在更复杂的文化中，孩子从性成熟的开始到被认可是成年人之间存在着一个漫长的时间差。是法律而不是性发展程度，决定了他们什么时候可以开车，什么时候才能脱离监护在宵禁之后外出，或者什么时候可以在没有父母同意的前提下结婚。

父母也为青少年提供了模糊的反馈。至于他们在什么年龄才能约会、确定恋爱关系、与朋友一起长途旅行，我们的观念差别很大。在一种情况下，我们支配他们像支配不负责任的孩子一样，另一情况下，我们又不停地抱怨他们缺乏成人的态度。

在技术社会中，需要接受教育的年限越来越高，这进一步模糊了成年的界限。研究生在二十多岁时可能还必须保持半依赖的财务状况。在我们的文化传统中，青春期是一个充满暴风雨和压力的时期；十几岁的孩子零零星星地获得成年人的特权，这使他们对自身的看法更加模糊。

近年来，又增加了新的障碍，这使得现在的青少年建立坚实的个人价值感比前几代人更难。越来越高的离婚率和人员流动性，导致青少年需要属于一个完整的家庭单位，并在他的社区中拥有一个身份。

过去，即使一个青少年在学校或他所在的小镇里几乎没有满足感，他也不必辍学去吸毒。他还可以去西部，在那里他可以轻松地集中自己的精力，为自己开拓出来一个美好的前景。简言之，以前可以满足青少年心理需求的路径现已关闭。

今天，越来越多的青少年集中在大城市社区，他们所在中学的学生人数达数千人。当你只是数千人之一时，更难说服自己相信自己是重要的，并能做出重大贡献。

在我们富裕的社会里，物资变得更容易获得，而青少年还没有为钱财工作，就已经被财物所淹没。打字机、立体声音响和汽车……这些东西唾手可得，因此为获得这些东西而工作带来的成就感就小多了。

我们这个时代的快节奏，对进行真诚的人际交流很不利，而这种真诚的人际交流恰恰是建立个人价值感所必需的。当然，今天的青少年还生活在更大的威胁之下：炸弹、内乱、人口爆炸、城市暴力行为增多，以及经济不稳定。

面对这些障碍，毫不奇怪的是，许多青少年为了满足自己的需要而盲目摸索，有些人已经选择吸毒，从一个他们为之奋斗却不帮助他们的社会中退却，或者转向没有约束的性释放。这些行为只是症状。我们应关注真正的恶魔："我不可爱；我无关紧要，没有归属感；我无能为力"这种心理感受。

如果孩子需要一个以稳定为核心的时间段，那么现在正是那个时间段。对自己有信心的青少年（得益于过去成功的生活和关爱）不会轻易被来自外界的压力压垮。他越是确信自己是可爱和有价值的，他对环境中的安全性需求就越低。

那么多青少年是严肃而紧张的。在跳舞中他们似乎更多地是在释放自己紧张与狂乱的情绪，而未能表现出运动带来的快乐。当今，青少年撇开舞伴去跳舞就那么意义重大吗？这是否体现了我们现代社会中人与人之间疏离的特征呢？

他们关系的密码是什么？爱。一句话，他们呼唤良药——使他们不仅自爱，而且感到不那么紧张，不那么疏远。他们需要爱来扫除社会建立的障碍。青少年正在迅速成长为人口中有影响力的大多数，他们要求对自己的命运进行更大程度的控制。他们正在寻求尊重和认可。他们正在告诉我们，他们需要通过获得话语权来拥有归属感，并为影响他们的社会做出有意义的贡献。他们正在要求亲自参与抵制那些对他们身份不认可的力量。我们成年人正在经受来自青少年的空前的考验。他们希望我们是强大、诚实、令人信服的典范。

当我们认识到青少年所处的文化氛围时，当我们了解到他们必须完成的心理任务时，“现在”这一代人的大多数行为都具有很重大的意义。作为父母，我们的主要任务就是让他们拥有安全感（见第六到十二章和第二十二章），以此来抵制时代带来的不确定感。

● 帮助做好“家庭作业”

当你完成下列任务时，你就是在帮助青少年完成心理成长的任务。

1. 尊重隐私。
2. 让你的家有魅力。注重细节，如你整洁的个人外表、整理好的床和干净的厨房水槽，在孩子的朋友来家的时候可以使孩子避免感到尴尬。对许多孩子来说，即使他本人不怎么整洁，他却看重同伴对自己父母的反应。

3. 监督要适宜，支持孩子参与建设性团体活动。

4. 避免让他们对心理成长的任务感到内疚，特别是在他们需要离开家长的时候；避免讽刺和取笑孩子的身体变化、情绪变化和约会。

5. 保持幽默感，这可以避免你过于严肃地看待这一时期。

6. 请记住，孩子将你看成是公元前 2 世纪的人，这无关紧要。而在短短的几年后，他们又会把你看成是 20 世纪的人了。

7. 要用长远的眼光看问题。数以百万计的对自己感到不确定的青少年最终都成为了稳健的成年人，这个阶段终将过去。

8. 在孩子进入青春期之前就与他讨论他在青春期将会发生的变化，以及在这段时间将会面临的压力，使孩子有思想准备。

9. 和他的兄弟姐妹交谈，了解家中青少年的压力和需求。

10. 通过民主程序制定基本的家庭方针（见第二十二章）。

11. 真诚地倾听孩子的感受和观点。青春期是典型的情绪紧张时期，父母的共情能帮助孩子减少情绪的波动。

12. 帮助孩子满足其获得胜任感和认可的需求。

13. 关注孩子周围的氛围；与孩子进行大量的能带来安全感的交流。

在“自我发现之旅”中，青少年完成的每一项任务都向他自己证明着自身的能力。家长对孩子的帮助加强了亲子之间爱的纽带，直接提高了孩子的自尊。

你对青少年的反应

从别人那里获悉应该对青少年产生怎样的感受，并以此来帮助孩子进行自我发现之旅是非常好的。但是，知道你应该如何感受和你实际的感受究竟如何，可能有天壤之别。如果你能正视自己内心的感受，你就能够更好地培养孩子。

要考虑的问题是“我的孩子对我意味着什么？”“我应该如何看待这个阶段？”而不是“我应该对他们产生什么样的感受？”如果你像大多数父母一样，你可能会有很复杂的情绪。

问问自己：“我是不是把孩子当成了今后的经济保障？我是不是将孩子当成了克服以后孤独感的情感投资对象？我是否利用孩子来实现自己未曾实现的愿望？我在青少年时期是不可靠的或者没有人信任我，我是否会因此而不信任自己处于青少年阶段的孩子？我是否将孩子视为情感和经济上的负担，认为生活应该比现在更加轻松愉悦？”这些问题都不会影响你对青少年的看法，但是明智的做法是就每一个问题对自己进行反思。

青少年可能会受到我们的影响。如果你害怕自己变老，看到你的孩子已迈入成年人的门槛，会让你意识到自己已进入中老年。你无法回避时光易逝带给你的沮丧，并且会在你对孩子的恼怒中表现出来。

伴随自己的孩子进入青春期，许多母亲也开始进入更年期。T 太太说：“坦白地说，我对女儿黛安娜（Diane）的大部分愤怒来自嫉妒。我知道我不应该这样想，但事实就在那里，她充满了青春的朝气。我拼命锻炼身体、注意饮食、用面霜和染发剂美化自己，但我仍然看起来青春不再。女儿没有做任何保养，仍然很可爱。我丈夫对待我像对待一只旧鞋，而女儿的约会频繁到令人妒忌，很多人都似乎很乐意与她出去。每当谈论青少年我们总是感到不安，我们这些可怜的妇女又该如何自我改变呢？我试图支持黛安娜，但是很多时候我需要自己支持自己！”

女性最需要丈夫积极理解和鼓励的两个时期，可能是在怀孕和绝经期间。丈夫要让他的妻子觉得，失去生育能力绝对不会使她的女人魅力降低，这样特别有益于妻子养育他们的孩子。若丈夫感觉到妻子重要并且必不可少，可以减轻孩子给她带来的威胁感。单身父母特别需要来自团体和朋友们的支持，并应积极寻求他们的帮助。

当孩子长到十几岁时，你可能会有紧迫感，在那段时间里，你能够影响孩子的时间已经所剩无几了。所以，你开始向他们施加压力。如果你认为自己是孩子的铸造者而不是培养者，那么你的这种紧迫感会更加强烈。

如果你在家里拥有绝对权力，你可能会感到受到威胁，因为你的力量每年都在减少；那些把安全感与金钱捆绑在一起的父母可能会认为青少年的花费是一种威胁；如果你的青少年比你受过更好的教育，你可能会感到自卑，并反感他们的“高傲”态度；如果他们的职业使他们处于与你不同的社会经济阶层，你可能会有自己被抛弃和自愧不如的感觉。

无论我们如何看待父母身份，我们大多数人都在我们的青少年身上投资了深厚的感情。即使孩子依靠自己离开我们独立生活，我们很少人能够回避因此而产生的痛苦。请记住：即使父母在培养孩子方面犯了很多错误，大多数青少年也不想切断与家庭的所有关系。孩子一旦自立，他们通常愿意作为好朋友回家，但你要以对待成年人的方式来对待他们。如果你们多年来一直配合他完成自我任务，且进行着提供安全感的交流，他们会特别珍惜你们之间的友谊。

如果你感受到来自青少年的威胁，最重要的一步是，弄清楚这种威胁到底是什么。当你真诚坦然地看待这种感受时，任何问题都不难解决。如果你因为认为自己不该有这种感觉，而把感受到的威胁搁置一旁，这本身则意味着你更有可能盲目行动。不加评判地正视你的感受，这样可以释放你的心理压力。感到来自孩子的威胁，并不会贬低你的价值，因为这是人之常情。

“太奇怪了！”T 太太在讨论她对女儿黛安娜的嫉妒时说，“我只要能够承认我的嫉妒，并且相信我并不会因有这种感受就是一个‘坏’母亲，反倒会减轻我的嫉妒感。昨天晚上，她在等待约会对象的时候，我感到了紧张。我告诉自己：‘哦，她就在那里。我希望自己仍然像黛安娜一样可爱。这是世界上最自然的事情，我为自己所失去的一切而哀悼。’突然就像变魔术一样我又感到非常高兴，因为我以前娇美的面容，已经遗传给女儿了。我为女儿如此漂亮感到自豪。”

意识到这种感受，并与丈夫或者妻子分享，与彼此理解的朋友或其他家长团体分享，会使你得到支持。当你发现其他父母和他们的青少年一起生活也同样既感到威胁又感到欣喜时，你的孤独感就会减轻。在许多社区，成人教育课程为这种讨论提供了机会。如果你被这种感受困扰而无法自拔，就找咨询师谈谈。

母亲尤其须要尽早做好孩子离家独立生活的心理准备。当然，应该通过参加活动或工作来填补空虚，而不是一味消磨时间。有些母亲忽略了这样一个事实：在青少年离家独居后，她们还有 20 到 40 年的生活要过。仅仅把自己定义为母亲的女性，往往会无所作为地度过生命余下的三分之一时光。

最主要的是先要把自己看作一个独立的个体，其次看作父母，这样你才能更从容地养育儿女。你的自我定义直接影响到你解放孩子的程度。

第四部分

消极情绪与自尊

第十七章

处理孩子的情绪问题

巨大的悖论

大多数人都在以我们自己不喜欢的方式来处理孩子的情绪。我们中很少有人停下来思考这个悖论。

当你和他人分享你的个人情绪时，你不需要他们对你的情绪进行判断、逻辑推理、提出意见或建议；也不希望你的情绪被他们抛在一边，被否认或轻视。然而，看看我们对儿童情绪的典型反应：

"妈妈！乔恩刚刚邀请我去参加舞会！我太激动了，简直受不了了！"凯蒂突然说道。

"看吧，亲爱的，我告诉过你不用担心（他会邀请你的）。你上周为此而坐立不安，根本没有必要嘛！"她的母亲笑着说。

凯蒂的母亲只是在告诉女儿，她先前的忧虑是毫无根据的——这一事实凯蒂现在知道了，并且不想让别人提及。

"我真希望我没有弟弟，他是个爱打小报告的卑鄙坏蛋！"胡戈（Hugh）极度痛苦地说。

"胡戈！你那样说话很可怕！如果你弟弟发生什么事情，你会觉得自己有这样的想法很不好！"母亲责怪地对他说。

胡戈的母亲判断和羞辱了儿子，而不是坐下来帮助他处理嫉妒情绪。

克里斯特尔说："我讨厌上学！这一切似乎都很无聊，我们在课堂上学到的东西毫无价值。"

“亲爱的，一个良好的基础教育将帮助你得到你以后想要从事的工作。”她的父亲对她建议道。

T先生告诉克里斯特尔，她的无聊和不感兴趣的感受是无关紧要的。显然，他重视理智的逻辑推理，认为个人感受不重要。然而，事实并非如此。

上面的每位成年人的用意都很好，但他们都没有意识到自己的回应对孩子来说是一个要求孩子“停止感受”的信号。而家长只有设身处地将自己置于孩子的位置，才能明白上面成年人的那些话会使孩子产生什么反应。可悲的是，我们不知道我们的这些回应从长期来看对孩子是有破坏性的。

无论年龄、性别、种族或生活条件如何，人们都希望获得理解，正因此人们才开口表达自己的感受。然而，当孩子们与我们分享他们的情绪时，我们通常会给孩子们开出药方，告诉他们应该有什么感受或不应该有什么感受。

在处理情绪时，我们很少给予（孩子）我们自己也渴望获得的东西。

为什么感受是个问题?

为什么建设性地处理感受造成这样的问题？

大多数人处理感受时，都是按照我们文化传统中盛行的方式处理，我们也以同样的方式回应我们的孩子。注意当你表达消极感受时，你在多大程度上陷入说理、逻辑判断、裁决、劝告、安慰或者拒绝。

尽管消极感受的确存在于我们生活中，但太多人被教导不应该拥有这种情绪。我们相信，如果这种感受常伴我们，我们就是不那么有价值或者不那么成熟的。但是，人们日复一日地生活在一起，不可能没有冲突，有冲突就会产生情绪问题。

我们中很少有人意识到，让人们摆脱负面情绪的最快捷方式（而且是确保负面情绪不会以不健康的症状爆发出来的唯一方式）就是鼓励他们表达自己。

表达并接受自身的消极感受，这些消极感受就失去了破坏力。

另外，在释放消极情绪方面，父母没有通过接受培训获得必要的技能。难怪我们这么多人在处理情绪，特别是消极情绪时会误入歧途。

● 情绪会引起身体变化

情绪有生存价值，它们能动员身体采取行动。在强烈的情绪压力下，人体的某些腺体会立即上岗，引发重大的生理反应：心跳加快；原本以消化系统为中心的血液流向身体的大肌肉；来自肝脏的糖被泵入血液中以提供额外的能量；肾上腺素释放；凝血率增加；呼吸越来越快；汗腺激活；身体肌肉为采取动作紧张起来。简而言之，身体预备战斗或者逃离。强烈的情绪使我们在化学成分方面成为不同的人。

在这样的时刻，某人告诉我们冷静是完全无效的。虽然从外表看起来我们可能会服从，但在“内心深处”已经在全速前进。我们的耳朵听到了请求，但是我们的腺体并没有听到。为了建设性地对待情绪，你必须认识到，这些生理变化是由情绪触发的，无法通过命令终止。事实上，告知孩子终止特定的情绪，只会徒增孩子的挫败感，并进一步促使他们的腺体更加快速地运转。

思考一下，当你真的很不高兴的时候，你是怎么做的吧。你没有告诉自己不应该有这种情绪，而是围绕自己的情绪做了一些别的事情。也许你用类似复仇的方式擦洗了厨房的地板，打了一场激烈的网球比赛，砍了杂草，或者猛打了一通高尔夫球。也许你向一个理解你的听众倾诉了自己的情绪，或者只是好好哭了一场。结果呢？你的不高兴情绪得到缓解。

当人们通过剧烈的身体运动表达情绪，通过黏土、艺术、戏剧、音乐或文字活动释放情绪时，人们情绪中所包含的能量也被释放。那么身体就会恢复到之前的平衡状态。

情绪表达可以释放因情绪而产生的能量。

传统处理情绪方法的代价

当人们的负面情绪被压抑时，身体仍处于紧张状态。当压力积聚到一定程度时，任何一个出口都会释放它们。受到竭力抑制的情绪可能会导致人们产生自我厌恶（偏头痛、梦游、多动、咬指甲、头痛、心身疾病）或导致对他人和社会产生敌意。

孩子的心智能力是否可以充分利用，取决于他如何管理自己的情绪。压抑就像一座控水坝，可以把充沛智慧之河缩小成细流。有些把自己的情绪障碍移除的孩子，其智商测试结果猛增了 60 到 100 分。当孩子们的关注点在自身时，他们就无法从书本中汲取智慧。

因压抑而被束缚的能量无法服务于建设性的目的。不断的内部动荡能导致人产生慢性疲劳，降低身体对疾病的抵抗力。你注意一下就会发现，经历一段时间的情绪压力之后你往往会出现不适。压抑带来的更突出的问题是不加区别的强行控制。它不仅抑制了负面情绪，而且把温暖、积极的情绪也抑制了。压抑情绪的孩子通常是克制、疏远和冷淡的。

你可能会争论说："但是看看那些优秀的小孩，虽然他压抑了自己'不好'的情绪，但他仍然是'好孩子'。"这种模范行为并不是我们所说的健康积极的行为。模范小孩的行为，就好像我们在一本礼仪书的页面上阅读到的一样。他的"好"行为并不是从内心的喜悦和满足中自发地展现出来的。

压抑对自尊的影响

上面所说的这些好像也算不上是压抑的弊端，但压抑对自尊有着破坏性的影响。我们处理消极情绪的传统方式会使孩子们远离我们。我们采用这些传统方法告诉孩子，他们自己的真实情绪是不被接受的。孩子们为了维护自尊，可能会试图隐藏自己的情绪，并将这些情绪压抑到无意识中。从此，他们远离丰富的人性，与真正的自己相脱离。

当一个孩子认为自己拥有不应该拥有的情绪时，他会把这些情绪隐藏起来，并对此得出如下结论：“我拥有这些‘坏’的情绪，所以我是一个糟糕的人。”他的自尊水平也因此而降低。

处理消极情绪的传统方法有太多的弊端，你不能再继续使用了。这里有一个建设性的选择。

建设性地处理情绪

如何建设性地处理消极情绪，是所有养儿育女的人都应认真考虑的问题。当你阅读到这里，一些问题可能会出现在你的脑海里——一些紧密相关的合理疑问，可能会如此强烈地对你施加压力，以至于实际上使你无法接受最重要的信息。

为了避免节外生枝，请先看看建设性地处理消极情绪的方法。然后，我们将考虑你在阅读这个选择时可能会想到的许多问题：消极情绪是否应该受到压抑，接受消极情绪对你可能引起的恐惧，接受消极情绪引起的好处，分享情绪问题，使用这种方法时的常见陷阱，以及最后，如果你一直在使用非建设性方法，那么如何做好弥补工作。

一个建设性地处理情绪的公式：当情绪出现时——无论是积极的还是消极的——如果你共情地倾听，接纳情绪，并提供可接受的情绪出口，那么你的方法就是有益健康的。

在第十一章中，我们研究了共情的意义，说话声调的重要性，以及孩子的整体信息是由言语和非语言信息组成的事实。在你能接受他们的情绪之前，你必须首先听到他们的声音。（你可能会发现重新阅读第十一章有助于你在继续往下读之前刷新你对共情的理解）

数以百计的文章和权威专家敦促家长倾听孩子的心声，尽职尽责的父母都遵守了。他们专心致志地体味孩子的言辞，不妄加评论。在他们看来，自己正在遵循指示，因为他们只熟悉一种倾听，即被动的倾听。然而，如果和孩子们交谈，你会听到孩子们普遍的抱怨"我的父母从来不听"。结果为什么不一致？孩子们是否歪曲了事实？

不，孩子们想要的是一种特定的倾听，即使他们可能无法用语言表达这种愿望。当他们说话的时候，他们像我们所有人一样，希望别人能够站在他们的角度理解他们。但是他们不知道我们是否听进去了——完全理解他们的意思，除非我们通过一种特殊的倾听——积极倾听——来证明我们真的听进去了。[1]

要建设性地处理情绪，你必须在被动倾听和积极倾听之间做出明确的区分。切记：

只有积极倾听才能证明你理解了孩子。

积极倾听就是：

1. 对孩子的言语和非言语信息的敏感关注；
2. 共情地反馈全部信息。

当你与孩子沟通时，他想要你用具体的证据向他表明他的信息已经被

[1] 我感谢卡尔•罗杰斯（Karl Rogers）使用了这个名词。

你接收。关键的区别在于你和他沟通时是被动地还是积极地倾听。

要检查你对孩子的理解程度，可通过磁带记录或回忆了解你与孩子的一些实际对话——这些对话中要有真实的感受表达。然后仔细查看记录，并注意下面四点：

1. 谁占据大部分的谈话时间？

2. 你是如何回应孩子的信息的？你使用传统的压抑情绪的方法（如评判、推理、夸奖、否定）了吗？

3. 你是仅仅静静地听，还是积极并共情地对孩子提供的信息进行了反馈？

4. 如果有人像你处理孩子传递的信息那样处理你传递的信息，你会有什么样的想法？

如果你在自己记录的内容中，发现你抓住孩子言语差错，并试图用传统的方式无视他的感受，你要当心了。你可以抛弃这些习得的反应方式。你需要从负面情绪入手建设性地开展工作，让孩子摆脱他自身情绪的束缚。那么他就不再压抑自己的情绪了。

倾听别人说话。看看你能否识别他们所采用的回应方式。你可能惊讶地发现，他们双方都没有积极地倾听对方。他们每个人都忙着发送自己的信息，但都无法证明自己已经理解了对方的观点。

如果在你的记录中，你很少或者没有说话，只是被动地听，那么你的孩子不能确认你真正了解了他的情绪。要检验这一点，可以询问自己，如果别人像你处理你孩子的信息那样处理你发送的信息，你是否感到被理解？如果你使用录音机，请密切注意自己的语调；你会发现你与孩子合拍时的语调跟你心不在焉地回应孩子时的语调大不相同。

给情绪贴标签或者分类编目，并不能使我们真正实现彼此理解。我们所渴望的不仅仅是理智上的理解。我们想要发自内心的温暖的理解。冷静且客观的标签只会将孩子推到别处去处理自身的情绪。

接纳感受

接纳感受意味着允许孩子体验他自己的情绪而不用被别人评判。当你拒绝判断自己的情绪时，当你把孩子当成一个完全独立的个体时，你做起来会更加容易。（参见第十章）接纳孩子的情绪是假装不出来的，要对孩子有所帮助，你就必须真诚。

要做到接纳感受，很重要的一点是要避免对情绪进行"好与坏"的区分，否则你就会卡在老说"你不可以"这样的话上。虽然这种做法在处理行为问题方面有一席之地，但这不适用于情绪。你必须将情绪视为客观存在，再对它们加以处理。

提供可接受的情绪排遣方法

允许八岁以上的孩子倾诉自己的情绪。家长要主动成为一个能够共情的积极听众。而年幼的孩子并不总是能用言语说出来自己的情绪，特别是当他们情绪强烈时。这时家长就须要回应他们的身体信息，并把它们付诸语言表达。

蹒跚学步的艾莉森（Alison）试图从冰箱里拿一块糖果。她的母亲R夫人抓住她的手，并迅速关上了冰箱门。这时，艾莉森变得固执起来，面红耳赤，攥紧双拳，并尖叫着说"就不"。R夫人对女儿强烈的回应做出回应说："你不想让妈咪阻止你。妈咪的行为让你感到生气，而且是让你越想越生气！"（在这一刻，她的母亲把她女儿的肢体语言变成了口头言语表达出来，证明了她完全理解女儿当时的情绪）

艾莉森看着她的母亲，点点头，吼道："坏妈妈！坏！坏！"然后走出了房间。

有时，孩子的情绪需要表达出来，特别是在他们情绪激烈的时候。给他们提供不会对任何人或任何重要资产造成损害的情感发泄工具，如：油漆，纸和蜡笔，黏土，木偶；或提供替代发泄对象（毛绒玩具，价格低廉的玩具，可供拳打脚踢的拳击沙袋或枕头）。当然，有时候，在某些情况下，你无法提供现成的宣泄工具，例如在杂货店里，在这种情况下，你应该用语言回应孩子的情绪，对他的行为设置限制，并在回到家之后给他一个宣泄的机会。（稍后，我们将对限制情绪加以讨论）

加里的母亲想让正在玩的加里跟她一起去商店，两岁的加里又是用脚踢又是尖叫。在加里哭泣时，妈妈共情地对他说："你生气了，你不想和我一起去商店。你想打妈妈。你不想去，讨厌的老妈非要让你做你不想做的事。"

注意：请记住，积极倾听是听对方的观点。它不涉及对观点表示同意或不同意。在这里，加里的母亲证明她明白，在那个时候，她确实讨自己儿子的嫌了，因为她在他玩得高兴的时候要把他带走。但反映他的情绪并不意味着同意他的态度。她觉得有理由把他带去商店。但是，她的话让加里知道，他不一定要和母亲的看法一致。她允许孩子拥有自己的情绪，这种情绪完全不同于她的情绪。

加里挣扎着向母亲打了一拳。母亲L太太在她和加里之间的地板上放了一个沙发枕头，并对他说："我不能让你打我，但你可以把这个枕头当成妈妈。告诉我你想做什么？"

加里马上对着枕头"砰"地踢了一脚。随后靠着墙，猛打枕头，然后又把枕头拿起来，砸在墙上。

"打了那个妈妈就感觉好些了。猛击、打砸并狠扔。你不想跟我去，真的不想去！"

慢慢地，加里的愤怒消退了。他最后又轻轻地踢了枕头一下，然后去他自己的房间玩起了他的泰迪熊。

加里的母亲帮助儿子首先用言语表达了他自己的情绪，然后又给他提供了一个发泄情绪的工具，使他能够在没有造成严重后果的情况下平静下来。妈妈保护了加里的自尊，并没有因他狂暴的行为而贬低他的价值。

有时，我们没有时间陪伴孩子，而孩子们需要宣泄他们的情绪。通常在回到他们身边之后，我们可以让他们一次发泄够。

当比利用拳头连续击打另一个正在休息的小男孩时，恰好铃声响起，老师就把他拉走了。老师知道比利脾气火爆，如果她不帮助他发泄他的愤怒，他可能会让整个幼儿园喧闹起来。虽然她想帮助他，但她又不得不去照料其他孩子。

所以当他们进入教室时，老师把比利拉到旁边，说："我知道你很生气，比利。你愿意画出你的感受吗？"

"我当然要画！"比利咆哮道。当其他孩子静静地从事另一项活动时，老师转过身去问比利："你愿意和我分享你的画吗？"

比利递给老师一张画，画上有一只非常大的鸡怒视着一只非常小的鸡。

"你愿意告诉我你画的都是什么吗？"老师问道。

"愿意。"比利斩钉截铁地说，"这个（指着大鸡）是我，这个（指着小鸡）是你！"

"哦，你想要比我更强大！"老师回应道。

"你说得没错！我快赢了的时候你把我拉走了。我也要在你快赢了的时候阻止你，然后你就知道你会多生气了！"（停顿一下）"咦？其他小朋友在做什么？"接着整个上午余下的时间比利都安安分分的。

比利向老师表达了自己的情绪，然后平静地回到了课堂上，这不仅帮他维护了自尊，还预防了他进一步失当行为的发生。

不是所有的消极情绪都可以靠一幅画、短短的一句话或点点头就能获得宣泄的。有时需要更长的时间才能将它们宣泄出来，特别是当消极情绪堆积成山时。排解压抑情绪所需的时间长短，取决于消极情绪的积压程度，以及孩子在表达情绪时多大程度上感到安全。

作为父母，你不是治疗师。但你可以帮助孩子发泄他自己的情绪，来提供治疗氛围。（如果压抑情绪似乎过多或者你觉得自己不足以处理，那么就去寻求专业的帮助）

今天情绪得到宣泄，并不意味着明天情绪就不再需要表达。孩子每天都会遇到强烈的情绪，让他们表达出来，防止积压太多以至于影响他们的生活。

限制情绪表达

“我要告诉你，我不喜欢那位临时保姆。”在母亲晚上要出门时，拉娜对她说。

“你真的不喜欢她！我很高兴知道你的感受，但我们的保姆可听不得这种话。”她的母亲警告拉娜说，“所以，请不要对她说什么。我们明天再来谈谈，看看能做些什么。”

“妈妈，我今天在学校里惨败啦！”当伊迪丝的母亲准备去美容院时，伊迪丝对她说。

“伊迪丝，我真的很想听听，但我现在必须离开，否则我会耽误与别人的约定。我会在 4 点钟回来，把所有的东西放在一边，听你讲给我。”

家人在街上饭馆吃饭时，鲍比突然想发泄他的愤怒。他父亲说：“儿子，你很不高兴，我很想和你一起发泄发泄，但必须等到我们离开这里。这里不是发泄情绪的地方。再过 15 分钟我们就能离开这里了。”

父母是否意欲关闭他们孩子表达消极情绪的出口？不，他们正在帮助孩子正视有局限性的现实。表达情绪也需要限制：

对象：那些有能力共情理解的人

时间：恰当的时刻

地点：家庭的范围之内

只要孩子知道他的情绪有一个出口，他就能暂时控制自己。

有些时候，你也难以做到共情地倾听，因为当时你可能有其他需求要满足，或者你太累了，沮丧、担心、焦虑。

当你因外在或内在压力而不能真诚地倾听时，千万不要试图帮助孩子宣泄情绪。

没有什么比伪装的共情更糟糕。它破坏了信任——信任是培育关系的基石。

如果孩子需要对你倾诉，而你当时又不可能听他倾诉，那就设定一个时限吧。

你可以对他说："我知道你现在需要和我说话，但我现在不太高兴，没有心情听。过一会儿，我将自己的情绪摆平了，我会尽力帮助你。"而承诺应尽早兑现。要让孩子明白，要正确处理情绪，必须选择合适的情绪宣泄对象、时间和地点。

对情绪的恐惧

大多数人都认为，对消极的情绪最好进行压制或控制，我们害怕表达消极情绪，更不用说接纳消极情绪了。

"看！"P 夫人说，"如果我让孩子表达他自己的情绪，他们会持续好几个小时。事实上，他们会变得更糟。鼓励他们大量释放情绪，我看不出有任何意义。"

R 先生说："当我女儿哭泣的时候，我把她的注意力转移到令人愉快的事情上。我会说'巴比，过一会儿，你会感觉好一点'，或者说'你真是爸爸的勇敢女儿'。之后，我读到书上说要接纳孩子的情绪，我就对她说'啊，真的摔伤了'，这让她比以前哭得更响了。对孩子的情绪做出回应，只会使她比以前更沮丧，还不如以前忽略她的感受来得好。"

“你说的对！” W 夫人表示同意。“有一天，在一个令人沮丧的早晨，我被尖酸刻薄的邻居骂了一通。一个朋友后来给我打电话时，我毫无保留地向她说出了事实。她表示非常理解我，而我所做的第一件事就是像个婴儿一样哭泣。她的理解只会使我的感受更糟！”

这些对宣泄情绪的反应是极为常见的。但是我们还是来更深入地分析一下上述情况。

如果 R 先生已经连续几个月压制或者转移女儿的痛苦感受，现在突然让女儿把受压抑的情绪表达出来，那她就可能不但表露了刚摔那一跤带来的痛苦感受，还一并发泄出了过去受到压制的痛苦。难怪她的哭声会更大！

在 W 太太的这个案例中，她早上的晦气以及邻居的辱骂已经让她受不了了。W 太太说共情只会使她感觉更糟。更准确地说应该是“朋友的理解使我无法控制我的情绪”。情绪已然存在，共情只会鼓励她把这些情绪表达出来。

理解绝不会使情绪变得更糟；理解有助于情绪的表达。

作为一位善于思考的家长，你必须问自己：“有哪些方法可以让孩子们表达他们的情绪？”情绪会以这样或那样的方法让我们感受到其存在。

如果让孩子把消极情绪表达出来，他们的情绪会变得更糟，这种担忧，确有一定道理，除非你从长远来看。这就相当于用柳叶刀切开烫伤的伤口。当医生切开皮肤的表层时，感染的部位和渗出的血液使得该区域变得更糟。但是，必须把淤积的脓血清理出来，皮下健康的粉红色组织才能长出来。

处理消极情绪也是这样。当初次释放时情况可能会显得更糟糕。随着对其本来面目的接受，更剧烈的情绪可能还会出现而且这会让你相信最好对其放任不管。但是，只有通过接纳和表达消极情绪才能避免消极情绪产生危害；只有通过倾诉消极情绪才能真正摆脱消极情绪。

在孩子释放他们的消极情绪时，你只需充当一个积极的倾听者。要避免追问事实和原因。完全把自己视为“情绪接收者”，而不是充当“事实发现者”或“判断者”。

注意：当孩子激烈的情绪出现的时候，如果你用批评给他当头一棒，他就会立即关闭与你交流的渠道。作为家长，你要防范自己对孩子有限的接受。无论他们宣泄的是狂暴的情绪还是温和的情绪，你都要做好全盘接受的准备。

大多数孩子都能很快发现，他们在表达自己情绪方面是多么勇敢。但是，如果你只接受孩子那些无关痛痒的情绪，他们就只能独自去处理自己狂暴的情绪。这会导致低自尊（他们知道内心里隐藏的是什么），自我疏远（因为他们也否认自己的这种情绪）或装出若无其事的样子。

许多家长让孩子表达消极情绪的一个常用方式，是试图让孩子们付诸行动。幼儿可能会照办。对一个三岁的孩子说：“你真的想打你的哥哥，那就去打吧！”他会完全赞同你的话，并准备对着哥哥的脑袋来一下子。因为他们对自己的控制能力是有限的，所以有必要在回应他们的情绪之前对他们设置行为限制，然后马上给他们提供一种合适的发泄方式。

一旦教会了孩子们可以不负责任地行事，他们就不可能在社会上拥有平静的生活。孩子成熟的一种标志就是能够控制自己的有害行为。教会孩子建设性地处理情绪，让他们明白只有在不伤害自己、别人或宝贵财产的前提下才能发泄情绪。

释放情绪的好处

接受消极情绪可以使孩子心情舒展，避免压抑，并使孩子明白他并不会因有这些情绪而失去自身的价值。他可以保持与自己的真情实感亲密接触，并且接受他人的人格。

释放情绪有助于青少年更加现实地看待自己的问题，而不是透过愤怒情绪的迷雾来看待自己面临的问题。例如，16 岁的佩吉（Peggy）与她的数学老师 Y 小姐发生了激烈的争执。

佩吉的母亲对她的行为做出了共情的回应："你肯定认为你老师是令人难以忍受的！"

佩吉回答说："绝对是。她给我们安排繁重的作业，似乎没有考虑除了她所指定的作业之外，我们还有别的作业要做，她不知道我们还有其他老师布置的繁重作业吗？愚蠢的女人！"

她的母亲回答说："她缺乏充分的考虑，真的难为你们了。"

"是啊，"佩吉回答道，"当然，我想她不是唯一一位加重我们作业负担的人，但是不知怎的，对其他老师安排的作业我却不介意，即使别的老师也同样安排了很繁重的作业。"

"大概是 Y 小姐有一些问题，使你难以接受"。

"没错！"佩吉说。她静静地想了一会儿，然后若有所思地说："你知道，我认为我不喜欢她的原因是她给我们布置了那么多数学作业，而我讨厌数学。虽然其他老师也布置了大量作业，但我完成起来没有费这么大的力气；做起数学作业来，我不知道我在做什么，就像在一面砖墙上爬行一样，我感到寸步难行。"

"那就不能怨 Y 小姐，要怨只能怨数学太难了！"

"是的，你知道，妈妈，也许我需要一些辅导，我落后越来越远了。Y 小姐并不讨人嫌，我觉得讨人嫌的是数学！"

让佩吉释放她的消极情绪，并理解这些消极情绪，等于帮助佩吉定义了她真正的问题，那么她就可以制定自己的解决方案，这样做就提高了她解决问题的能力。

内在压力很大的孩子缺乏分寸感，很容易为一点点小事而发火，看到小障碍也认为是巨大的障碍。一个内心不断发生冲突的孩子是很难与其他人友好相处的。

共情理解和通过适当的方式释放消极情绪有很多益处，这在身体和情绪健康，以及智力和社会能力上都能反映出来。它会使孩子这样认为："即便我有多种多样的情绪，我仍然有价值。父母会帮助我解决情绪问题，他们不会把我单独遗弃在困境中。”

表达你的情绪

为了养育子女，父母只能倾听和做出反应吗？他们从来不能表达自己的观点吗？

沟通是双向的。父母和孩子可能都需要表达自己的观点，但秘诀就在于先后次序。如果倾听不能解决问题，父母就需要跟孩子谈谈了。但是，当孩子正在生气时发表你的意见，就像是在一个充满蒸汽的房间里贴墙纸——粘不上。只有驱散了蒸汽才能把纸粘到墙上。情绪也是一样，当孩子们在情绪激动的时候是听不进你的意见的。

当我们看到一个闹情绪的孩子时，通常我们会急匆匆地发表意见，结果发现他没有听。有时候教导、说服、说理或交流看法（不是判断），甚至保证，都是非常必要的。但秘诀在于把握好火候。这里的原则是：让孩子先把自身情绪表达出来。

有一个小窍门可能对你有用：提醒自己，明天你还会看见这个孩子，所以今天试着不对孩子发表自己的意见，只是积极倾听。明天再发表意见，他们可能更容易听进你的意见。如果你认为间隔时间太长了，那么至少要过 30 分钟再向孩子发表自己的意见。

在第八章中我们谈到，如果你用第一人称反应而不是第二人称判断来表达自己的感受，那么你的孩子更有可能听取你的意见，而不会对你充满防备或者充耳不闻。

如果你真正尊重孩子的消极情绪，你分享的任何想法（在孩子的情绪被释放之后）就更有可能被孩子理解。P 先生说“儿子，你有没有想过……的可能性”，或者“我的经验是……”，这样一种说法不太可能会激起孩子的抵抗或反感。但如果他说“如果你没有那样做，你的处境就不会这样困难”，“你要做的事情是……”，或者“嗯，很明显你最好……”，就很可能引起反感。

如果问题是孩子的问题，你能做的事情——在仔细聆听之后——是帮助他思考多种替代方法，给他提供可能性或与他分享你以前发现的有用经验。归根结底，孩子必须是执行解决方案的人，在你的帮助下他产生的想法越多，就越能促进他的独立和自尊。如果你事事越俎代庖，只会使他们抵制你的建议，并关闭对你敞开的大门。

（如果你也心烦意乱，就使用民主的方法来处理冲突吧！见第二十二章）

常见的陷阱

在处理情绪时，必须警惕某些常见的陷阱。其中一个陷阱就是因孩子之前表露的情绪而对他大加斥责。

一天早上，母亲听到了女儿玛格丽特表达出对妹妹的嫉妒，并给予了她真正的理解。两天后，母亲因为玛格丽特多次忘记做家务很愤怒。她对女儿脱口而出："你不做家务，还嫉妒你妹妹，你妹妹至少从来没有忘记做家务！"当孩子表露出来的情绪成为父母手中斥责他们的武器时，孩子就再也不会向父母吐露心声了。

许多人认为倾听孩子倾诉情绪太费时间了。实际上，正如前文讲到的比利的情况那样，他把对幼儿园老师的情绪画出来也只不过花费了几分钟时间而已。

然而，有时候，倾听的确需要很长时间。E 太太说："上周，有一天我花费了整整一个小时，倾听格洛丽亚倾诉她的全部情绪；第二天下午，我只是倾听还不够，她还在纸上画了很多画；第三天她连说带画，内心的压力才算消失了。"

如果你感到花费在倾听孩子消极情绪上的时间似乎过多，那么请考虑一下花费在处理消极行为上的时间。正如 V 太太所说："我觉得我整天都纠缠于琐事而不得闲。我对孩子说‘停止’，然后他们停止做这个特定的事情，却又开始做其他事情，五分钟后一样烦人。他们停止互掐，却开始互打。有几天我整天都像驱赶牧群一样！”

由于V太太不断在处理孩子的消极行为，她忙于“表面”工作，却从未从本质层面触及孩子的消极情绪。

人类行为的一个基本规则是，消极情绪存在于消极行为之前。

如果莎莉发烧到40摄氏度，而她的母亲只是把一个冰袋放在她额头上，我们会说：“喂，这位女士，你不知道这样做只是治标不治本吗？如果你希望孩子痊愈，就必须找到她发烧的原因！”然而，由于许多人不知道负面情绪是导致消极行为的“细菌”，所以我们一直在采用“冰袋”疗法。

我们专注于行为，却忽视了导致行为的情绪。

想想自己，如果不是你心中不快，你怎会出言不逊？正因为内心压力积累到一定程度，你才会挥拳责骂或者大发雷霆。

儿童也遵循着相同的思想和行为逻辑。他们正是因为有了某种情绪，才会拳打脚踢、哭泣、担心、吵闹。从逻辑上讲，为了消除不良行为，首先要处理情绪问题。“冰袋”不足以处理消极行为。（第五部分讨论了纪律，但是，一旦你熟悉这个基本原则，你就可以看出，在内部压力演变为不可接受的行为之前，你可以通过化解压力来防止这种不正当行为的发生）

最后一个陷阱，如果你不去使用你学到的种种方法，关于积极倾听和沟通的技巧就都没有用。意图不能代替日常的实践。

弥补工作

如果你试图理解孩子，却又在不经意间阻碍了与孩子之间的情感交流，你能做些什么呢？实话告诉他，你正在学习一种新技能，或者某些情绪对你来说难以处理，因为你曾被教导，某些情绪是不可接受的。（这将责任放在你过去接受的教育上，而不是孩子身上）争取孩子的帮助。你甚至可以发动家人做一个“看看谁是妨碍者”的家庭游戏。让家中每个人都参与寻找那些妨碍情感交流的因素：判断、否认、不合时宜的推理、嘲笑和劝告。之后你可能会惊讶地发现家人之间的沟通鸿沟迅速缩小了。孩子们通常渴望帮助你学习。随着彼此之间理解的增加，家中每个人都将受益。

即使你曾多次未能领悟孩子的信息，但你拒绝放弃本身就是在告诉他一个事实：你还在继续努力。

孩子们——尤其是大一点的孩子们，起初可能不愿对你的这种做法做出回应。肯说：“当我爸爸刚开始采用这种新的谈话方式时，我想知道他究竟卖的什么关子。我猜测这准是换汤不换药——先是表示一点理解，然后旧病复发，重新回到长篇大论的说教。我不认为老人可以改变他们的习惯思维方式。现在，他似乎有时至少想要了解我的情绪。而且他不给我一些我不能使用的建议。我开始认为他确实在乎我。真有趣，我以前认为他不关心我。”

如果孩子成长的 12 或 16 年以来，他的情绪从未得到重视，他将需要时间来适应你的变化。也许你首先要以诚恳的态度赢得他的信任。

让孩子知道在情绪问题上，你有了一个新的目标。这是正确对待孩子的方式。如此他们就不会有“为什么突然变了”的疑惑。

关于消极情绪还有许多可说的，建设性地处理消极情绪可以避免很多麻烦，这些知识值得你学习并进行实践。

愤怒和嫉妒这两种特殊的情绪，为家长和孩子制造了很多困难，因此我们须要对它们分开进行考虑。有一点它们是一致的，就是它们都掩盖了其他的情绪。要想有效地处理它们，你应将它们视为有待破解的密码。

第十八章

破解愤怒的密码

首先谈谈愤怒

N太太在四岁的时候曾遭人拐卖。有一天，她突然发现儿子不见了，发疯般地在人群中寻找，一想到她所在的城镇最近有人遭到绑架，她就感到一阵恐惧心慌。

随后，她找到她的孩子，发现他正坐在柜台后面，若无其事地玩纸。N太太把孩子猛拉起来，在他屁股上打了几巴掌，对他咆哮着说道："你这个坏男孩！你知道你应该和我一起走的！再放开我的裙子，我真的会再揍你一顿，你听到了吗？"

N太太生气了，但这种情绪其实居于第二位，她的第一位的情绪是恐惧。

E先生在亲戚到达之前慌慌忙忙收拾车库。可他刚把一样东西收好，他六岁的儿子就拖了另一件东西出来。孩子的捣乱行为，使他老也不能收拾好，E先生的挫折感逐渐攀升。他突然大喝一声："快点滚开，鲍比！我已经受够你了！"

这个父亲的情绪由沮丧转向愤怒，于是一怒之下训斥了自己的儿子。

在一个鸡尾酒会上，F夫人看到自己的丈夫更关注比她更年轻、更有吸引力的女人。当丈夫回到她身边时，她不无讽刺地说："怎么啦，罗密欧？朱丽叶把你从阳台打下来了？"

F 夫人以讽刺的口吻掩饰了自己的真实感受：惧怕和嫉妒。她用讽刺的语言攻击了丈夫。

T 先生疲惫不堪地回到家。当他打开家门时，他的两个儿子一边迎接他，一边大声地要求增加零花钱。“你们这些孩子想到的就是钱！”他哼了一声。

疲惫很快就变成了敌意。

瑞琪在客人面前恶作剧，他母亲的尴尬感也在增加。母亲无法再忍受，厉声对他说：“回你的房间，留在那里，直到你能像一个绅士一样行事再出来！”

“我就不去，你是老女巫！”瑞琪反驳道。

于是母亲的情绪由尴尬变成生气，瑞琪的情绪由蒙羞变成愤怒。

我们人类反复地将自己最先感受到的情绪转化为愤怒，不管它们是担心、内疚、失望、拒绝、不公正，还是震惊、茫然和迷惑；重要的是我们把这第二种情绪发泄到了我们周围的人身上。

人们绝不会无缘无故地愤怒。

愤怒是个密码

愤怒掩盖了作为诱因的那种情绪，认识到这一点可以帮助你有效地处理你自己和孩子的情绪。将愤怒视为表面现象，愤怒就容易处理了；如果你不了解这个事实，很容易直接做出反应，结果只能是火上浇油。

鲍比还想再坐一圈旋转木马，他的母亲不赞成。她认为现在是回家的时间，而鲍比想再坐旋转木马的愿望并没有减弱。鲍比没有得到自己想要的结果，他为此感到沮丧和无奈，于是他对母亲喊道：“你是吝啬鬼。我不喜欢你，你这个老女人！”鲍比对母亲的称呼只是他表现自己敌意的一种方式。它与击打相比，不那么具有攻击性，但它服务于同一个目的。如果鲍比的母亲只听到他的愤怒，她可能会生气，并会用手掌拍儿子一下或者训斥他几句。但是如果她能意识到儿子的沮丧情绪（不管她是否认为他的要求合理），她就不太可能因为愤怒而将情况变得更糟。

● 揭开其中的奥秘

“有天晚上我女儿给我起了个不好的外号，我回应女儿说‘卡罗琳，你对我非常不满！’”H 太太说。

“我当然生气了！ 我为什么在八点就要去睡觉，而吉米怎么可以一直待到九点？他在这里享有所有的特权，只因为他年纪比我大点，可是我又不能控制我的出生时间！”卡罗琳说。

当我们通过积极的倾听接受孩子们的愤怒时，他们就会引导我们深入他们的内心。情感密码被破解了，我们抓到了事情的核心。卡罗琳告诉母亲，她产生敌意是因为她感到受到了不公正的对待。

她的母亲反馈说：“你因为没有得到相同的特权而感到非常不公平，而且还好像没法和他比。”

“是的，肯定是！”卡罗琳说。

“而且爸爸和我还允许这样的事情发生，这就让你更生气了！”H 太太接着说。

“你说的太对了。这一切都是因为你，你让我第二个出生。当然了，如果你有不止一个孩子，有人就必须是第二，但我不喜欢成为最小的孩子。”

“最小的孩子太吃亏了！”

"是的！"卡罗琳安静了一些，"当然，有时候我喜欢是家中最小的孩子，因为我不像吉米那样要做很多家务。"

"有时你会看到当老二的好处。"妈妈回应说。

"是的，当老大的好处我都喜欢，除了当老大要承担家务。"卡罗琳微笑着说。

H 太太让卡罗琳把她的情绪用言语表达了出来并对她的情绪给予接受，卡罗琳的不良情绪就被释放出来了。与此同时，她给母亲起外号的原因也显露了出来。考虑吉米在家中的地位让卡罗琳意识到当老二也确实有一些优势。

● 愤怒是正常的

我们大多数人被教导，愤怒是"不好的"，不应该存在的，反过来，我们也教孩子们愤怒是不能接受的情绪。然后孩子们认为，因为有时他们也生气，所以自己没有价值。

愤怒是生命的一个事实，是存在于人类基因中的许多情绪之一。

最难接受的就是针对我们自己的敌意。我们可以对朋友、兄弟姐妹，对处境，有时甚至是对老师的感到愤怒，但不知何故，我们却无法接受他人对我们感到愤怒。

然而，父母身份意味着多次让孩子沮丧。从我们的角度来看，我们对孩子的各种限制是有道理的。但从孩子的角度考虑，我们对他们的限制可能是没有道理的。如果我们只看到"我们摸到的大象的一部分"，那么孩子的愤怒似乎是不合理的。重点是你站在谁的角度看问题。你不必改变你作为父母的角度，但是你能同时正确理解孩子的观点和你自己的观点吗？

发生在一群有天赋的四岁小孩儿之间的对话展示了小孩子们是如何看待父母的。他们最喜欢讨论的话题是"如何与妈妈们相处"！孩子们有这么多的理由，在许多场合对父母感到愤怒，如果他们从来没有表现出来，就一定是隐藏了自己的情绪。

从孩子的角度来看，父母很难与时俱进，甚至素质最好的家长也是这样。

那个对你公开表达敌意的孩子，实际上是给了你两种赞扬。你已经培养他有足够的力量支持他自己的观点，他不是一株枯萎衰落的紫罗兰。而且你让他感到安全，所以他会直接向你表达他自己的意见。

所以，如果你的孩子对你说“我不喜欢你”“你是吝啬鬼”或“我希望是别人当我母亲（父亲）”，你要赞扬自己一下，接着继续共情。他会把你带到作为表面现象的盛怒的背后，然后你就可以处理真正的问题，即最初的情绪问题。

愤怒的原因

所有的消极情绪都可能变成愤怒，但在生活的每一个阶段，都会有其特殊的情况，有一些特殊情况更能够引发愤怒。

对于婴儿期的孩子而言，他们的敌意与身体和情感的需求未满足有关。饥饿的痛苦，脏尿布的刺激或拥抱的需要，使他通过哭泣寻求帮助。如果他的需求相当快地得到满足，他就不用面对压倒性的挫折感。当婴儿遭遇挫折的次数减到最少时，他的愤怒时间就会明显减少，他一天的大部分时间都不会被剥夺感占据。

学龄前儿童寻求权力、自我掌控和独立，这导致他与周围的人和环境的正面对抗。在他看来，生活中充满挫折。

由于幼儿需要较大的肌肉活动，因此身体的限制对他们意味着真正的挫败感。当博萨（Bertha）很小时，母亲对她的处罚方式是让她在椅子上坐半小时。由于她的身体急需充满活力的运动，博萨非常沮丧地摇来晃去。母亲认为博萨非常执拗。“她要从椅子上下来，马上去做一件她自己明明很清楚不应该去做的事情。”她母亲很少意识到，自己惩罚的方式反而大大激发了博萨的敌对情绪。难怪博萨决心跳起来争取平等。

当孩子处于因自身的成长阶段或外部环境要求而进行重大的心理调整的过程中时，要尽量减少他们愤怒的次数，尽可能消除他们的挫折。设计一个能适应他们需要的冲突少的环境。避免隔离愤怒的孩子，除非他更喜欢独自一人。把孩子送到他房间里会引起他的排斥反应，这只会加重他的消极情绪。我们的目标是减轻他们的情绪负担，而不是增加情绪负担。

这并不意味着挫折本身并不利于儿童。而秘诀就在于家长要明白对处在特定成长阶段的孩子来说，挫折出现多少次才算合适，挫折以什么样的频率出现才算合适。正确的时间遇到适当数量的挫折增加了孩子对挫折的容忍度，并提高了他处理困难的能力。例如，婴儿就不如一岁的孩子更能忍受哺乳延迟；在处理挫败感心理压力方面，两岁的孩子就不如三岁的孩子能力强。在每个心理转折阶段都遭受过多挫败的孩子，对他自己发展中的障碍都很敏感。即使是一件微不足道的事情，也足以引发他的暴怒。

在所有年龄段，敌意都是由不现实的标准、破坏性的管教、恐吓性的告诫、过度的竞争，以及不断的相互攀比产生的。

家长不可能完全消除愤怒的诱因，但要尽量减少它们。孩子们生气会时有发生。那么你的工作就是帮助孩子直接表达出他们的愤怒。你通过积极的倾听给予孩子理解，接受孩子的情绪，将他们的愤怒引导到安全的渠道。这些正是你该做的。

处理你自己的愤怒

要有效地处理敌对情绪，首先要接受你自身的敌对情绪。羞辱自己或者否认你的敌意，会使得你几乎不可能处理好孩子的愤怒。他的侵略性冲动会引爆你自己禁锢起来的愤怒情绪。

当愤怒来临时，你应该采取的第二个步骤是搞清楚它背后的原因：愤怒只是表面现象，它暗示了某种情绪早已存在。下一次你生气时，寻找自己潜在的情绪。抓住第一情绪并与孩子分享这种情绪，而不是分享愤怒。这样你就能应对造成你愤怒的原因。当然，我们会发现自己很难找到处理隐藏情绪的方法。但这个习惯会让你成为孩子的积极榜样。此外，与孩子交流作为愤怒诱因的潜在情绪绝不会像责骂那样伤害孩子的自尊。愤怒吓倒孩子，与孩子交流作为愤怒诱因的那种情绪可以使孩子免受惊吓。

当你与孩子交流作为诱因的情绪时，最好用“第一人称反应”，而不是“第二人称判断”（见第八章）。如果你用一系列“第二人称判断”来表达自己的愤怒，那肯定会伤害孩子的自尊。在这一点上检查一下自己。写出你的一些典型的代表愤怒的攻击性言辞，看看哪些属于“第二人称判断”。注意，说“我很生气”并不是“第一人称反应”，因为它并没有揭示你潜在的情绪，不过是你内心真实想法的一种伪装。

在许多交友小组中，攻击者总是因为诚实而获得好评。（虽然这样的发泄可以使攻击者感到轻松，但却会把被攻击者惹哭，甚至使其处于更加防备的状态）当你知道愤怒起因于其他情绪，那么真诚就意味着与别人交流你隐藏起来的第一情绪。

● 愤怒的迹象

年幼的孩子通常直接让你知道他们在生气。学龄前儿童又咬又打、连推带搡、尖叫、吐口水，或是拧人，毫无疑问这些都表明他生气了。当孩子心烦意乱的时候，他可能会大发脾气。

你如何看待孩子发脾气，影响你是否能与他们富有建设性地相处。他们只不过是用尖叫与你激烈地进行着沟通：“我失去了所有的控制权！我非常沮丧！”（有些孩子将发脾气作为一种控制家长的方式，他们学会了用踢和尖叫来获得他们想要的东西。如果你的家庭是这种情况，只有一种解决办法：给自己买一副耳塞；让孩子离开公共场合，因为在众人面前他会吵闹得更卖力，他的目的是让你屈服于他的意志。一旦他知道你将不再理会这个把戏，他就可能放弃。但你要有心理准备，因为他可能还会再耍这套把戏，直到他真正认识到你改变了策略）如果你的孩子还没学会用这种方法来摆布你，那么孩子发脾气就是出于无奈。

保罗的父母不知道孩子发脾气是因为他认为自己失去了控制权。他们看到保罗“粗暴”的行为，就打他屁股。这种处理方式的结果是什么呢？

你设身处地替保罗想一会儿。首先，他为自己无法处理的一些情绪感到非常沮丧。（四岁的他自我控制能力还不健全）在他非常清晰地感到自己无法忍受这种超负荷的情绪时，屁股还挨到“啪”的一声打。现在他有一套全新的情绪需要处理：斥责带来的受伤感，不被理解的沮丧，对父母不帮助他的怨恨，对父母直接惩罚的无奈，对父母进一步惩罚的恐惧。结果：他的消极情绪比之前更严重。

“但是，”他的父亲说，“当我打他时，他会停止发脾气，并且马上停止！”当然，保罗是停止了发脾气，但为什么呢？他是因为恐惧才停止的。表面上看，这一巴掌很有效。但是，引起保罗发脾气的情绪又怎么样了呢？保罗又该怎么处理因挨打而产生的新的情绪呢？他可能会压抑自己的情绪，但最终这些情绪会以其他多种方式表现出来——很明显这些隐藏起来的情绪依然存在。保罗从中得到一个教训，就是“压抑情绪比表达出来效果更好”。

如果你对不宜用斥责的方式来教训发脾气的孩子还有疑问，请扪心自问，如果当时换作是你，你生命中最重要的人打了你一巴掌，你会产生什么情绪？孩子也有同样的反应。（有些父母让自己享有发脾气和打人的权力，但是他们却不想让孩子拥有这种权力）

当你看清发脾气的根源是交流极度受挫，你也便明白，我们对孩子进行体罚是最不明智的选择。在这样的时刻，孩子需要建设性的帮助——主动倾听并将他的情绪引导到安全的渠道。记住：当你把孩子直接表达愤怒的大门（可以接受的表达出口）关闭时，你就是在持续不断地压抑他们的情绪，这样做会招致诸多不利。

间接的愤怒迹象

老是戏弄人、打小报告和讽刺都是在间接地发泄被压抑的敌对情绪。在大多数家庭中，它们比直接表达更安全。对此，孩子有完美的借口："哦，我没别的意思。"

当孩子害怕直接表达愤怒时，他们会找到替代目标。布莱恩对他母亲的愤怒，转而通过放肆无礼地向他老师发脾气而宣泄出来。杰拉德对自己兄弟的敌意，转而释放给了邻居家的男孩。格雷琴通过对动物施暴发泄了自己的敌对情绪。比尔通过抨击父母的价值观来化解他受父母压制的痛苦：父母重视高效，他工作时故意拖延；父母注重礼貌待人，他接人待物粗鲁无礼；父母希望他在大学时一个星期写封家信，他就是不写。还有人通过加入"仇视"团体找到发泄敌意的窗口。

许多孩子把对立的情绪指向自己，表现为哮喘、呕吐、不断的事故和夸张的恐惧对抗。过分"好"和非常害羞的孩子经常掩盖他们强烈的对立情绪，他们知道强烈的对立情绪是不被接受的。害羞的孩子坚决不与别人交往，这样他的秘密就不会泄漏出来。

相信敌意得不到他人肯定的小孩对自己的攻击性冲动感到害怕。例如，六岁以下的孩子认为，那些有攻击性的愿望——比如，希望弟弟从地球上消失——将成为事实。他们可能委婉地否认自己和他人的愿望。现实与幻想之间的界限对于小孩来说是模糊的。即使他没有把侵略性的愿望付诸行动，他也会认为这种愿望是"坏的"，你必须积极地教导他区分敌意和敌对行为之间的差别。

情绪低落是愤怒的另一种间接表现。它源于对某些人或情况强烈的、未公开的愤怒和这种被压抑的愤怒带来的内疚感。这个过程在潜意识中发生，受情绪低落困扰的人只意识到自己很"伤感"，他们经常被悲伤淹没。

如果你的孩子间接地表达他的敌意，这表示他认为直接表达敌意不安全，那么你就应帮助他找到能被社会接受的直接表达敌意的渠道。

针对孩子的愤怒建设性地工作，帮助他接受自己的所有情绪，而不给予消极判断。这正是他们建立高自尊的基础。

第十九章

揭开嫉妒的面具

常见的"感冒"

试图消除所有的嫉妒就像试图要一个孩子永远不感冒一样，是不可能实现的。嫉妒是生活中的重要组成部分。

所有人都尝过嫉妒带来的痛苦，并且知道嫉妒会引发造成压力的情绪和行为。个人经历和我们身处的文化环境通常情况下都不接受消极情绪，这导致我们教导孩子：嫉妒是不对的。然而，孩子可能不顾我们的说教，仍然会产生嫉妒，并因此而感到内疚并妄自菲薄。我们常常认识不到嫉妒不过是表面现象。

嫉妒意味着什么

别人拥有些什么使得你嫉妒他呢？更多的技能、吸引力还是自信心？更多的认可、更高的社会地位或者更多的金钱？ 其实，问题的关键并不是什么引发了这种情绪，而是

嫉妒与自愧弗如的感觉如影随形。

当你在你认为重要的领域确实技高一筹的时候，你感到很安全，并不会产生嫉妒。嫉妒掩盖了你认为自己不幸的信念。嫉妒是一个令人不舒服的信号——"我感到有威胁、被欺骗、不安全或被遗弃"。嫉妒的人可能会说"我不敢与你交流，因为怕你会没有反应"，甚至会说"我不喜欢我自己"。

无论嫉妒的强度和广度如何，这种情绪的出现都意味着你觉得自己处于不利位置而不舒服了。这种不利是真实的还是想象出来的，其实没有差别。嫉妒对于有这种情绪的人而言，的确是真实的。

孩子为什么会嫉妒？

家庭生活的本质是建立在兄弟姐妹相互竞争之上的。每个孩子都希望父母给予自己全部的爱和关注，都希望受到独宠。这种愿望使得家庭中不可避免产生嫉妒。

你只需想象如果自己生活在一夫多妻制下会是什么情形，就能充分理解儿童所陷入的尴尬困境。在这样的文化背景下，妻子之间的明争暗斗就是个很大的问题。为了获取最高地位而进行的尔虞我诈持续上演。假设你是一个生活在这种社会中的女人，你想不想要第一的高位？你就不想一直，甚至间歇性地获得丈夫的心，独享他的宠爱吗？你难道不会寻找机会针对你的对手、让她们陷入麻烦吗？你可能很乐意拔掉这些“眼中钉，肉中刺”。

实际上，孩子所在的正是这种处境。鲍比看着母亲花了很长的时间满足新生儿的要求，他的嫉妒开始滋生。卷发的简尼目睹她的母亲每天晚上给她直发的姐姐上发卷，她希望自己也有一个同样的获得母亲关爱的理由。莎莉注意到她妹妹的家庭作业能够顺利完成，而她在做家庭作业时每前进一步都在拼命挣扎。

家庭中的每个孩子在一定程度上都会生活在其他孩子的阴影下，在某些时候他们感到自己处于不利地位。即使是家中唯一的孩子也不能免于产生这种情绪，他会嫉妒家庭之外的孩子，也许他希望自己有兄弟姐妹。他也可能会羡慕父母对彼此的关注。

嫉妒是如此正常，即使兄弟姐妹之间互相关爱和体谅，他们也可能觉得表露自己的真实情感不安全。如果嫉妒成了孩子生活中的主题，那么他就会陷入沮丧之中。无论哪种情况——孩子完全缺乏嫉妒或持续不断地表现出嫉妒，都意味着他需要帮助。

我们的目标不是完全消除嫉妒，而是减少嫉妒发生的频率，并在嫉妒出现时给与共情的处理。

竞争的优势

孩子们的对抗看起来似乎对他们没有好处。然而，兄弟姐妹的存在能帮助孩子面对生活中的一个现实：他不能独享家中的关爱及所有的利益。这是一个复杂的课题，特别是对于小孩子来说。他必须知道，分享关爱不像分一个馅饼，馅饼分享后会少，但关爱分享后不一定意味着会减少。

兄弟姐妹可以帮助孩子学习在家庭范围内和他人进行交流。他们在分享和妥协方面为彼此提供宝贵的经验，而作为独生子的孩子必须在家庭以外学习。如果孩子们的对抗得到建设性的处理，他们就会知道别人的优势不会削减自己的价值。

兄弟姐妹间的正常对抗能减轻孩子的自私自利，从而培养他们的内在优势和资源。他们可能因此而感到不舒服，但也因此而获得与他人相处的经验。

减少嫉妒

和对待愤怒一样，减少嫉妒的最好的方法是减少孩子感到自愧弗如的频次。首先，通过帮助孩子建立高自尊，你削弱了他认为自己不幸的信念。孩子对自己的信心就像一个壁垒，使他免于菲薄自己像图腾柱上的小矮人。相信自身价值的孩子，别人的价值就不会让他产生太大的威胁感。他有能力分享父母的爱，因为他知道自己在父母心目中有牢固的地位。

认为自己无能且没有价值的孩子常常会被嫉妒情绪攫住。他对自己没有信心，觉得自己时时处处吃亏。他必须抓住一切可能，寻找机会贬低别人。他不肯与别的孩子分享父母的陪伴和关注。

每个孩子都能与他人友好相处——包括自己的兄弟姐妹，但前提条件是他喜欢自己并能和自己友好相处。

高自尊的孩子较少产生嫉妒。

他可能会经历短暂的嫉妒，但他自己所拥有的成功经验和信念使他嫉妒的时间极为短暂。

你可以帮助孩子发展他的特殊兴趣和才能。将他们视为独立的个体。一个孩子犯错却同时惩罚所有的孩子，这种株连的做法只会激起孩子们强烈的情绪。席德说：“我哥哥斯普弄脏了汽车挡泥板，爸爸却把我俩的钥匙都收走了，在哥哥把汽车挡泥板弄脏时我明明没有跟他在一起。爸爸可能猜测，弄脏挡泥板，我也一定参与了。爸爸总是这样对待我们，就像我们是同一个人或者同一样东西一样。”

安全的相处是嫉妒的解毒剂。布莱恩因为自己没有当上棒球队队长而不高兴，但是当他父亲计划抽出特别的时间单独陪他时，他的失望就缓解了。哈利因为觉得自己不像哥哥那么高大和强壮而郁闷，但他发现父母并没有因自己矮小羸弱而不爱自己，他郁闷的情绪得以缓解。

我们并不会时时处处对每个孩子抱有同样的感情，也不总是平等地对待每一个孩子。但是，如果一个孩子总是受到青睐，不那么受青睐的孩子就会深感不满。

如果你一直比较喜欢一个孩子，就要找出自己偏袒他的深层原因。你不太喜欢的孩子身上有你不喜欢的特质吗？（注意，你在最不喜欢的孩子身上发现的你最不喜欢的特质，往往与你所拒绝的某种自身特质是同一种特质）容忍自己身上的这种特质，有助于你更好地接纳孩子。

如我们所看到的，父母可以选择一个孩子，作为实现自己未满足需求的渠道，并过分地督促他。这种父母过度关注的督促方式，必然会引起没有受到这种督促的兄弟姐妹强烈的嫉妒。

当嫉妒存在的时候，看看你的家庭情况，检查你是否真的给其中一个孩子比其他孩子更多的优待。例如，在很多家庭中，大女儿需要帮妈妈做家务。如果你不相应地对此做出补偿，大女儿可能会对自己的弟弟妹妹产生强烈的憎恨，因为他们在家里无忧无虑，不用做事。安娜被迫对弟弟妹妹的行为负责。当弟弟妹妹受伤时，她就会受到处罚。她觉得自己真是太倒霉了。

对于孩子来说，基于年龄的不平等待遇（“当你 10 岁时，可以跟比尔一样迟一会儿睡觉”），比基于性别的不平等待遇（“女孩不应该粗暴，那样做就不是淑女了”）更易于接受。由于年龄差别而导致待遇不公平时，孩子知道将来会有机会的；但是，由于性别不同而导致待遇不公时，孩子必然感到困扰。他可能会反感和排斥自己的性别。

比较是产生嫉妒的最直接途径。因为嫉妒来自感觉自己“弱于”另一个人，比较只会火上浇油。

“我不明白为什么你不像你姐姐那样练习，我从来不必提醒她。”

“凯恩不像你那样花钱。他把自己的零花钱攒了起来，自己买了车。但是你没有一件事可以证明你存了钱！”

像这样的说法，在数以千计的家庭中十分常见，而这种比较就是致命的毒药。它们必然催生嫉妒、怨恨和无价值感。在家里进行比较，会使孩子感到自己不如别人。为了理解这一点，想象一下，如果你的老板说“你为什么不像约翰那样及时送交报告？他永远不会错过截止日期”，你会感觉怎样。即使你愿意修正自己的工作方式，你也不喜欢老板把谁树起来当你的楷模。如果老板曾这样对你说，那么当约翰工作出岔子的时候，你可能会幸灾乐祸；你甚至可能会找机会让约翰在老板面前出丑。

即使你从来没有在孩子身上使用过将他与他人进行比较的方式，这种比较的思维方式也会以非语言的方式传递出来。因为比较在我们的文化中相当普遍，你需要不断地提醒自己“每个孩子都是独一无二的，没有必要把他与另一个人比较”。

比较只会破坏自尊，催生自卑感。

大多数孩子不用我们说也会自己做比较。事实上，教会孩子不要和别人比是很有必要的。

为了减少竞争，你应该让孩子知道你对他行为的直接反应（用“第一人称反应”的方法），而不要把其他人拉来做孩子的榜样。

帮助孩子建立高自尊，不偏袒，不利用孩子去实现自己未能实现的愿望，不比较，这些方法都能防止孩子产生不必要的嫉妒。

● 家庭氛围对嫉妒有影响

家庭氛围会影响到孩子间竞争的强度。

乔治的家庭比较和睦，他的父母彼此尊重并互相帮助。在这个家庭中，人比物更重要，这带来了轻松气氛，有利于消除家庭成员之间的小摩擦。作为一个群体，他们经常一起参加活动，但是，每个人又都可以自由活动，自由地邀请外人加入。乔治的家人共同协商制定了家庭规则，以尊重每个人的需要。自然，乔治便形成了一种互谅互让的态度，他觉得自己很有价值，因此很少嫉妒他的兄弟姐妹。

相比之下，宝琳来自一个高度专制的家庭，在家中只有父亲的需求得到尊重。她注意到，无论母亲如何努力，她的父亲都不高兴。她的家庭充斥着猜疑、挑剔，强调追逐物质财富和地位，鼓励孩子们相互竞争。

他们每天都生活在互相比较的氛围下，没有温暖缺乏幽默。孩子们不得不去争夺父母给的稀少的关爱。在这种家庭中每个人都不喜欢其他人。

宝琳因自己是女孩而自卑，在她家里人人都怀有嫉妒情绪，这些一点都不奇怪。宝琳抱有深深的自卑感，总是怀疑别人获得的关爱比自己多；为了一点小事，她都会大闹一场。

夫妻如何相处，责任如何划分，以及需求如何满足，都影响着家庭中每个成员的精神面貌和嫉妒情绪的产生。轻松、彼此接受及相互合作的家庭氛围，可以减少儿童感到自卑的频次。

嫉妒发作的频次

在每个孩子生活中的某些时期，嫉妒很容易出现。记住这一点，你就可以及时地帮助孩子。

大多数人都知道，一个新生婴儿几乎总是会触发大孩子的嫉妒。无论之前他们如何期待新生儿的来临，他们一定会在某种程度上产生被取代感，特别是在新鲜劲儿过去之后，或者在宝宝出现给人带来不便时。

每个新的发展任务都可以使孩子的嫉妒增加，因为他们对自己不太自信。内心的不安全感，使他对自己认为的其他人可能拥有的优势更加敏感，不管事实如何。

外部事件也可能导致不安全感，并使嫉妒更有可能产生。第一次去上学，适应新老师，告别搬走的小伙伴，搬到一个新的社区，开始学习更艰涩难懂的学科，适应家庭中出现的分离、死亡或离婚，任何新的压力都可能触发孩子的嫉妒情绪。

嫉妒在年龄相近的同性儿童之间更加容易产生。四岁的汤姆和五岁的迪克都需要亲近他们的母亲。他们之间的争斗远比四岁的汤姆和换作十五岁的迪克之间的争斗激烈。

当孩子正经历可能会威胁到他自信心的内部或外部压力时，更加需要共情支持。

建设性地处理嫉妒

即使你设法减少产生嫉妒的机会，但它仍然会出现在不同的时期。你要做的不是去判断你的孩子是否应该有这种情绪，而是接受这种情绪并帮助孩子处理它。

嫉妒与推理、逻辑水火不容。正如第十七章所讨论的那样，减少孩子任何形式的消极情绪的最具建设性的道路，是鼓励他们通过语言、绘画、音乐、黏土、戏剧表演进行表达，倾听他们并从他们的角度接纳他们的情绪。嫉妒的孩子渴望被他人共情地理解。

对我们来说，看起来并不合逻辑的嫉妒特别令人难以接受。然而，我们大多数人从我们自己的经验中知道，情绪并不总是合乎逻辑的。一个孩子认为他被遗弃或被欺骗的信念可能与事实不符。但这是次要的，问题在于他现在觉得自己不幸。你必须了解他目前正在经历的事情，否则，他可以得出结论："我的父母不懂我"。

看看这个不时在大多数家庭中爆发的典型的嫉妒声明：

"你为泰迪做的比你为我做的更多！"吉恩噘着嘴对父亲说。

"哦，吉恩，太可笑了！"他父亲说，"我不是每个星期六下午都陪你去参加少年棒球联赛吗？我们没有为你买圣诞节的自行车吗？夏天你不是也参加了童子军夏令营吗？每期夏令营的费用是 64 美元，而我们并没有在泰迪身上花费这么多钱。你实际上得到了比他更多的特权。现在停止考虑诸如此类的事情！"

吉恩的父亲用事实回击了他，指出吉恩产生这种情绪是没有任何合乎逻辑的理由的。他的父亲怎么能接受他这种与事实不相符的不合理的情绪呢？关键是，情绪可能是不合理的，但是当你接纳了这种真实存在的情绪，孩子自己就会说出真正的问题，他也会以更加符合现实的态度行动。试图通过讲道理把嫉妒情绪说没，只能进一步使孩子认为自己不幸。

吉恩父亲怎么能更有建设性地处理儿子的情绪呢？

"你为泰迪做的比你为我做的更多！"吉恩噘着嘴说。

"你是不是觉得我待你不公？"他的父亲回应他说。这说明父亲在试图进入他儿子的感情世界。

"是的，每天晚上，你让他坐在你的腿上，你读这些愚蠢的幼儿故事给他听。"吉恩傻笑着说。（因为他的第一情绪已被接受，吉恩开始让其父亲了解真正令他烦恼的事情）

“你不喜欢他从我这里得到这种待遇？”他的父亲做出反应说。

“那我该怎么办？ 就因为他年龄小，他就该得到全部关注，好像他有多特殊一样！”

（试图诱导、提醒吉恩想起他在小时候也有一样待遇，这会阻止他进行进一步的沟通，提醒他五年前收到的东西不会触及他现在的情绪，看看进一步的共情如何将真正的问题带到表面）

“你觉得很难和泰迪共享一个爸爸，”爸爸说。

“是的，爸爸。”吉恩轻声说，“我知道你每个星期六下午陪我参加少年棒球联赛，但一个星期只有一次。可是泰迪每天晚上都有你陪。”

“你希望我陪你的时间多一点，是吗？”

“是啊。也许下一个星期六下午，我可以搭鲍勃和他爸爸的车去参加少年棒球比赛，这样我们就可以每天晚上在泰迪睡觉后，玩 20 分钟跳棋。我不像一个宝宝那样想要你给我读故事，但我会喜欢和你一起下一两盘棋。”

共情帮助吉恩的父亲找到了问题的根源，也使吉恩不再坚持说他父亲为他做的比他弟弟更少。吉恩能够考虑他父亲的时间限制，他们一起制定出一种解决方案，这样父亲就能更多地和他在一起。

一位母亲帮助她的女儿用言语和行动表达了自己的嫉妒：

“我讨厌珍妮特！”一个晚上，邦尼嚎啕着说，“不管是她离开还是我离开都行！”

“你只是不能再忍受你的姐姐。”母亲共情地说。

“不，我不能忍受，她太强大了，我永远都不能把她打哭。”（邦尼抛开愤怒情绪，揭开嫉妒的面具，露出沮丧和气馁的情绪）

“你想成为一个强者，好和她比试比试。”

“我可以吗？ 但是我没有机会，她总是比我强。”

“你感觉自己好像永远无法扳平比分。”

“是这样的，妈妈。”邦尼更平静地说，“我没办法回到她身边，所以我想让她走。”

“你觉得让她走就像是唯一的出路，是摆脱她的唯一方法。”母亲做出反应说。

“是的，可是我知道你不会这样做的。”（此时，邦尼认识到她的愿望是不切实际的。邦尼知道这一点，对于一个觉得自己永远是弱者的人来说，她有这样的愿望是正常的，但是母亲没有给她任何逻辑评判。母亲对她的共情理解使她更有可能会面对现实）

“是的，”母亲回答道，“我不会遗弃她，但你可以把这个娃娃当作珍妮特，并且对它做任何你想要做的事情。”（母亲让她认识到行为的限制，但是又给了邦尼一个可接受的发泄情绪的渠道，因为邦尼需要发泄她幽怨的情绪）

邦尼有了这个玩偶娃娃后，就把它摔在地板上，并跳上去，尖叫着喊道：“你这个又蠢又大又强壮的东西！ 现在你不那么强壮了，现在看看强者是谁！ 你是一个又小又弱的人，我会让你变成果酱！ 又愚蠢又软弱的一团果酱！”愤怒的邦尼殴打了娃娃，尖叫一阵又一阵，嘴里还命令着：“你才是小不点！去拿那个，那个。”

母亲帮助女儿用言语将消极情绪表达出来，于是邦尼宣泄了她的愤怒情绪。然后，邦尼抬起头看着母亲说：“我累了，我要睡觉了。”

母亲不知道处于不利地位的邦尼的所有情绪是否彻底释放，她准备进一步和邦尼讨论她的情绪。然而，第二天早上，邦尼精神焕发，甚至主动给姐姐提供烤面包。风暴过去了，邦尼压抑的情绪已经宣泄了，所以她对姐姐的感情也从主动给她拿烤面包片中显现了出来。邦尼有可能会再次反抗比她强大的姐姐，但她的母亲可以随时帮她处理这些坏情绪。

邦尼的母亲通过提供给邦尼感性倾听和安全出路，建设性地与女儿一起把怨愤情绪释放了出来。她没有给女儿提出解决方案，也没有对女儿讲道理，进行安慰和评判。她只是和女儿待在一起，试图了解女儿的真实感受。邦尼没有因为自己嫉妒和愤怒而感到自己“坏”。当她的情绪表达出来，并被母亲接受为真实情感时，她的消极情绪也就消失了。

许多孩子没有自己的兄弟姐妹天赋高，因此他们感到自己不如别人也是很自然的。给予孩子共情的理解可以帮助他们接受无法回避的事实。

很多时候，家里的某个孩子会因为自己的年龄或特定情况而获得特权。那么父母可以通过给予其他孩子相应的特权来减轻他们的嫉妒，如果做不到这一点，就要通过了解他们的情绪，帮助他们更有准备地接受眼前的现实。

家长的共情等于是在对孩子说“你很可爱，也很有价值，你有自己的情绪。我会理解你并竭力帮助你解决问题”。如果家长排斥孩子的嫉妒情绪，孩子会感到内疚，会认为自己不可爱，没有价值。不接纳孩子的真实感受，总是会对孩子的自尊产生不利影响。

嫉妒的迹象

孩子往往不直接揭示他嫉妒背后的情绪。他不会说“我不想与别人分享你的关爱”，或者说“我感到被遗忘了”。事实上，他甚至可能连自己在烦恼什么都不清楚。

他经常用间接方式说话，大量采用“第二人称判断”（大概是仿效我们的做法）：“你又在瞎猜”“你不爱我”或者“你总是向着卡拉”。

这样导致的局面就是，因为我们不明白他们这些暗语的含义，所以我们只回应他们这些话的字面含义。我们会说：“怎么会，亲爱的，我当然爱你”，或者“那不是真的！ 我对卡拉和你都是公平的”。但是因为他们内心的感受没有被我们听到，我们陈述的事实也没有给他们留下深刻的印象，所以他们并不会向我们坦露自己隐藏起来的真实信念。

通常，孩子感觉自己不幸的唯一表现是易怒，似乎总想跟人打一架，也许他会说其他孩子的坏话。我们人类在“滑轮系统”上运行，感觉自己位置偏下时，我们会试图把周围的人也拉下来，特别是对于那些位置太高让我们觉得不舒服的人，好像削弱了他人就能提高自己。

嫉妒的另一个迹象，可能是依赖性的突然增加。六岁的玛莎，通过尿床、吮吸拇指和缠人传达出她对婴儿弟弟的真实情感。

嫉妒的一个微妙的迹象，可能是增加对事物的需求。当孩子突然开始要求越来越多的东西时，他可能需要的不是更多的玩具，而是别人对他更多的关注。

许多觉得自己受到不公正对待的孩子会突然变得行为不端。彼得每次看到父亲帮助他的弟弟做家庭作业，他就会故意调高电视机音量，音量之大简直要震塌房顶。他是在用这种孩子气的方式表达："天哪，我也需要爸爸关注啊！"

"在做家庭作业时，让彼得也加入，让他有机会教给弟弟如何解决难题，于是，他不再嫉妒，开始对他弟弟的进步感到自豪。"父亲说，"他的整体态度都改变了。"（彼得觉得自己可以做出贡献，自己很重要！这样他的嫉妒情绪就消失了）

孩子们试图直接或间接地告诉我们，他什么时候感到不幸。而直接回应他们通常于事无补。我们的主要任务是给予孩子共情回应。每个孩子都必须感到自己被理解、被包容、有价值，如此才不会再使用迂回的手段来消除自卑感。他感到幸运和自信，自己没有受到不公正的对待。

第五部分

纪律和自尊

第二十章

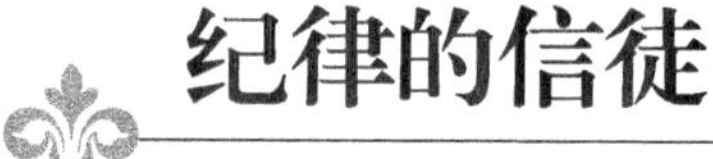

纪律的信徒

纪律的意义

有关纪律的讲座吸引了大批父母前往。这丝毫不令人惊讶。我们每天都在处理纪律问题。然而，人们对如何管教孩子有很多的争议和不同的观点。讲道理、不理睬、打屁股、关禁闭？甚至专家们对管教孩子也持有不同观点，我们这些可怜的父母该怎么办呢？

大部分困惑来自在三代人的时间跨度里关于如何处理父母权力的三大转变。

在研究三种基本的纪律之前，我们必须明白这个词的含义。我们先来做一个试验。让大脑放空，你准备好了吗？现在，当你看到这个词时，抓住最先进入你头脑中的第一个单词：

纪律。

面对这个词，大多数人会产生消极和压抑的联想，诸如“严格”“打屁股”“执拗”“惩罚”“强制”或“苛刻”，你想到了什么？

纪律只和沉重的话题有关吗？

《韦氏国际词典（第三版）》列出了几个定义，包括：

> “与纠正、塑造、强化或者完善相关的培训或者经历……
>
> “惩罚：因忏悔而自我施加的惩罚，或者作为对他人的惩处而强加的惩罚……
>
> “通过强制服从命令而获得的控制（如在学校或军队中）……
>
> “影响行为或行动的规则或规章体制。”[1]

---

[1] 引自《韦氏国际词典（第三版）》，1966年由G.&C. Merriam Co.出版。

有趣的是，“教育”被列为纪律的同义词。然而当提到纪律时，有多少人会想到“教育”或“教”呢？

你可能希望你的“纪律”符合《韦氏国际词典（第三版）》列出的第一个含义“强化训练”。然而，我们中许多人试图通过符合第二或第三个含义的方法达到这个目标：惩罚或武力控制。

纪律（discipline）这个词来源于“门徒”（disciple）一词。门徒是老师的追随者，我们不认为门徒追随老师是由于害怕惩罚，相反，我们认为他们是出自内心的信念。作为父母，我们更希望我们的孩子是因为崇奉纪律而遵守纪律，而不是因为他们害怕暴力惩罚。任何时候，如果一个孩子崇奉纪律，他更容易按照纪律自我约束。

纪律的目标是自律。

合情合理的规则有利于孩子自我约束和高自尊的获得。这就是富有建设性的纪律之所以富有建设性的秘诀所在。为了弄清楚在这个方向上你可以如何开展工作，让我们来看看所涉及的每一个问题。

如果能在“纪律”一词的两种定义：

1. 纪律作为一套限制（规则）；
2. 纪律作为制定和执行规则的方法。

之间做出明确的区分，则可避免对此主题进行大量模糊思考。

当这个词与限制和方法互换使用时，会产生混淆。

四个基本问题与纪律有关，需要分开考虑：

1. 我是否需要限制？
2. 应该设置什么种类的限制？设置多少条？

3. 应该由谁制定规则？

4. 规则如何建设性地执行？

是否需要限制？

人类生活在社会群体中的事实，意味着我们需要一些规则。如果每个人（包括孩子和成年人）都只考虑自己的个人需要和瞬间的想法，而不考虑他人的利益或安全，社会就无法顺畅运行。

家庭就是一个社会群体。关键是，它要有规则，使家庭每个成员能够满足各自的需求，而不是不断粗暴地践踏他人的需求。此外，家庭成员的任务是引导孩子走向一个有规则的社会，父母的责任是帮助孩子成为社会贡献者。

是否应该对行为加以限制——特别是在我们这个复杂的社会——是学术界应考虑的问题，而我们要了解的是，通常只有存在一定的行为准则，家庭、学校和社团才更有可能满足所有人的需求。

纪律的真正问题主要围绕规则种类和数量，以及如何制定和执行。这些因素会给自尊留下鲜明的印记。

规则种类和数量

没有两个家庭可以有相同数量和种类的限制。我们也无法制定任何硬性规定。我们不能说：当一个孩子六岁的时候，在Y地区应该有X条规则。然而，一些基本原则却可以指导我们分辨我们在家里使用的哪些限制对培养孩子的高自尊有利，哪些不利。

父母与子女之间冲突的主要原因是孩子与成年人的需求不同。双方的需求可能都是合情合理的，但我们常常将二者对立起来，非此即彼。要么成年人的需求优先，要么孩子的需求优先。我们当中有些人当然会玩“这次我会满足你的需要，下一次，就轮到满足我了”的跷跷板游戏。我们可能不知道这两套需求往往都能得到满足。（具体内容见第二十二章）

考虑所有人需求的规则更有可能是建设性的。

规则必须在保护成年人权利的同时，也保护孩子的权利。建设性的解决方案侧重于对幼稚孩子的指导和敦促，而不是把规则生硬地强制性地用在他们身上。这意味着我们要明白，孩子也需要探索、爬、挖、撕、击打、乱涂油漆、乱跑、戏水、大声喊叫、和其他有同样需求的孩子玩耍。

设计一个让孩子满足各自需要的环境，而不致损害家中贵重的财物。孩子年龄越小，提醒他注意的频率应该越少，因为这时候他周围环境应适应他的要求。

若是单独考虑，一些家庭制定的规则都是合理的，但问题是，限制太多。如果孩子四处碰壁，他们就会怀疑自己有问题。

制定多少、什么种类的规则，完全取决于你的期望、想象和个人需求。如第五章所述，严格遵守僵化的蓝图，可能不会填补你的不安全感，只会将其转移给儿童。和睦家庭，需要的规则更少，家庭成员间无戒备的交流会鼓励大家更积极合作。

要记住，在思考建立何种规则时，孩子们首先要遵守家规，然后是遵守校规，最终达到社会的期望。如果家里的规则与学校和社会的规则相差太大，孩子们调整起来就会更困难。

贝蒂在家时，家人出于保护她，不会安排她做她不喜欢的任务；而且总有人替她揽下那些脏活儿。可是在学校，没有人能做到这一点。当然，成年后，她将发现任何工作都会有令人不愉快的一面，无论她喜欢与否，都得去做。有些家庭中，孩子不用挥洒汗水仍然可以吃香喝辣，长久来看这种管教方式不利于他们未来发展。

在美国，关于规则，我们面临一个特殊的问题。在一些文化中，大多数父母持有相似的价值观，并在自己的家中建立了相同的规则。例如，在战前的日本，父母和老师为孩子制定了相似的规则。但美国是一个快速发展的社会，融合了多元文化。我们的许多价值观都处于一个变动的状态。孩子们在家里看到一套价值观，在朋友家里又看到另一套价值观，而学校和整个社会拥护的价值观又不一样。总之，像过去一样，我们没有统一的价值观作为家庭规定的支撑。因此，特别重要的是，你设置的家庭规则应是明确的，对所有家庭成员都公平且合情合理的。（见第二十二章）当然，当孩子看到成年人遵守规则的时候，他们更容易仿效成年人的做法。

因此，为确保家庭和睦，就应制定一些规则。建立的规则的数量和种类必须考虑到每个家庭成员的个人需求和孩子的成长阶段。建立的规则是有利于还是不利于孩子拥有高自尊，最重要的决定因素是，建立规则的方式 。建立规则有三种基本方法,每种方法都会直接影响孩子们的自我认知。这些方法（在接下来的两章中讨论）为你提供了一个评估指南，借此你可以判断你的管教方法是否有利于培养孩子的高自尊。

第二十一章

实施纪律的旧方式

父母有权力

父母身份的本质赋予了我们对孩子的权力。我们比孩子身材更高大、力量更强大、经验更丰富，更年长、更善于沟通。在法律上我们能对自己的行为负责，所以社会加强了我们的权威地位。但是，孩子从身体和情感需求方面对我们的依赖，成为了我们支配孩子的权柄。他越是依赖我们，我们手中的权力就越大。

我们如何使用权力决定了我们制定纪律的方法。

制定家庭规则只有三种基本方法：掌权、放权及共享权力。你所使用的方法将影响谁制定家庭规则及如何实施家庭规则。[1]

大多数家长认为他们只有两个选择：要么家长完全掌握家规的制定权；要么家长放弃权力，让孩子在家规的制定中居主导地位。他们不知道存在第三种选择。在本章中，我们将研究前两种方法及它们对自尊的影响。在第二十二章中，我们将讨论第三种方法。

你如何看待自己扮演的角色

你如何看待孩子、如何看待你承担的父母角色，深深地影响着你采用何种纪律约束方法。如果你把青少年当作可以任意塑造的黏土，如果你对孩子们的合作能力、自我指导能力缺乏信心，你更有可能把自己看作是发号施令的老板。你会抓住权力不放，并使用专制的方法。

如果你认为孩子的需求在任何时候遇到挫折都会使他们受到伤害，如果你相信孩子在任何年龄段都能自由地处理他们的事情，那么你可能放弃

[1] 这个观点受惠于托马斯•戈登(Thomas Gordon)倡导的理念。

你的权力，成为过度宽容的父母。把孩子的需求与你的需求看得一样重要，相信他们理智合作的能力，能使你更倾向于和他们分享权力，并在制定纪律过程中采用民主的方法。

影响你如何制定和实施纪律的一个重要因素，是你个人对权力的态度。M 太太是一个小时候被父母牢牢控制的孩子，于是她现在模仿自己的父母，也不质疑这种做法是否合适。对她来说，强有力的掌控是“好”母亲的一部分。李先生也是在铁腕控制下长大的，但是对于权威的强烈厌恶使他更愿意放弃权力，他甚至不愿与人共享权力。

我们许多人做不到和他人分享权力，是因为我们需要弥补自我价值方面的缺失。控制他人让我们感到自己很重要，而我们的孩子似乎是我们合法的猎物。毫无疑问，对于喜欢自己的人来说，分享权力更容易做到。

要适当评估你的纪律处罚方式，需要认真考虑下面三个问题：首先是你对孩子的看法，其次是你对自己承担的父母角色的态度，最后是你个人对权力的态度。

现在，我们来具体看看前两种管教方法，及其对孩子成长的影响。

专制方法

专制的管教方法已经存在了很长时间。在“过去的好日子”中，父母的话就是家中的法律。他们希望儿童执行成人制定的规则。那是一个“孩子不打不成器”的时代，“孩子只能监督，不可放任”。渐渐地，这个方法开始式微，家长在管教孩子的过程中开始考虑情绪、个体差异及不同成长阶段面临的任务。但是，归根结底，决定还是由专制的家长做。

表面上，这种方法看起来不错。我们制定规则，小孩服从。当然，当孩子不服从时，我们就会面临如何强制孩子服从的问题。这种时候我们有四种选择：

1. 放弃（但是，放弃权力会使我们面临对孩子过度宽容带来的问题）；

2. 唠叨（这可能奏效，也可能不奏效。无论如何，唠叨会破坏我们和孩子之间友好的情感，却并不能使孩子更愿意服从。很少有人喜欢被别人不断地刺激）；

3. 进行惩罚（我们利用了孩子害怕惩罚的心理来操纵他们的行为）；

4. 通过奖励强制执行（我们采用赞美和公开的利诱来操纵孩子的行为。但有时候我们会用尽奖励办法或找不到恰当的奖励办法。而且孩子很快就会发现他们让我们一筹莫展）。

大多数的家长不喜欢采取这些措施，所以当孩子们反抗他们的时候，他们会抬高音量、用家庭规则来对孩子进行威慑。但是，当这些也不起作用时，独裁的父母就会被迫使用奖励或者其他各种各样的惩罚措施。

● 制约方法

我们制约孩子的方法是什么？它们有什么影响？当孩子还小的时候，打屁股是一个大家都熟知的方式，这种方式显示出谁才是老大。它似乎是有效的，因为它通常会立即产生效果。然而，我们也听到过一些父母说，“我都把亨利打得皮开肉绽了，但他还是不听话”。

正如第十八章所述，每一次打孩子屁股，都让孩子充满了消极情绪，这可能会让他们转而采取进一步的不当行为。孩子因被打屁股而产生愤怒，不管他是将这种愤怒表现出来还是压在心里，打孩子屁股这种行为都会让孩子产生负面情绪；这些负面情绪会破坏亲子间良好的关系。

打屁股并不能让孩子心悦诚服，只能教会他们恐惧、狡猾、撒谎和敌意。不管我们如何看待打屁股，它都是大人对小孩实施的一种身体攻击行为。然而，我们在自己都没有做好的情况下却又经常告诉自己的孩子，他们不应该欺负弱小。

面对一位边打孩子边说“我要教你不打人”的母亲，我们对她表现出来的明显的言行不一一笑了之。然而，研究表明，曾经遭受父母过分殴打的孩子，在未来与他人相处时，更有可能对他人产生敌意从而引发肢体冲突。

谴责是另一种控制他人的手段。谴责给孩子带来了拒绝、羞耻和屈辱。言语攻击破坏自尊。必须在谴责（“第二人称判断”）与诚实地分享你对行为的感受（“第一人称反应”）之间画出一个明确的界限。对行为做出的反应不能归类到谴责；正如我们在第八章所论述的，它们是我们与孩子开诚布公地进行交流的一部分。

正如不得脱身的听众对喋喋不休的说教的反应一样，孩子们也会在自卫中对我们说的话置若罔闻。喋喋不休的家长们倒是一吐为快，但是这却会对孩子造成负担，或者使孩子对家长的说教置若罔闻。

当你觉得有必要大声训斥时，你最好先向另一个能理解你的成年人表达自己的感受。然后再把针对孩子的“第一人称反应”发送给孩子，并简单向其阐述要点。

一些父母威胁孩子要将爱收回，以此来控制自己的孩子。这一直都直击他们自我的核心。“如果你这样做，妈妈就不爱你了”，或者“爸爸不喜欢哭泣的小男孩”，这样说等于告诉孩子他的个人价值是有条件的。作为行为操纵者，这种方式非常有效，因为孩子需要被爱，但是使用这种方式可能会使孩子一生都要为此付出代价。

有些父母采用不许孩子吃饭的惩罚方法来执行家庭规则。“好吧，别吃晚饭了，去睡觉！”因为孩子们会把爱和食物联系在一起，所以这种控制方式对孩子来说就象征着父母收回对他们的爱。

收回特权是另一个父母们喜欢采用的控制方式。每次比利出现不当行为时，他的父母就会收走他的摩托车玩具。父母利用孩子喜欢的一件玩具让他保持服从。虽然这样做会让孩子服从，但是会引起孩子的怨恨，也强调了孩子的无能为力。这种方式会使孩子渴望逃离那些控制他的人，或产生权力欲望。

隔离是家长管教孩子的又一种方法。当需要孩子从一种情境中离开时，这种方法是必要的；但是当孩子正在经历情绪风暴的时候，最好有成年人陪伴。如果孩子正在走下坡路，说明他需要认可、理解和赏识。隔离这种方法迫使孩子压抑情绪或者独自处理情绪问题，而孩子对此难于胜任。

在讨论儿童对惩罚的反应时，西尔斯说："从长远观点来看，家长和老师把惩罚作为去除其所指责行为的技巧是无效的，这就是我们对惩罚的评估。"[1] 如果家长和老师充分考虑到这一点，他们就会以批判的眼光看待威权主义。作为正在养育孩子的成年人，我们必须关心自己所采用的管理儿童的方法的长远效应。

为了避免惩罚孩子，许多专制的父母转而使用奖励和赞美，但目的是一样的：让孩子遵守成人制定的规则。你只不过是用"蜂蜜"代替了"蓖麻油"。

几乎在杂货店里的任何一天，你都可以听到父母对他们的孩子说："如果你现在安静地坐在车里，我会在购物的时候给你买一个口香糖。"有些父母说："你每得到一个'A'就会得到一美元奖金。"还有一些家长这样使用赞美："好孩子，快去帮我拿我的缝纫篮。"

当然，奖赏必须足以激励孩子朝着家长渴望的方向发展，如果孩子学会了某个技能，你不但须要立即给予他们奖赏，还要持续不断地对他们奖赏下去。利诱和赞美，只是大人在小孩面前炫耀权力。你最好彻底避免使用它们。（见第八章，赞美——"第二人称判断"——和积极的"第一人称反应"之间的区别）

[1] R. Sears, E. Maccoby, and H. Levin. *Patterns of Child Rearing*. New York: Harper & Row, 1957, P. 484.

毫无疑问，专制方法至少当下会起作用。只要你的孩子对你有足够的依赖，你就可以通过对他们抛出奖励或威胁，实现对孩子大部分时间的操控。然而，从长远来看，这种威权主义终会使我们一败涂地。

在评估制定纪律的方法时，必须考虑如下内容：

1. 其长远效果；
2. 是否有利于孩子懂得责任，学会自律；
3. 它对自尊的影响。

我们从这几个方面来看看威权主义。

威权主义的影响

只要独裁者持续在场，受外部权威控制的行为就能维持。我们都看到过，威权家庭中的孩子一旦脱离了家人的监督，就会开始撒野。有些孩子认为，即使独裁者不在，自己也应该遵守独裁者定的规矩，但并不是所有孩子都能得出这个结论。因此，独裁者绝不能放心地离开半步。

从高处强加的规则在情感上不可能被欣然接受，也绝不会带来真诚的发自内心的信服。

威权主义的极端劣势是鼓励依赖。威权主义者说："听我说，我会告诉你该怎么办。"这样一来，小孩的信心不在自己身上，而来自独裁者。它清楚地教孩子把他们的重心放在别人身上。此外，依赖还会带来敌意。谁都不希望获得这样的结果。

对一个孩子，如果你使用了过多的高压手段，你就会瓦解他的意志。威权主义是对将在独裁政权下生活的儿童的一种重要训练，但远远不适用于那些需要独立思考的儿童。

威权主义最具破坏性的方面是对自尊的影响。它告诉孩子不要相信自己的推理和判断能力。它每天都在向孩子强调，家长们不相信孩子，不相信他们能遵守为了共同生活而建立的规则。

那些认为父亲无所不知的孩子很少是充满自信的。在家中一直被视为二等公民，在自己的事务中也没有发言权，这样的状态破坏着孩子的自尊。生活在威权主义下的孩子会得出结论："我的想法没有价值，我需要比我更聪明的人来指导我。"这种信念与心理成熟、智力成长和自尊相悖。（正如我们将在第二十三章中看到的，它抑制创造力的发挥）

因为独裁者更关注外在的行为，所以培养出的孩子表面上顺从、内心反叛。敌意、愤慨和内疚都是威权主义滋养的一些心理特征。我们都看到过模范儿童突然叛逆起来的案例。面对威权主义，一些孩子没有压抑自己，而是从一开始就公开进行反抗。长远来说，威权主义是有风险的。

这是否意味着你不能在不征求孩子意见的情况下做出决定？不是有一些情况，你必须坚定地表态吗？

有时候你的确不得不说"不"。孩子肯定会有一些想法和行为对你来说是不可接受的。如果你学龄前的孩子想和他患麻疹的朋友一起玩，除非你想让他染病，否则你不得不对他说"不"。你可以给孩子建议，让他打电话给患麻疹的朋友，或者带着他隔着玻璃窗户问候几句。但是，如果他坚持直接和他玩，你就有理由保留你的权力。

无论何时只要涉及健康、安全或法律，你必须立场坚定。但是，我们很少意识到：我们可以找到大家都能接受的解决方案，既满足孩子的需求，又能坚持我们的立场，履行我们的责任。

不管你做事多么合理，孩子对你行使权力都可能会有其他感受。那么你最好的方式就是倾听他们的失望、沮丧和恼怒。（请记住即使他们的感受与你的不同，他也有权拥有这些感受）

偶尔采用独裁的方法对孩子进行管教不会造成不可挽回的损失。当你拥有绝对主导的权力时，才会形成一种不健康的氛围。

过度宽容的做法

越来越多的证据清楚地表明，威权主义对精神健康和情绪调节具有破坏性。儿童心理健康专家开始倡导一些完全不同的管教方法。钟摆又摆向另一个极端：这些专家告知家长不要限制儿童的行为。沮丧的孩子受到限制，有可能成为精神病院的候补患者。“开明”的父母立即改变主意，放弃了他们的权力。家长对压抑的恐惧开启了孩子做主的时代。孩子想做什么就做什么，不再有强制孩子执行纪律的问题了。（当然，这使得许多父母感觉到，他们自己也需要进精神病院了！）

过度宽容并不能治愈一切。事实上，对孩子过度宽容的结果是灾难性的。在这种家庭成长的孩子比那些在威权主义下养育的孩子更让人烦恼，他们以自我为中心、不合群。他们不会考虑其他人的权利。他们的人际关系紧张，无法适应学校和社会的规则限制。他们期望别人像自己的父母一样照顾他们的想法，因此他们总是失望。放弃权力不能鼓励孩子负责任，也不能加强他们的自律。

过度宽容的最大缺点，可能是最终导致孩子被人们拒绝。很少有父母能真正接受孩子的所有行为模式，即使父母可以，别人也不会接受。

当乔治的行为令其过度宽容的父母烦恼时，他父母告诉自己，乔治最终会变好的。此时，他们的需求并不像乔治的需求那么重要。他们为自己无私的前瞻性感到自豪，默默承受着一切，并反复说：“乔治需要表达自己！”无论何时只要乔治高兴，他就可以“我行我素”。他们口头上说：“只要你喜欢，亲爱的。”但他们的身体语言却发出呻吟：“你不能那样做！你是令人讨厌的！”于是，乔治的自尊大受伤害。别人告诉他“做什么都可以”，但是他了解到的情况并非如此。

来自过度宽容家庭的孩子总是把他的父母看得软弱无能。轻蔑地对待父母的需要，也可以造成孩子内心的焦虑和内疚。给予孩子毫无根据的自由是灾难性的，会让他们感到迷失。更重要的是，对孩子过度宽容使他们对所有事情都兴味索然，并无端产生被遗弃的心理感觉。

许多来自这样家庭的孩子说：“我的父母应该让我知道。”表面上看这些孩子像是呼吁父母的专制控制，但实际上这是一个邀请父母参与的呼声。莫里斯•罗森伯格（Morris Rosenberg[1]）曾对5000位高中生进行了研究，结果强调了这一事实：看到父母对自己无动于衷的孩子不太可能拥有高自尊。正如卡罗尔所说：“我的家人让我做任何我想要做的事情，这让我觉得自己不值得他们关心。”

即使你采用的是威权主义的管教方法，有时你也想给出全部权力，让孩子自己去做决定。

莉娜来找她母亲帮助她做个决定：是邀请乔尔还是汉克出席闰年舞会？母亲聆听了她的问题，但认为最后的选择应该取决于莉娜自己。格雷格难以确定自己下个学期学化学还是生物，他爸爸仔细听了他正反两方面的考虑，并发表了一些个人看法，但他想把决定权留给格雷格自己。

只要孩子的决定不妨害健康、安全或其他人的需求，你就可以轻松地退出。但是，长期撒手不管会引起过度宽容的所有不良后果。

● 造成过度宽容的原因

许多父母自己是在威权主义的家庭中长大的，（出于对威权主义的厌恶）拒绝对孩子的行为做出限制。而其他父母之所以采用过度宽容的养育方式，是因为他们在不可思议地重复父母养育自己的模式。还有一些父母，因为低自尊，而认为自己没有权力制定纪律。一些人害怕与孩子打交道，害怕坦率地表露心迹，因此他们宁愿退出对抗。

[1] Rosenberg, Morris. *Society and the Adolescent Self-Image*. New Jersey: Princeton University Press, 1965, P. 145.

太宽松或太苛刻，太宽容或太专制都不能强化纪律。这些极端行为干扰了良知和责任感的建立。无论是保留权力还是放弃权力，过度使用这两种方法之一，都是对孩子利益最大的破坏。孩子们需要心理强大的父母，关心孩子就要积极参与，既不要当独裁者，也不要对他们无限宽容、撒手不管。

在家庭中母亲被动且对孩子过度放任，不要求孩子承担任何责任，而父亲高度专制或掩饰自己真实情感（与孩子相处时人在心不在），在这样家庭成长的孩子就面临另外一种危险：成年后酗酒。

母亲是全能的、事事包办的，因而孩子会更亲近她。如果这个孩子是一个男孩，他可能对母亲更加认同而无法建立起坚定的男性身份感。如果他过分认同妈妈的身份，就可能会发展同性恋的兴趣。即使没有，他也会在成年后无法长期维持婚姻，因为他妻子想要一个丈夫而不是要一个儿子。

作为一个成年人，这样的男人除了需要酒精来填补他的基本情感欠缺，他还会渴望自由，以摆脱情感责任和承诺。当然，这势必影响他如何处理自己的工作、婚姻，事实上会影响他所有的人际关系。如果作为父母，你还在玩过度溺爱孩子的游戏，你就是在玩火——会危及孩子的未来，以及和他有接触的所有人的未来。

现在，我们来看一种更具建设性的管教方法。

第二十二章
建设性的管教方法

纪律约束下的民主[1]

民主就是坚信人们在决定他们未来命运时应该有发言权。我们大人喜欢生活在一个民主国家，但我们可能会忽视儿童同样渴望在他们接触到的生活的问题上拥有发言权。政府的民主对于小孩来说没有什么意义，除非他感觉得到在家里时常发扬民主的好处。

我们中很少人愿意生活在独裁政权或无政府状态之下，但我们可能不屑于在自己的家庭中建立民主的氛围。这可能听起来很刺耳，但我们必须面对事实：我们常常坚持为自己争取民主，却否认民主对我们的孩子有好处。

我们这样做，不是因为我们刻薄、粗暴并且以自我为中心，而是因为我们大多数人在成长的过程中从来没有享有过民主或是我们从未注意过这种差异。如果考虑到民主，我们的第一反应可能是："孩子太小了，没有经验，不能参与制定决策。"

有时候是这样的，我们必须为孩子做出决定，正如上一章所述。但是，家长太频繁地为孩子做决定，其实并不好。随着越来越多的家长了解如何在家里实施民主，他们发现孩子们可以在许多情况下应用民主机制。家庭民主生活的益处，以及这种管教方式对儿童发展的影响值得我们思考，因为民主提高了孩子的自尊、自力更生能力、创造力，促进了智力成长，加强了责任感。

"我们在家里发扬民主，"A太太说，"我们每周举行一次家庭理事会，每个人都会抱怨自己的不满。而我和丈夫仔细倾听，并试图制定一些合理的规则，把有道理的抱怨也考虑进去。"

家庭理事会的存在就一定能确保家庭的民主吗？当然不是。然而，

---

[1] 本章中的许多细节受惠于托马斯•戈登(Thomas Gordon)。

却有无数家长误认为是这样。A 先生的孩子生活在温和的专制之下，他们的需求得以表达并被父母给以考虑，但归根结底，这还是他们父母制定的规则。这不是民主。

当父母分享权力时，当大人和小孩共同制定保护所有人权利的规则时，制定纪律的过程就是民主的。在民主家庭中，儿童在制定规则方面有和父母相同的权利。家庭作为一个单位，去制定一般规定，同时允许在这些规定内保留一定的灵活性。当冲突发生时，所有成员通过共同努力，使每个人都满意。民主的做法是建立在相互尊重、相互信任基础之上的。

许多人对婴儿也实行民主。而且，即使他们年龄很小，但当他们被允许在与自己有关的事务中发声时，他们也会感觉到民主。一个小孩不喜欢肉泥的味道，妈妈可以用水果进行混合，使食物更加爽口。如此妈妈想要孩子饮食平衡、孩子想要食物爽口的需求都得到了满足。母亲找到一个让她和孩子都满意的解决方案。（如果她忽略了孩子的反应，强迫他把肉泥吃完，她就是专制的；如果她放弃了让孩子吃健康食物，那么她就是过度宽容的）

成年人常常混淆民主与过度宽容。分享权力，绝对不是放弃权力。

民主并不意味着退缩，而过度宽容则是退缩。

民主意味着相互协调。

这种做法与撒手不管没有共同之处。

● 建立民主的先决条件

必须将态度和技能结合才能在家中培养真正的民主。除非某些基本态度存在，否则民主就会搁浅。在阅读时，请核查你自己的态度。（这些态度在关于倾听的一章中已经讨论过了，但重要的是要看到它们与民主管教的关系）

民主态度

当你既不把孩子看成是你的延伸也不看成是你的副本的时候，民主就会更好实行。这意味着你不认为自己拥有孩子，你认为他们拥有他们自己和他们的情感。你不会把孩子视为自己可以操纵的对象，而是将他们看作独立于自己之外的独特的人。

爱是孕育民主的肥沃土壤。无论何时，只要我们喜欢别人，我们就会尊重他们。（记住：你在多大程度上喜欢他人与你在多大程度上喜欢自己有关）当孩子感受到重视和关爱，他才愿意合作，才更有兴趣和你讨论冲突问题。已经建立起来的温暖、积极的关系，更容易把民主机制转化为实践。

然而，这并不意味着“和睦指数”低的家庭不能走向民主管教，这意味着初次会议可能会因为受压抑的怨恨情绪得以释放而出现暴风雨。我们大多数人在父母、老师和雇主下达指令的阴影下长大，一旦自己掌握权力，自然也想发号施令。

但是，你必须始终坚持长远的眼光。弱者很少钦佩、尊重或珍视独裁者。

把孩子看作有权拥有自己感受的独特个体，尊重自己需要的同时也尊重孩子的需要，喜欢你的孩子，愿意和他们分享权力，这些都是帮助你开始采取家庭民主的态度。

民主技巧

如果制定的规则没有超越发展任务，那么采用民主方式制定的规则就有了更大的成功机会。当对孩子的期望和限制基于孩子自我发展的需要时，孩子违反规则的行为就会减少。（参见第三部分）通情达理的父母只会在让孩子做他们自己的基础上制定规则。

实施民主管教的辅助手段是处理情绪的技巧。知道孩子消极行为的背后是消极情绪的父母更容易帮助孩子表达情绪，因此孩子不当行为和违规行为发生频率就少多了。消极情绪会使你以民主方式制定规则的努力泡汤，除非记得这一点，否则你可能会掉头直奔规则的建立，而忘记或者忽略孩子的感受。然后，你就会因采用这个方法陷入困境。最后，保持沟通和谈判渠道的畅通，关键是要使用“第一人称反应”而不是“第二人称判断”。

民主的态度，基于孩子自我发展任务的符合实际的期望，以及宣泄和交流情感的技巧，是进行民主管教的先决条件。

民主管教的机制[1]

共同制定家庭规则的过程，类似于今天在商业和工业中制定规则时越来越多使用的过程。你首先要知道问题和需求是什么，然后再共同努力找到一个每个人都可以接受的能满足这些需求的解决方案。下面让我们更仔细地看看这些步骤。

提出问题

在解决问题之前，你必须清楚问题究竟是什么，谁有这些问题。

例如，凌乱的厨房可能对孩子没有影响。通常，这种凌乱对父母来说却是问题，他们就需要把凌乱的东西进行整理。而就孩子而言，有的可能要求整洁，而有的可能不需要。假设父母不介意凌乱，那么对被凌乱影响的孩子来说凌乱就是问题。任何冲突只能发生在家庭中的几个人之间。谁面临问题——谁的需求没有获得满足——是需要首先弄清楚的。

即使你认为一个问题已经被明确定义，但你可能会发现之前提出的这个问题并不是真正的问题。

[1] 在一些社区，父母效能培训班提供实施家庭民主管教的具体细节。

G先生一直都以民主的方式处理家庭冲突。有一天八岁的女儿吉娜却要求召开家庭会议。这是怎么回事呢？

G先生："吉娜，我们现在都到齐了。你在想什么？"

吉娜："是帕特。每天晚上我们睡觉后，她都用脚在墙上弄出响声，导致我睡不着，我不喜欢这种响声。"

帕特："好吧，如果给你添麻烦了，我不会再这样做了。"

吉娜："你现在这样说，但你过几个晚上后，又会用脚弄出声音。"

帕特："不，我不会。"

吉娜："不，你会的。我知道你会。"

帕特："嗯，如果我这样做了，你可以选择拿走我的一个玩具，任何一个，并永远拥有它。"

G夫人（对帕特进行反馈）："你愿意保证吗，帕特？"

帕特："当然，因为我已经说过我不会再用脚蹬墙发出砰砰的响声。"

吉娜（愤怒地）："我不相信你，你老是说一套，做一套。"

G先生的耳朵被吉娜的语气刺痛了。他听到了愤怒，知道已达成的协议可能会被破坏，除非让吉娜释放出她愤怒的情绪。"吉娜，你真的生帕特的气了？"他问道。

吉娜（泪流满面）："我确实生气了，昨天我告诉帕特一个重大的秘密，她答应我不会说出去。可是她转过身来，告诉了四个别的孩子！"

G夫人："宝贝，你肯定不喜欢这种无法信任帕特的感觉！"

吉娜："是的，我不喜欢。"

这个典型的例子展示了，一开始提出的问题（蹬墙发出的响声）只是表面上的，真正的问题是吉娜无法忍受帕特背叛承诺。如果G先生对吉娜的情绪不敏感，或者匆匆忙忙地找到其他解决办法，那么他们可能会花费更多时间来解决表面问题，而真正的问题仍然被掩盖，这使他们一无所获。

现在他们的讨论从蹬墙发出声音转到信任的主题，这是父母教育孩子的适当时机。然而，家长只有在孩子的消极情绪充分表达出来之后，再结合孩子本人的经历进行说教，这种教育才会更加有效。

G先生（轻声对帕特）："帕特，如果我答应你，不会吃你的蛋糕，但当你不在我身边的时候我吃了，你会感觉如何呢？"（注意，父亲使用了一个对帕特个人有意义的例子）

帕特："我不喜欢这样。"

G先生："为什么？"

帕特："我想要这块蛋糕。你告诉过我你不会碰它。"

G先生："是的，那下次我再答应不吃你的东西，你会有什么感觉？"

帕特："我可能不会再相信你了，因为你已经吃过一次。"

G先生："是的，当别人答应我们一些事情，然后他们没有遵守这个诺言，用不了多久我们就不再相信他们的话，不再相信他们，而且每天和你不相信的人们一起生活并不舒服。这就是吉娜现在的感受。她以前相信你的话，可现在你让她感到失望。你必须要记住这一点，因为在你做出一个承诺之后，你所知道的所有人都希望你说的话能够靠得住。"

尽管她父亲以前在这方面对她进行过一些教育，但他知道，对信仰、诚实、合作等抽象概念的学习，与阅读学习一样复杂。父亲知道，应该在这些方面对孩子进行更深入的教育，但他也明白，这种学习需要时间。最重要的是，他教导孩子时紧扣事实，并尽力避免让她感到内疚。

这个例子说明了即使在处理冲突的初始阶段，父母也感受到了情绪得以充分表达的重要性。共情地聆听，使得真正的问题浮出水面，并让孩子更愿意听别人的意见。

只有共情倾听的加入才能使民主进程的每个阶段都富有成效。

这一点无论怎么强调都不过分。

表达需求

正如我们在上面的例子中看到的那样，说明问题和表达需求可以同时进行，而不必分为两个单独的步骤。如果不是这样，一旦问题摆在家人的面前，你就要关注每一个人的反应。

如果父母因为家中某种情况而感到不安，那么他们的工作就是仔细分析，看看哪些个人需要未得到满足。（除非你意识到自己真正的感受并愿意表露出来，否则你无法准确地表达自己的需求）你可能需要自我审视才能发现你被什么烦扰，但为了达成建设性的解决方案而花费时间是值得的。要自我反思“我的什么需求未得到满足？”同时让你的家人知道。

在表达你的需求时，记得对孩子做出“第一人称反应”。家长自身的需求未得到满足，要自己承担责任，而不是通过批判性的指责迫使孩子承担责任。如果忘记了对孩子做出“第一人称反应”，他们会感觉受到攻击。他不再倾听你的需求，并可能立即表示绝不妥协。“第二人称判断”很少能够穿越防御工事，那么，沟通就会搁浅。

实行民主就需要顺畅的沟通渠道。为了确保这一点，就要采用“第一人称反应”和共情倾听，不采用这两个步骤你的努力就会付之东流。

考虑解决方案

一旦确定了问题并表达了所有需求，那么现在的问题就是“什么样的解决方案能满足这些需求”。

不要将民主用作小伎俩，借以通过你事先想好的方案。如果只有一个可接受的安排,那就不要使用民主的方法。如果一个孩子真的没有选择（比如他不能开车，直到他得到允许或者拿到驾驶证；他不能拒绝服药），就不该让他认为自己可以选择。

如果存在必须纠正的情况，并且一个特定的替代方案对你来说是不可接受的，那么一开始就明确表示。例如，R 一家住在一条繁华的街道上，交通一天到晚都很拥挤，出于安全考虑，父母不能接受孩子在街上玩耍，所以全家人想寻求一个可以让每个人都能接受的替代方案。

你可能决定就某个问题某个方面不给孩子选择权利，但应该同意就同一问题的其他方面进行讨论。比如，B 夫妇在收拾家务的事情上，不给孩子选择，孩子必须干家务。因为 B 夫妇觉得自己需要帮助。但是他们让每个孩子选择各自喜欢做的家务，并由他们自己安排什么时候干家务。

既然提出了多种多样的解决办法，家长就不必坚持要孩子遵照家长的选择。尽可能保护个人喜好。一个常见的毛病是只保护自己的需要，却不保护儿童的需要。例如，J 夫人不想被束缚于明确的承诺，比如哪天她准备用吸尘器给女儿打扫房间，提前告诉女儿维奇，好让她提前把房间收拾一下，但 J 夫人不愿这样做。同时，她又坚持要求女儿在去学校前把家务做完。简而言之，她希望自己做家务的时间表具有灵活性，但却不给女儿维奇同样的权利。

家庭成员是否能自由表达自己的需求，自由提出不同的解决方案，在很大程度上取决于他们的家庭氛围的好坏。强求一致的高压氛围，无视个人的尊严、判断、评价、恐惧和敌意都会使沟通的大门关闭。杰瑞的父母认为他们是民主的，但他们却经常指责杰瑞表达的想法，于是杰瑞放弃了在家庭会议时积极参与。很显然，杰瑞的父母只想要一个橡皮戳，这种名义上的民主没有任何价值。

为了培养孩子独立思考和自立的能力，要让他们头一个发表见解。

H 一家人正在拟定有关看电视的方案。在决定由谁决定观看电视节目方面，家庭成员之间常常爆发激烈冲突。他们纷纷提出了解决冲突的各种建议。

"为什么我们不能再买一台电视机？"昆西建议。

"现在我们没有足够的钱去买另外一台，儿子。"他父亲回答，"今年想购买新电视机的唯一办法就是取消我们的度假计划，在家里待上两周。"

"哦，不！"母亲说，"我完全不同意这个想法，我真的想离开这所房子，特别是今年。我们总是生病，我现在准备好休假了。取消休假的想法会无休止地打扰我。"

"如果昆西想看节目，他可以去朋友家看吗？"米奇说。（通常，孩子们想到的解决方案只满足自身的需求，直到他们认识到"只有能满足每个人需求的解决方案才可以被接受"）

"你们两个男孩都不愿意放弃你们最喜欢的节目，是吗？"母亲共情地问道。

"当然。"他们说。

"我觉得我们不应该给邻居添麻烦。"H 先生说，"如果你们中的任何一个人得到他们特别的邀请，那是另外一回事，但是我们不能把我们家关于看电视的问题转移到另一个家庭。"

"不如我们每天早上抽签，谁赢谁可以选择当天的节目。"昆西这样建议。（现在他以妥协的语气说）

"呃，"米奇回答，"这会浪费太多的时间。此外，如果一个人连续选择多次呢？那不公平！"

"哦！"H 太太说，"我不喜欢观看任何节目，特别是在九点之前。爸爸只看半个小时新闻，所以我们主要是为了满足你们两个男孩的需求，为你们找出公平合理的安排，你们看电视的时间在爸爸看新闻时间的前后都行。”

“是的，但是在星期三，我最喜欢的节目——实际上，这个节目我们两个都喜欢看——开始的时间就是爸爸要看新闻的时间。”米奇说。

“如果我们能制定出一个方案来阻止这种无休止争吵，我就能赶上观看最近的新闻。”H 先生说，“我想每周我可以让出一个晚上。”

“米奇在偶数日选择节目如何？ 我在这个月的奇数日选择节目。”昆西建议。

“好的。”米奇说。

他们都提出了许多建议，公开了个人的想法，但家庭会议仍继续开了下去，直到找到了所有人都能接受的安排。

是大人还是孩子为问题提供最终答案不重要，重要的是解决方案是每个人都能接受的。标准是没有人被迫接受特定的方针。

那些非常年幼的孩子，主要靠家长给他们提供不同的解决办法。尝试先提供给他们一个想法，然后再提供另一个；当孩子接受时，他会通过他的行为让你知道。

如果你的孩子仍然提出只满足他们自身需求的办法，不要失望。孩子只有成熟到一定的程度时，才能从别人的角度考虑问题。而眼下，你要提醒他们，一个可行的解决方案必须满足大家的需求。然后，继续寻找可行的解决方案。

● 寻找解决方案

找到一个令人满意的答案需要多长时间，取决于问题的复杂性和特定的家庭需求。

家庭民主不涉及投票。如果三个孩子都对一个想法感到满意，但第四个孩子不满意，那么继续做工作。表决涉及执行问题。一个在投票中失利的孩子肯定会在执行规则时表现不积极。

如果不能达成协议，就用专业谈判人员的做法，说明一致和不一致的地方，对令双方僵持不下的问题加以说明；然后，在几天内预约另一个会议。要让孩子们明白，必须制定基本的方针，并且必须一起寻找，直到找到大家都满意的解决办法，这样才能让他们开动脑筋想办法。

当讨论陷入僵局时，你可能会试图抛开民主进程，回到威权主义或者认输放弃而变得过度宽容的老路上去。如果你这样做，家庭民主就会消失。与之相反的是，想办法，进行谈话，倾听感觉，并尝试创造性思考。有时候，邀请大家都能接受的外部人员加入是有帮助的。可能需要几次会议沟通才能打破僵局。在寻求打破僵局时，可能需要一些临时措施来处理这种情况。

一旦解决方案达成，询问了解所有成员的接受情况，然后把解决方案逐条记录下来，以备以后不确定时拿出来查看。一致通过的规则需要清清楚楚地写下来。

对解决方案的反应

在谈判中看起来不错的解决方案在实践中可能无法执行。问题的一些方面可能没有被考虑进去，或者出现新的情况，可能会导致解决方案实施起来不切实际。因此，最后一步是对小组成员进行核实，看看他们在有机会合作后感受如何。

家庭政策需要不时修订，以适应不断变化的需求。为了进一步评估新制定的家庭政策，可以对家庭成员们说："让我们试试这个想法，看看我们的感受如何。如果遇到障碍，我们将会制定一个新的安排。"

具体问题

使用民主方式制定规则并不一定意味着在每个问题上都要召开正式的会议。如朱莉娅想穿着她的新天鹅绒礼服上学校。她的母亲说："亲爱的，我怕你的衣服在学校里被挂烂或者弄脏。我不能用机器洗，而干洗是很贵的。但你真的想穿它，是吗？那你晚饭后看电视的时候穿上怎么样？"朱莉娅接受了母亲的这个提议，母女两人的需求都得到了满足，问题当场解决。

在制定规则或解决冲突时，只要那些与此有关的人参与就行了。如果一个家庭成员不涉及这个问题，但是他想加入这个会议，同时又没有理由把他拒之门外，当然要先征得大家的同意。谁知道呢，他可能会想出富有创意的解决方案！

在制定家庭基本政策的过程中，让孩子尽可能参与进来。在制定像零花钱及如何花、选择什么电视节目和确定看电视的时间、家庭杂务、饲养宠物、作息时间、家庭作业、汽车和电话的使用等方面的基本政策时，他们非常适合参与进来。这些问题影响到孩子们的日常生活，他们需要参与制定规则。

有些家长反对民主程序，认为花费太多时间。的确，让成年人制定家规更快。可反过来想一想让孩子遵循威权法令要用多长时间，更不要说强制执行的问题和对孩子自尊的全面影响。你跟在后面不断叨叨孩子遵循的规则通常在制定过程中没有给孩子发言的机会，所以当你转身时，孩子就很有可能打破你制定的规则。当你认识到民主程序带来的好处时，你也就知道它所需的时间还是挺短的。

如果你还没有使用民主程序制定纪律，要让孩子们知道，大多数规则的制定过程将出现改变。让孩子知道你将启用一种新政策，使家庭中的每个成员都参与规则的制定和冲突的解决，指出这个过程的步骤，强调共同的协议，并强调解决办法不会强制执行，然后开始执行共同制定的规则。

即使你采用了这个方法，你可能还会发现自己又回到以前的老路上去了。当你发现自己退回到老路上时，就要想办法弥补损失。召集家庭成员，告诉他们你对此问题的处理不满意，你想再一次商讨如何处理。虽然有点晚，但只要给孩子们发言权，他们就会非常合作。

如果任何一个家庭成员在达成协议的最后阶段，对解决方案不满意，那么有关人员就须要一起找出差错。你可能会发现，可能这个解决方案没有考虑到所有人的需求；或者共同的协议被遗忘了；或者情绪妨碍了方案的执行；或者方案还没有被每个人都接受就通过了；或者孩子确实无法执行这个方案，因为超出了孩子的能力范围。确定原因之后，从原因着手开展工作。

当黛比未能执行部分家庭规则时，她的父母把所有家庭成员召集在一起以讨论看看出了什么问题。“呃，”黛比说，“那天我厌倦了这个问题，尽管我不喜欢迪克（Dick）的想法，我也同意了。”

“黛比，如果我们要执行这些规则，我们就需要知道你的想法和反应。把你的反对意见说出来，我们一起找到一个可以接受的答案。”她的父亲说。

K 先生和 K 太太发现他们家关于收拾玩具的规则并不奏效，因为这个规则对他们才四岁的孩子来说似乎是不切实际的。他们需要帮助他整理房间，所以他们意识到必须考虑孩子所处的成长阶段，因而他们改变了家庭政策。

弗兰克老是忘了做自己选择的家务活儿。可是他的父母觉得他的选择与他的成长阶段相符，也没有发现潜在的消极情绪干扰到他。忘记做家务似乎仅仅是因为他太忙碌。不过，他们不想提醒他。在他们的家庭会议上，他的父亲说：“我们所有人都会偶尔遗忘一些事儿，但是当整个家庭政策都确定的时候，我们还是要一起执行。我们如何处理忘记的家务？我们制定的规矩所有人都要遵守，大人也不能例外。”

现在如何执行家规成为需要解决的问题。这种方法使父母避免承担警察角色，并使孩子明白自己的行为产生的后果。你会吃惊地看到孩子们对他们自己参与设计的提示方法很乐于接受。但是，常常会发生这种情况，孩子们因忘乎所以而想出一些极端的提示方法。如果发生这种情况，要及时加以制止。

让全家人参与解决如何严格遵守民主制定的规则的问题，与让全家人参与解决如何严格执行专制方式制定的规则的问题，大不相同。严格还是不严格不是问题，焦点是如何处理权力。而在民主的家园，权力是共享的。家庭民主的整个过程表明：

合作来自共识。

家庭规则怎样制定，及成员之间冲突如何解决，影响着纪律是被强化还是被削弱。

● 民主管教的优势

解决冲突的具体方案并不重要，但是

解决冲突的过程至关重要。

民主可以使自尊获得突飞猛进的提高。

当征求孩子意见时，当他的贡献重要时，当他经历过自己的需要与家人的需要享有同等待遇时，他就知道自己是一个有价值的人，他就不必怀疑自己。

愿意与他人分享权力表明了对他人的尊重。事实上，没有人能执掌一切权力，分享权力可以防止儿童成为专制规则的受害者，或者成为不关心孩子的父母（过度宽容）的受害者。允许孩子在影响他们的事务中成为规则联合设计者，加强了他们对控制和自主权的感受。然而，它却并没有给予孩子想做什么就做什么的自由。

民主程序对儿童意味着“是”，也就是说“我们相信你有权利，也相信你的贡献能力，就像我们相信自己拥有类似的权利一样”。这本身就意味着：“我们需要你！我们需要共同努力。”儿童对生命和自己的态度也受到相应的影响。当你在家里建立真正的民主时，你会让孩子们参与家庭生活。当孩子积极参与影响他的决定时，生活对他们便有了更多的目的和意义。记住：

推动独立就是导向自立。

管教还包括制订计划和帮助做决策。每个孩子需要生活经验来发展出自立能力；民主的管教方式给了他必要的练习机会。

采用民主方式制定的纪律能促进责任和自律。孩子们很少破坏他们参与设计的规则，他们可以以内在的信念遵守规则。而且，与从高处施加的规则不同，即使在没有成年人监督的情况下，他们也更容易遵守它们。此外，分享权力将执行纪律的责任（如果有必要的话）转移给了家庭的所有成员。

民主管教孕育了真正的尊重。如果你对此有任何疑问，请扪心自问，下面各种行事风格的老板你最尊重谁：

第一种老板：掌握权力，用威逼利诱来操纵你的行为；

第二种老板：让你做任何你想做的，但拒绝你参与决策；

第三种老板：愿意分享他的权力，并邀请你参与制定影响你自己生活的决定。

我们经常认为尊重权威就是出于恐惧而在表面上服从。但真正的尊重来自内心的钦佩和信服。

越来越多的证据表明，在民主的家庭氛围中成长起来的青少年，很少会叛逆。他们不那么烦恼和不满，也不那么抗拒父母。孩子在成长的过程中被允许发表自己的意见，在他们 12 到 18 岁这段时间内，他们既没有成为权力的走卒，也不曾完全忽视别人的权利。当我们受到友好的对待并在自我管理中被真正赋予责任，如此谁还会反抗和拒绝？

另外，在民主家庭氛围中成长的青少年，其智力发展也较快，正如我们将在第二十三章中看到的那样。我们不能忽视这些统计数据。家庭民主对儿童有着深远、积极的影响。在家庭民主环境中长大的孩子身上直接体现了我们大多数人在青少年时期所需要的素质：高自尊，情绪稳定，自信，有社会责任感和领导才能，了解生活的意义，能够发现并发展自己的潜力。

真正的民主培养真正的人。

如果你打算塑造民主的家庭氛围，你就不能漫不经心。民主证明了你对孩子的爱。

民主家庭能巩固我们的国家。如果我们国家未来的公民很大一部分自我价值感低下，我们国家的实力就会被削弱。研究表明，低自尊的孩子对公共事务的兴趣较小（内部问题占据他们的注意力资源），他们不太可能参与公共事务（表达意见让他们感受到威胁，他们怀疑自己的想法是否有价值，在表达自己意见时有些扭捏），他们没有坚持信念的勇气。你们帮助孩子建立高自尊，就相当于你们采取了积极措施，确保我们的民主继续保持强大。

不良行为和纪律

建设性的管教，需要在每一个可能的领域与青少年分享权力，但这并不能完全消除孩子的不正当行为。

像“肯尼又在调皮捣蛋了！”这样的评论需要仔细审查。什么是不当行为？没有现成的答案。肯尼的行为是否不正常？可能因为他感冒了，或者因为他很累，或者因为他已经被关了太长时间，或者因为家长对他的期望过高或他的家庭气氛太紧张；也许他所处的环境达不到他的需求，或者他处于特定的成长阶段，或者他的情绪需求没有得到满足。

肯尼的家庭规则太严格还是太宽容？肯尼是否在和父母争夺权力？

他是否处在竞争激烈的环境中？ 也许他的家庭规则太多，且表述不清楚。也许他充满了消极的情绪，或者他的自尊很低。某些有行为障碍的孩子实际上有轻微的神经缺陷。

不当行为是某种原因造成的。每当孩子持续出现不当行为时，你必须找到根源。孩子经常性的不当行为是个信号，它告诉我们他们生活中存在问题，那么你就应当认真查找一番，把你发现的问题尽早解决掉。

有时你会保留你的权力，并为孩子做决定；有时你把你的权力交给孩子，让他自己做出决定。但是，为了培养出孩子的高自尊、责任感以及自律能力，你应和他们共享权力，共同制定规则。记住：怎样管教孩子影响着你的孩子怎样生活。

第六部分

心理成长与自尊

第二十三章

动机、智力和创造力

动机

婴儿出生就像陌生人来到我们这个星球，每一个正常的孩子都天生好奇。他与周围事物自由互动，不受既定观念的束缚。他触摸、试验、探索。接纳孩子的好奇心，等于给行走在人生学习道路上的孩子开了绿灯。

三到四岁，大多数孩子几乎都是移动问题箱。“为什么草是绿色的？”“什么叫云？”“火为什么是热的？”“你死了还能看见东西吗？”“谁在月球上咬出了那个洞？”“当风不吹的时候风去哪里了？”“上帝结婚了吗？”“为什么？”长到五岁，大多数孩子已经形成了对学习的基本态度，它是由父母对孩子早期探索做出的反应决定的。

孩子们开始了解学习是否安全。

不幸的是，有些孩子早早地意识到不用学习。这是如何发生的？

汤米把他的新货车玩具翻了过来，转动车轮。他听到：“不，汤米，货车这样走。”他在杂货店被色彩艳丽的包装袋所吸引，却听到：“停下来，汤米，拿开你的手！”他走到一个奇怪的花园生物面前就听到：“哦，汤米，讨厌鬼！那是一种蜗牛，脏，不要碰它。”一而再再而三地，汤米使用新方法对发现的事情进行探索时，却得不到鼓励。好奇让他陷入麻烦，他意识到探索新事物是不安全的。

为了安全起见，有时汤米的探索必须受到限制，但往往这些限制是不必要的。他对发现的渴望得不到支持，慢慢就关闭了自己的好奇心，以避免引起他人的不同意。

汤米把小货车玩具上下颠倒的试验有什么危害吗？虽然他不能在杂货店里疯跑，但他的父母是否可以把他感兴趣的物体递给他，让他触摸和闻闻？是否也可以让他亲自触摸蜗牛，去感受、发现，稍后洗手？

汤米的许多问题经常得到一个恼人的反应：“去外面玩耍去！不要打

扰我。”这简直是鼓励他不要好奇。当他表现出被动、顺从和安静时，他会得到夸奖。长此以往，他学会把自己的想法放在一边。

早上，汤米被告知：“来这里让我给你系鞋带，我绑的速度更快。”（难道我们早上都很赶时间吗？）如果帮汤米做了太多事情，汤米可能会失去自理的动力。每当孩子被迫在自理和批评之间进行选择时，孩子可能更愿意放弃自己动手。获得关爱是小孩子的首要任务。

当小孩子开始上学时，他们已有五六年的家庭学习背景，而家庭教育对孩子学习的整体态度有重要的影响。如果孩子的好奇心被视为禁忌，他们今后学习的热情就会消减。

质疑和探索是每个领域进步的基础。每一个正常新生儿都具有这些素质，扼杀孩子的天性会阻碍人类的进步。每个家长和老师都有责任保护孩子们的好奇心。每个孩子都必须知道，好奇是能得到回报的。孩子绝对不应该因为自己有好奇心而看低自己。

什么原因刺激了学习

孩子们不仅需要一种鼓励好奇和探索的氛围，还需要各种各样丰富的活动。越来越多的证据表明，人生命早期的丰富经历刺激会影响智力发展。每个孩子都需要尽可能多的直接经历。只有这样，他才能亲自了解他的周围环境。

市场上出了一种新的面料，女人们喜欢看一看有关的介绍，或者听一听别人的评价，但是这些经验无法代替她们实际看到、感觉到和使用它的经验。直接经历教给我们的知识，远远超出我们通过二手材料学习学来的知识。一个孩子的第一手经验越多，对他所在的世界了解越多，他的安全感和信心就越足。

见识增长与直接接触有关。城市长大的鲍比在小学一年级课本中见到“牛”一词时，这个词并不能唤起他对牛的想象。他被告知这是一种以某种方式行走的动物，老师还给他展示了一幅图画。他对牛的印象，是根据其他人对自身经历的描述，并通过观看页面上的抽象画面形成的。

在农场成长的纳尔逊看到符号拼写的牛时，他联想到了以前的许多事。他曾经摸过牛，闻过牛的气味，听过牛的叫声。他知道牛是如何反刍的，也知道牛是怎样甩尾巴的，他也看过拿牛奶喂养孩子。他的大脑直接通过他的眼睛、耳朵、鼻子和手指收到了有关奶牛的印象。他已经建立了许多神经连接，这使印刷符号和个人经历联系了起来。

幼儿生活在刺激贫乏的环境中，实际上会导致孩子不同程度的智力迟钝。早期的刺激使得孩子对抽象符号——学校教育赖以进行的工具——产生更广泛的联想。有了广泛的直接接触经验，孩子还需要练习把自己的经验说出来。一个孩子可能会经验过很多的刺激，但他没有能力把自己的反应用口头语言表达出来。学校教育的重点当然是口头和书面的表达。而孩子在家里的大量训练，培养了在学校里很受重视的技能。

贫乏的语言环境妨碍孩子的学习进步。

家长处处示范、尊重孩子的意见和感受，就可以鼓励孩子练习讲话。真正开放的沟通只有在安全气氛中才能实现。

此外，儿童需要解决早期实践的问题。在生命早期有过成功解决问题经历的人，比以前没有解决过问题的人更加擅长解决问题。

这一切对你和你的孩子意味着什么呢？ 这意味着在生命的早期，你要给孩子提供丰富的第一手经验，来促进他的智力成长，并要鼓励他谈论他所看到的和做过的事情，以及他的亲身感受。帮助他找到他所提出的问题的答案。让他遭遇问题，并给予必要的支持，鼓励他找到自己的解决方案。

巴蒂的母亲正在准备晚饭吃的沙拉，而儿子在旁边看着。

“那是什么？”她三岁的儿子问道。

“这是鳄梨，”他的母亲慢慢地说，“你会说鳄梨吗？”

巴蒂尝试着说：“A-da-va-do。”

"看我的嘴巴，巴蒂。 A-da-ca-do。"然后他们一起说，直到巴蒂学会说这个词。

"它有什么用呢？"巴蒂问。

（他的母亲可能会这样想："小迷糊蛋，我把这东西放进沙拉里，还不是为了吃！"但他的问题并不是没有道理的。他在奶昔里看到了吸管，吸管却不能吃；他还见过欧芹，但那只是装饰）他的母亲保护了他的好奇心，说："可以吃啊，（拿起皮）我们不吃这部分，（拿起核）也不吃这部分。你觉得我们为什么不吃皮或核？"

巴蒂拿起一块削掉的皮，咬了一点点，又尝了尝核，说："太难吃了！"

"是的，现在尝尝这个部分！"母亲说着递给巴蒂一块鳄梨肉。

"噢，真是多汁！"巴迪厌恶地说。

"你感觉味道好吗？ 你想闻闻吗？试着用手指头捏一捏。"母亲说道。

巴蒂说："软软的我挺喜欢，但我不喜欢它的味道。我闻不出它是什么气味。"

"对，它和菠萝、柠檬的气味不一样。我一开始也不喜欢它的味道，但现在我喜欢了。喜欢鳄梨味道的人，就把它拌在沙拉里。下次去玛丽阿姨家的时候，我会带你看看她家的鳄梨树。鳄梨是长在树上的，就像橘子是长在橘子树上的一样。现在，让我们把这个种子放进有水的罐子里，看看会发生什么！"

巴蒂的母亲帮助他提高了对学习的热情。她的回应表明她接纳了他的好奇心，她帮助巴蒂通过自己的感官直接体验一个新奇的对象。她鼓励巴蒂谈论它，并尊重他的反应。他们分享了学习经验。

有一天，当沃伦的玩具货车卡在岩石中拿不出来时，他沮丧地大叫。沃伦无法把它推出来，他的母亲可以选择直接把货车从石头上抬起来，但是她会错过一个让儿子测试解决问题能力的好机会。她没有放弃这次教育孩子的机会。

她说："看起来，这辆货车被卡住了，拉不动了。 我想知道你还有没有别的办法推动它？”

五岁的沃伦仔细看了一会儿，发现四个车轮都陷下去了，然后跑去找来了铲子。他用铲子在岩石周围挖着，然后把石头从车轮底下挖了出来；玩具小货车又可以动弹了。

“这很有趣，”他母亲说，“我会抬起货车或将货车推倒，但他的做法是挖出石头。我认为我的方式很简单，但我觉得让他用自己的想象来解决问题很重要。”

以上这两位母亲都鼓励她们的儿子学习。如果继续下去，她们的支持的效用就将会在她们孩子的智力发展上体现出来。

在安全的范围内，儿童需要与他们环境中的事物进行互动而不受干扰。

指导原则是：尊重孩子的好奇心和探索兴趣；对孩子的求知欲加以引导。当你的态度和行为都在对他说“你的好奇心很重要，我会帮助你体验和理解”时，孩子的自尊就会提高。

什么是智力？

“天哪，比尔可真聪明！”这样的话，骄傲的父母听起来像音乐一样悦耳。通常，当我们这样说时，意思是这个孩子学习速度快。我们通常认为，智力是指孩子在学校学习抽象知识的能力。然而，世间有许多种智力。

比尔可能会操纵数学符号，但他的阅读能力只有平均水平。玛莎可能没有办法从书中学习，但她对别人的敏感性使她擅长社交。泰德可能在学校学习成绩不好，但是在音乐上有天赋。因此，甚至相同的智商测试得分对于不同的孩子也有不同的含义。

莱比、简、哈利和迈克在智商测试中的得分都是126分，但他们的能力却是不同的。莱比的极强的记忆力拔高了她的总分数，她在对记忆能力要求高的科目中表现良好，但她的推理能力只有平均水平。在对推理能力要求较高的科目上，她就比较吃力。与莱比不同，简的智商得分因她的推理和理解能力而被拔高。然而，死记硬背她却不在行。哈利是一个非常有天赋的孩子，他的潜力远远超过了莱比和简。他的得分因情绪障碍而下降。而迈克，不像其他三个人，他来自文化教养很差的家庭。因此，他的智商成绩与其他三位的意义又不同。

我们不应该依赖单一的智商测验得分，因为智力发展在某些时期比其他时期更快。如身体健康状况、儿童和考官之间的关系以及文化经历等许多因素，都会影响孩子的测试表现。

理查兹[1]连续七年对一个小男孩的发展进行了研究，想看看他的智力测验得分与他的生活经历是否有关系。他发现，当男孩的家庭和学校环境最有利于他成长（发送积极的反馈）时，他的智商测试得分增长到 140 分；当他所处的养育环境最糟糕时，得分下降到了 117 分。孩子周围的心理气氛对他的大脑功能有很大的影响。

智商测试仅适用于粗略地评估孩子当前的抽象（文字、数字、概念）思考能力。由于学校专注于培养孩子抽象思考能力，因此智商测试对学校一定是有用的。然而，如果单看总的得分，它也说明不了什么。你必须看看组成智商测试的每个分测验的得分，才能了解孩子特定的优点和缺点。你必须对测验做全面审查，以确定分数是否能反映孩子的真实能力或孩子是否有潜力被压抑的情况。

父母，特别是上层中产阶级社区的父母，常常因孩子智商成绩而受折磨，好像分数真有多重要似的。不幸的是，在一些社区，这些分数甚至成了家长地位的象征。

（如果这些父母对孩子的自尊水平也这么关心的话，他们对孩子的幸

[1] Richards, T. W. "Mental Test Performance as a Reflection of the Child's Current Life Situation, A Methodological Study". *Child Development,* XXII (1951), PP. 221-33.

福和适应能力会有很实际的帮助！抽象思考能力当然不容忽视，但智商测试分数高并不能保证一个孩子能够完全发挥自身的潜能）

高智商不一定意味着高效能或高动机。学习成绩往往反映出孩子的学习动机，而不是先天的学习能力。正如一位顾问所说："孩子智商高是一回事，他利用其智商能做什么事情是另外一回事。"智商 120 分的奥尔加却在学习方面超过了智商 165 分的佩里。她的好奇心和渴望学习推动她使用自己的能力，而佩里总在做白日梦，并担心别人对他有看法。高自尊能让孩子充分发挥自己的能力，而才能却可能因为自尊低而被埋没。

智商测验的分数不能衡量出人的创意能力、领导力、想象力、动力、艺术或音乐才能，但这并不意味着智商成绩是毫无价值的，这只是意味着应该以更贴合实际的眼光看待它。

智力是固定不变的吗？

以前人们认为智商是固定的，不会改变。而今天我们知道这不是事实。

被收养的孩子的智商更接近于他们养父母的智商，而不是接近他们亲生父母亲的智商。在有文化优势的社区，大约 25% 至 30% 的孩子在智商测验中的成绩达到 125 分以上。而在与之临近的文化氛围不利于儿童发展的社区，只有 6% 的儿童能达到这么高的分数。（产生这一结果部分是因为智商测验反映了孩子对书籍、对话和材料小工具的应用）当处于不利文化氛围的儿童获得丰富的经验时，他们中许多人的智商成绩会急剧上升。

安提阿学院（Antioch College）的费尔斯研究所（Fels Research Institute）对 300 名儿童进行了长期的研究，发现这些儿童的智商波动很大。数据显示，在孩子出生后前 6 年依靠父母时，许多孩子的智商得分较低。但当孩子进入学校，需要自己照顾自己的时候，一半以上的孩子智商得分开始升高。

许多证据表明，智商测试所得的分数并不固定。父母可以做很多事来增强孩子的心智能力，这会显著影响他们的学习欲望。

学习方面的障碍

即使好奇心受到鼓励，环境也很适宜，一些孩子也不会使用他们的全部能力，其原因可能是下面的一种或几种。

身体障碍会妨碍学习：听力不佳或视力不佳，神经障碍，激素失衡或身体发育缓慢都影响儿童学习的速度。每当存在学习问题时，都应该首先检查孩子是否存在生理上的缺陷。被认为学习速度慢的孩子，后来发现是存在身体异常，这种情况常常出现。

许多学习问题源于情绪问题。

智力发展离不开情绪发展，二者相互交织。

情绪需求得不到满足的孩子，在学习上的表现不可能好。饥饿的人很少有动机去学习书籍。首先，他必须满足他的饥饿，才能集中精力学习。正如我们之前指出的那样，相信自己是一个失败者的孩子，不会有什么动力去尝试挑战。而情绪压抑、消沉萎靡的孩子，也没有能力去应对学校的挑战。

父母经常说："我希望知道如何激励孩子。"记住：高自尊是激励人们努力的主要动力。高自尊孩子的信念往往是"我有能力！我可以做！我有可以提供的东西！"要打开他的"动能"开关，当他认为自己可以应对挑战时，挑战对他就变得很有趣；当他感到自己疲于应付时，很快就会丧失兴趣。正如埃默森（Emerson）所说："自信是成功的第一秘诀。"

不断注意对孩子的期望。影响儿童——特别是中产阶级家庭的儿童——学习的最常见因素是父母给的不必要的压力，他们要求孩子达到超出能力的目标。这样，孩子只能学会如何失败。

"你在社会研究这门课中只得了 B，为什么不是 A？"这是许多出生在中产阶级家庭的孩子都被问过的一个问题。中产家庭根深蒂固的价值观之一就是鼓励快速取得成就。自从苏联成功发射第一颗人造卫星以来，美国人的学术压力不断增加，并逐渐向低年级学生身上转移。人们的口号是：超越！超越！超越！ 无意识中，许多用心良苦的父母在与孩子沟通中表示，如果他们能在班级名列前茅，那他们就更可爱，更有价值。

请记住：对儿童来说，过高的期望是不适宜的。对他们有不切实际的高期望意味着深深的失望，而失望会消磨自尊，会让他们失去前进的动力，孩子甚至可能不再发动自己的引擎。

智力发展的又一个障碍是纪律太宽松或太严格。正如我们在第二十一章中看到的那样，习惯于主宰一切的父母易于使孩子产生敌意、依赖感和自卑感，所有这些都会妨碍孩子智力发展。过度保护孩子的父母或拒绝让孩子参与制定规则的父母，都使孩子感到不适，他们会认为自己不受父母欢迎。这些办法与培养孩子高自尊的目标相抵触，反过来又会影响孩子的学习动机。

民主管教方式通过鼓励孩子参与，讲道理，激发创造性思维和培养责任感来促进他们智力成长。让孩子参与规则的制定对培养他们的心智能力起着非常重要的作用。科尔曼（Coleman）的研究显示，激励孩子学习的最大因素是他的自我感觉，民主的管教方式让青少年相信“我对我的命运有一定的控制权”。

费尔斯（Fels）研究发现，多年来智商持续增长的孩子，其自主的能力越来越强。他们对自己有信心，肯定自己被爱，能与别人自在相处，不易发怒，更具原创性。总之，他们拥有高自尊。

对于那些对父母产生依赖感的孩子，不那么肯定自己被爱的孩子，不爱参与处理自身事务的孩子，他们智商在下降而且需要很多方向性的指导。他们是善于避免承担责任的孩子。他们的这些特征印证了他们是低自尊的孩子。

自尊高低强烈地影响着孩子是否能使用自己的全部能力。

当沟通渠道堵塞或关闭时，阻碍孩子学习的又一个障碍便产生了。研究表明，精神状况良好和在校学习成绩优异的孩子更有可能来自有大量公开沟通的家庭。父母和孩子对对方和自己的活动感兴趣，孩子们能安心分享自己的想法和感受，这些都会促进他们的智力成长。

在有保留、紧张、不能直接沟通的家庭中，在深度思考方面，家庭成员们不能相互促进。在这种氛围中，智力会衰退，发展不平衡，甚至根本不能获得发展。

在考虑孩子学习的障碍时，我们不应该忽视好学校、启发学生灵感的教师以及灵活的课程的重要性。当自信积极的孩子们被塞进过度拥挤的教室，由劣质教练使用劣质技术教导时，这些孩子可能会失去学习的兴趣。此外，让孩子们围绕他们的兴趣选择课程与把孩子当作倾倒陈旧知识的垃圾箱，效果完全不同。

S 先生的社会研究班特别关注他们所在社区的一个特殊问题。他们亲自设计了为调查研究收集数据的方法，并与镇上的相关人员进行了面谈。然后根据积累的数据进行头脑风暴，给市议会提出了一系列建议。他们的许多建议都被采纳。“当我们尝试这种方法时，我班上的缺勤率降为零，”S 先生说，“而那些以往在学习上拖拖拉拉的学生，从未像现在这样勤奋。全班同学都活跃起来了。”事实上，一旦学生们钻研起个人感兴趣的东西，他们就很难被转移注意力。直接的经验和参与式学习，每一次都能打败教科书。

更重要的是，采用这种教育方式等于是对学生说：“你所关注的问题很重要。让我们把这些问题拿到教室里，加以研究。我相信你渴望学习，并有能力应对真正的问题。我希望你积极寻找这些问题的解决方案。”这会有力地推动他们自我价值感的提高！

划分学习小组、团队教学、开放式教室、程序化学习，以及根据儿童的兴趣选择研究领域和项目，这一切正在改变着几代以来在教室中占支配地位的古板教学方式。尽管有这些进步，但要改变“现在，大家注意听讲”

的教学方法，改变由教师决定孩子们学什么、何时学和如何学的状况，我们在教育方面还有很长的路要走。也许在不远的将来，教师能摆脱传统教学方法的桎梏，成为真正鼓励儿童天生好奇心的重要人士。

● 激励学习的其他方法

每个父母都是孩子在阅读、艺术和音乐方面的第一任教练。当初次接触新事物时，孩子的主要兴趣是熟悉它。无论是书籍、黏土，还是自行车，都要让孩子畅快地玩耍而不必抱有特定的目标。

两岁的维奇把她的精装书颠倒过来，手戳在图片上，然后又把书放在嘴里。她正在收集关于新事物的第一手信息，过一会儿她就能开始听故事了。

迈克在他的纸上涂了一片棕色的颜色，让他的老师欣赏。“你想给我讲讲吗，迈克？”老师问他。（她有意避免询问这是什么，因为这个问题集中在作品上，会让孩子觉得自己应该创作出一些什么）

“当然，”迈克说，“那是一只在泥土下面的乌龟。”最初，迈克画了一只乌龟，然后发现，当他用刷子涂抹颜色时，一切都变成了棕色。他毫不气馁，利用自己的发现，用红色、蓝色和黄色制成褐色，给他的乌龟安了家，他主宰着这一切。

孩子的每一项创造都应该得到接纳和尊重，这些创造体现出了孩子与世界的互动和他看世界的方式。认识事物的准确度并不重要，重要的是享受表达的过程。

在孩子能自己读书之前，大声给孩子朗读能增加孩子对书籍的兴趣。根据孩子的兴趣和注意力特点选择故事。给孩子朗读期间允许孩子打断、提出问题和分享感受，否则，就违背了给孩子朗读的初衷。把故事读完不是目的，激发孩子提出问题并进行讨论对孩子有更大的价值。接纳孩子对故事的反应，这有助于培养他们积极参与的态度。

在孩子们还年幼的时候把他们带到图书馆，把他们吸引到阅读故事的乐趣里，让他们一旦到可以自己签名的年纪就自己办理借阅证。孩子们需要观察到你阅读、讨论和享受书籍。把书当成哄孩子的工具，或者把读书当成逃避生活的借口，都达不到鼓励孩子读书的目的。

孩子们的兴趣爱好、航模、工具和属于自己的园地都能帮助他们更多地了解世界。要为他们留下试验和发现的空间。触手可及的参考资料（地球仪、字典、地图集、百科全书）是促进他们心智发展的重要资源。

制作儿童熟悉地方的地图和玩地图游戏使他们的地理知识能够“活”起来。有一家人经常搬迁，他们保存着他们住过地方的记录，还为其配上他们的旅行线路图。“我们真是感到乐趣无穷，”父亲说，“围绕自己的经历，孩子们提出来了各种各样的问题，这些问题使我们的男孩们培养起了独立阅读的习惯，并激发了他们的独到见解。”

当保罗提出一个问题时，他的父亲通常会说“让我们来查看有关资料”，而不是“你自己去看看”。家长和孩子共同搜寻答案，直到孩子养成查找的习惯，这会使学习更具吸引力。

在家里设几块家庭公告板用于展示孩子的艺术作品或编写的故事，可以增加孩子对学习的兴趣并激发他们的创造力。家庭公告板让孩子感到得到认可和受到重视。（如果空间狭窄，利用厨房柜门和冰箱门也能制作出很好的公告板）

各种唱片和音乐能丰富儿童的生活。让孩子自己做乐器，编歌曲和舞蹈，这种自由的形式可以激发他们的创意。

电视是许多家庭激烈争论的根源。对节目不加筛选或把电视当成哄孩子的工具，会使孩子变得被动，缺乏富有创造性的参与活动。然而，通过选择，你可以找到有价值的节目。即使电视节目很糟糕，你也可以利用这一事实，让儿童思考如何改进，借此培养孩子的独立思考能力。

正如我们前面提到的那样，民主程序非常适用于选择电视节目，但是当你不允许孩子看某些节目的时候，也不必觉得自己是在破坏孩子的自尊。

我们都不会每天邀请凶手和暴徒进入我们的家园，来娱乐我们的孩子。即使在节目中坏蛋最终失败了，天天观看虐待和凶杀画面对孩子也几乎没有任何建设性的影响。在孩子选择自己要观看的节目时，可以给孩子某种程度的自由，但是如果孩子似乎只想看充满暴力的节目，这可能就暗示着他有敌对情绪，需要以其他方式释放（如积极倾听，玩黏土，积极参加体育运动，打沙袋，甚至寻求咨询帮助）。如果他一直看电视，他的这个偏好可能表明他的社交关系几乎不能给他带来满足感。如果家长提议做家庭游戏或讲故事，许多孩子愿意离开电视。

木偶的出现相当于把剧院带入家庭，同时帮助孩子以社会可接受的方式构思情节。自制木偶——简单的用纸袋或旧袜子制成，在上面画上脸孔；精致的可以用纸型制成——这些几乎总是比从商店购买的更受孩子们欢迎。

创意性的写作和创意性的讲故事，给孩子提供了几个小时的温暖家庭享受。为孩子们写出一个小孩子的故事，并大声朗读出来，看看是否有人愿意为之画插画。这可以满足孩子对成就感和认可的需要。“即兴故事”（用三个完全无关的事物，如袋鼠、香蕉皮和冰柱编成一个两分钟的故事）给了他们创意想象的空间。

各种旅行为孩子们的发现问题和讨论问题提供了大量的机会。因此家庭旅行计划必须考虑到孩子的注意力和兴趣水平。在旅行中为了维护纪律而长篇大论地批评孩子，这就使旅行的目标无法实现。在这种情况下，探索与学习都不会给孩子带来乐趣。旅行不应超过孩子的耐力上限，也不应超过你的忍耐限度。

以上这些方法只是促进孩子智力发展的许多方法中的一小部分。请记住：在使用这些方法时，你与孩子的关系的好坏决定了你是否能激发孩子的求知欲。让他们感受到批评和压力的时候，他们会害怕。使他们有机会拥有温暖和相互尊重的亲密关系，他们会很珍惜。滋养人心的爱会促进智力的发展。爱的氛围不容忽视。

与经历丰富同样重要的是，每个孩子都需要独处的时间——活动安排之外的空闲的时间。外部的刺激如果过多，孩子就不会开发他们内在的资源。许多父母认识到丰富经历对孩子们的重要性，认为他们可以从旅行中汲取经验和教训。这些父母信奉的是，无论什么只要有利于孩子，那就越多越好。

一项对天赋高的人的研究发现，他们中的很多人都有大量独处的时间，在这段时间内，他们会避开他人和外界的持续刺激。在刺激时间和自由时间之间能保持平衡是最好的，偏重于任何一方都是有害的。

● 创造力

大多数人都希望孩子富有创造性。但创造性是什么意思？有创造性的孩子是什么样的？ 如何培养孩子的创造性？

富有创造性的人是想出新点子并将其变成现实的人。他以全新的方式看待事物。智商高的孩子不一定是富有创造性的孩子。一个孩子可能善于模仿或抽象思考，但却没有创意；而一个对书籍知识学习能力一般的人却可能是一位富有创造性的厨师、裁缝、木工、音乐家、画家或室内装潢师。

以独特的方式观察和回应生活，是每个正常孩子与生俱来的能力，只是程度上有差别而已。我们许多人认为在艺术、音乐、文学或科学方面的伟大作品才能体现出创造性，但是我们经常忽略小发明体现出的创造性。其实无论是大作品还是小发明，它们体现出的创造性一样真实。

我们每个人或许都会想到那么一两个人，他们虽然不能作为创造天才载入史册，却也把新奇注入了日常生活。

富有创造性的孩子与缺乏创造性的孩子各有什么特征？

富有创造性的孩子往往是独立的，不在乎集体压力，对别人对他们的看法也不感兴趣。他们保留自己的想法和疑问，有能力重新看待事情。他们对待问题的态度具有灵活性、想象力、自发性和乐观性。他们高度接受自己的感官认知，倾向于看到更多，触摸更多，并且调研更多周围的事物。富有创造性的青少年能坦诚地对待自己和自己的内在世界。简而言之，他们对内外世界的反应都很敏锐。

这样的孩子愿意冒险，注意自己的直觉，愿意尝试新鲜事物。他们要想处理那些无组织、复杂、不一致、未知和矛盾的工作，就需要有信心和安全感。富有创造性的孩子并不特别关心是否整洁或及时，并且易于厌烦那些例行性的工作。

对创造力进行了广泛研究的弗兰克•巴伦（Frank Barron）把创造力分为两种，一种来自受压抑的无意识，一种来自无拘无束的无意识。

因压抑而产生创造冲动的人创作出来的往往是单调、相似的作品。这些作品宣泄了个人的压抑和欲求。自由创作的人通过多种多样的方式表达出自身的独特性，每一个作品都是新颖而独特的。约翰的诗歌形象生动，富有节奏感，但是一遍又一遍地重复同样的内容，毫无新意。阿诺德（Arnold）的诗句来源于他对各种经验的独特反应：对穿过森林的光线的赞扬，对蝌蚪舞的嘲讽，为受挫的事业而悲哀，为波浪中闪闪发光的飞沫歌唱。他的感官对所有身外身内之物开放，都做出相应的回应。他的创造力不受心理压力的束缚。

如何培养儿童的创造力？

当孩子知道他们的独特性受到尊重时，才更有可能运用自己的独特性。家长对孩子早期尝试创作的反应决定了他的这种冲动是否会蓬勃发展起来。

创造力需要不评判和允许自由表达的能提供安全感的环境。

如果你重视一致性，思维刻板，强调命令和遵守命令，你就不可能培养出孩子的创造力。你的态度和价值观必然反映到你的行动上。你能容忍不完美和失败吗？如果你的孩子事先知道对他的赞扬与他尝试的结果没有关系，那么他更有可能进行新的尝试。

创造力和自尊

高自尊与不受约束的创造力之间关系紧密。因为创造力的本质，就是偏离。创造力意味着“我知道我的行为方式，我愿意让你进入我的私密领域、感性世界”。把个人反应公之于众，是需要有自信心的。

研究表明，自由创意的孩子都很自信，心理成熟，冷静而独立。他有能力持续集中注意力并集中精力投入自己的项目。

这些发现并不奇怪，因为孩子自身的经验启示自己：他得到的爱是无条件的，自身是有价值的，因此他可以自由地倾听内心的提示，他也相信自己的个人反应和直觉。他对自己的信心支撑了他实现自己独特想法的冲动。他的精力没有浪费在自卫中，他可以自由地解决新问题。他不认为一次尝试会危及个人价值。

他内心平静，更加独立，不受别人思想的限制。团体压力不太可能限制他的表达。高自尊释放了孩子的潜能，使其自由尝试各种可能性，并相信自己会选出最优的那一个。他对自己的观点和想法有信心。孩子必须相信自己的知觉，并且相信自己能够将其表达出来，这是拥有创造力的前提条件。高自尊的孩子对自己有这种信心。

低自尊的孩子可能有独特的想法，但他在社交方面具有依赖性，他更有可能将自己的独特想法放在一边，以获得周围人的认可。他对批评更敏感，因为他已经对自己具有消极评价。因此，他更喜欢在别人身边工作。他避开创造性，避开独立做决定，避开承担责任和领导他人。他避开聚光灯，因为他认为聚光灯只会让他受到进一步的批评。竞争对他形成威胁，他宁愿埋没掉自己的才能。对他来说顺从比创造力风险低得多。处理自身的心理需求优先于探索未知的领域。事实上，未知事件威胁着自尊低的孩子。他从不寄希望于成功应对它们，因为他已经经受了太多的失败。

虽然对自尊低的孩子来说，重要的是要向前推他一步以让他获得积极的反馈。但缺乏自信却挡住了他的去路。他的目标很高，但成功的希望很小。自信心低的人给自己立下一个难以实现的目标，用自己的失败说服周围人相信他是没有价值的。

家长注重培养孩子的高自尊，有利于他们的智力发展、动机和创造性表达。(十分有趣的是，能培养出自由创意、富有想象力孩子的心理氛围，与爱的氛围，其组成成分完全一致，参见第二部分)具有自信的孩子会竭尽所能地发展自己的潜能和才华。

安全感、合理的目标、与人和物的大量接触，以及民主管教方式，是学习和创造的保证。每个孩子的求知欲都需要鼓励，并且让他确信犯点错并不会带来什么灾难性的后果。如果父母能给孩子提供这样的环境，孩子就会全面发展。

作为关爱子女的父母，你应该积极支持教育改革。改革旨在消除学校教育中限制孩子发展的因素，如将一个孩子与另一个孩子进行比较的分等级，统一的教学，过度拥挤的教室，以及严重依赖教师指导的活动。孩子们把自己的感受、渴望和自我态度都带进教室。更多的家长和老师需要意识到自尊在儿童生活中所起的作用。教育必须关注孩子的情绪和自我态度，否则这种教育就不能培养出健全的孩子。所有的教育都应该始于摇篮时期。

家长和老师必须共同努力，帮助青少年拥抱自己的全部，以便他们能够自由地学习和创新。只有当孩子的独特性得到尊重时，他才能将自己的个性展现出来。

第七部分

性与自尊

第二十四章

性和爱的结合

性教育的意义

如果性教育仅涉及有关生殖的基本常识，这个问题就可以用父子谈话、母女会议或给孩子一本相关的好书进行解决。然而事实并非如此，事实上以上方法很少会阻止麻烦发生。相反，

孩子对性和自我的态度决定了他们如何处理与性相关的问题。

对于我们许多人来说，性教育的棘手部分就在这里。为什么性会成为一个难题？我们如何教给孩子健康的性态度？

为什么性会成为一个难题？

虽然我们生活在20世纪，但是旧时代认为性是邪恶和肮脏的信念，现在仍然残存在我们许多人的脑海里。我们可能不会该意承认这个过时的观点，但我们的行为表明我们就是这样认为的。

在15和16世纪，人们认为追求世俗的快乐有罪。性被认为是种族延续所必需的，而尽情享受性则被公认为是一种罪孽；性象征着人的堕落。即使在已婚夫妇之间，它也不被视为积极的力量，因为它指出了男性的兽性特征。对于一个女人来说，享受性即使不是堕落，也意味着她是不道德的！性成了不能公开讨论的话题；压抑性欲和双重标准支配着当时的人们。

渐渐地，这个问题已经公开化了；事实上，当前性受到夸张的关注，毫无疑问这是多年压抑后出现的反弹。现在，通过性获得娱乐的观点正从四面八方——广告、电视、电影、小说、艺术甚至服装款式——冲击着我们。

有些家长对自己受过的清教徒式的教育表示反对，相信他们给女儿提供避孕药并退到幕后就是开明的。然而，许多试图通过性获得快感的年轻

人却发现如此获得的满足少之又少。新的道德标准正在出现，应努力以新的视角看待性。

性作为一种富有创造性、丰富生命的渴求，理应受到人们公开、公正地对待。与此同时它也是一股理应受到尊重的力量。它既可以用作实施控制和剥削的武器，也可以与爱、责任和承诺产生关联。若使用不当，它会破坏人际关系；而若负责任地加以利用，它则可以滋养和丰富人际关系。

健康的性态度

每个正常的人都有性感受。对性的正确态度意味着将性作为正常、重要的渴求而加以接受。这意味着感官的感受不会被视为可耻。在健康观念的指引下，青少年能够接受自身的性别和性角色而不会感到尴尬。

每一个青少年处理自身性欲的方式，与他对生活和爱的全部体验有关。他的性态度是从出生以后逐渐形成的。为了教导孩子采取积极的性态度，我们应了解影响孩子观点的各种因素。

性与爱

交配和养育的冲动一直被认为是出于本能。然而，哈里•哈洛（Harry Harlow）以猴子为研究对象的实验表明，这些所谓的本能实际上可能是学会的。

那些与母亲隔离饲养的猴子，在成年后很少甚至没有兴趣交配，并排斥经由人工授精而生下的小猴子。

有证据表明，成人的性欲和哺育子女的冲动，与每个人在婴儿期时所经历的温情、拥抱、抚摸有很大的关系。对人类来说，似乎只有先得到爱，才能给予他人爱。

每次你拥抱、摇晃、轻拍、清洗和喂养你的宝宝，你都会给予他爱的体验。你触摸和对待他的方式，不仅影响他能否从肢体接触中发现乐趣，而且影响他未来享受亲密关系的能力。对婴儿身体温柔，尊重婴儿需求，会让孩子第一次感受到爱，也因此会成为孩子对性教育的初体验。

当你给孩子提供安全的交流（信任、珍惜、非评判、共情、尊重孩子的独特性、专注）时，你教导他心理亲密和亲身投入并不可怕。你教会他生活中在心理上对重要的人打开自己是有益的而不是危险的。母子之间身体接触是教授爱的无声课程，是建设性的性教育的一部分。当孩子表示亲近时却遭受殴打，孩子就会认识到亲密接触太危险了。他就会倾向于选择疏离和身体的性行为，而不是选择心理上的真正的亲密感。如果是这样，他将会受到虚伪的人际关系的折磨，因为一个压倒一切的事实表明：身体亲密无法代替心理亲密。性交本身并不能消除孤独和隔阂。然而，无数的人（无论是年老或者年轻）都相信身体亲密意味着心理也亲密，因此他们总是很失望。

在双方都能温柔体贴、坦诚相待以及最大限度照顾对方感受的情况下，性活动总是更加令人满意。正如埃德蒙•贝格勒所说的那样，“当性与温柔的爱结合的时候性感受更好，这是一种与道德观念无关的体验。”[1]

有深度的爱意味着参与。当性欲在信任、承诺和安全的情况下释放出来的时候，快感才更有深意。生活在爱的环境中的青少年更倾向于将自己的性感受导入爱的框架，而对将性作为取乐手段这种做法不感兴趣。

性与消极感受

帮助青少年表达消极感受影响他未来的性关系。正如我们所看到的，压抑消极情绪的同时也抑制了积极的、爱的情感。心存戒备的人在睡觉时也不能放松。他的性生活缺乏率真，仅仅是生理上的。

[1] Bergler, Edmund, M.D. *Divorce Won't Help*. New York: Harper & Row, 1948, P. 226.

压抑感受的人可能会用性作为发泄的出路。杰克报复妻子的典型手段是，他先于妻子达到性高潮，从而让她感到沮丧和愤怒。即便是出于无意识，这也是他的一种有力的报复手段。当夫妻害怕通过公开表达自己的反应，来解决他们之间不可避免的冲突时，沟通的失败总是反映在他们之间的性关系上。阳痿和性冷淡可能是由对性的不健康态度造成的，也可能是压抑消极情绪和沟通渠道不畅造成的症状。

当青少年的父母能够公开讨论并解决他们之间的摩擦，当他们能够帮助孩子释放他的消极情绪时，他便接受了积极的性教育。他知道争论不会抵消承诺和爱。 他不必通过伪装成性失调来释放他生活中其他方面压抑的情绪。

显然，父母长期激烈的具有破坏性的争吵可以压倒一切，吓倒孩子。这种争吵让孩子认为婚姻是可怕的，应该避开。

孩子能感觉到他们父母之间的关系是什么样，并能根据他们日常生活中所看到的那个样子形成关于爱情关系的印象。由于这种经历，他们可能得出“婚姻是有益的”或者“婚姻是有破坏性的”结论。

性与身体

每个孩子对他自己的身体及其各个部位形成自己的态度。而他的这些态度又会影响他对性的看法。你对身体感觉如何会传达给你的孩子。如果你认为排泄和生育器官既肮脏又令你感到羞耻，你的孩子很可能发展出类似的反应。

帕米只有三岁，但她每次上完厕所提裤子的时候都会习惯性地说：“我得盖住肮脏的部位。” 她这么小就发现自己身体的某些部位很脏，最好不要让人看见。

帕米是什么时候产生这个想法的？没有人对她说过身体的某个部位是肮脏的。当帕米还小的时候，妈妈给她换尿布时的面部表情间接地告诉了她这一切。当帕米自豪地端着自己的便盆送给妈妈时，妈妈却表现出了厌恶；当她俯下身子看自己的阴部时，被妈妈打了手；当一名两岁的孩子在沙滩上脱下游泳短裤时，大点的孩子嘲笑他；当她弯腰看着她的小狗小便时，有人大喝一声“别看”。所有这些和其他反应一起告诉帕米，身体有不可接受的部分，排泄部位是脏的，有些话是绝对不能说的。

每次你给孩子洗澡、穿衣服或进行如厕训练时，你对孩子身体的态度与你回答孩子有关身体、婴儿和性别的具体问题一样，它们均会对孩子产生影响。你都是在用非口头语言或者口头语言对孩子进行性教育。

你对孩子早期的身体探索表现出来的态度，对孩子有显著的影响。有一天，G 夫人的婴儿发现了他自己的手，那天整个上午他都在审视自己的手，他对自己的发现感到惊奇，对此 G 夫人报以微笑。那天晚上，她热情地和丈夫分享了这件事。但次日早晨，G 夫人发现婴儿发现了自己的阴茎，并试图看出个名堂，她变得紧张起来，并向丈夫表示，他们的儿子已经发展到了“那个”阶段。

每个孩子都想从各个角度去探索自己身体的各个部位。这种探索证明了他们有强烈的好奇心。当你把孩子对自己某个身体部位的探索视为可接受的，但对孩子探索其他部位感到不安时，你的反应等于在教导孩子身体的特定部位是禁忌。

所有的孩子迟早都会发现他们的外生殖器，并且发现它们能唤起愉快的感觉。孩子都会进行自我探索，并进行一些相互探索或性探索。

当这种情况发生时你会做什么？你的反应向孩子说明了一切。你皱眉，是因为感到羞耻还是感到受到了威胁？你告诉他们身体不同部位的名字，并和他们讨论男孩和女孩之间的差异了吗？ 你是否说过“是的，这些部位能带来快感，但是你不能和其他孩子一起玩弄”？你把小孩玩弄外生殖器的行为看作是正常现象还是危险的早熟？

许多父母对“手淫”这个词深恶痛绝。一些成年人今天仍然相信，手淫会导致精神疾病、智力迟钝和犯罪行为。这个信念是没有根据的，手淫不会导致上述情况发生。许多精神病患者、智力迟钝者和犯罪嫌疑人确实是有手淫行为，但并不是手淫导致了他们的问题。问题在先，手淫在后。

手淫在孩子正常发育的三个阶段几乎是普遍存在。在婴儿期，健康、机警的孩子出于好奇心，会拉扯他自己的耳朵，或抚摸他的泰迪熊，或拉扯猫的尾巴，出于同样的原因他会触摸和研究自己的生殖器。由于那里的神经末梢相当敏感，他自然会体会到全面的愉悦感。但这种感觉并不像成年人体验到的那种强烈兴奋感。你不能阻止他们这种初步的发现，但是如果你不明智地处理这个问题，那么孩子就会认为生殖器和触摸生殖器产生的感觉是坏的。

玩弄生殖器的第二个时期出现在三到五岁之间，此时孩子们情绪上依恋于异性父母。孩子在这个阶段通过手淫来处理他们的一些性感觉。因为男孩有一个醒目的排泄器官，而且触摸生殖器让他会产生愉快的感觉，所以他们比女孩更容易玩弄自己的生殖器。

“当你四岁的儿子在公共场合拉扯着他的阴茎时，你会怎么办？如果让他继续做这件他自己想做的事情,他就会遭到其他人的拒绝。”W 太太说。

当然这是事实。你帮助一个孩子学习社交的方式时，要告诉他，如果他想要捏自己的阴茎，应在家中隐秘的地方。你可以对他说：“你知道的，我们会当着其他人的面做一些事情，然而还有一些事情，我们却只能在家里隐秘的地方做。我们不穿衣服不能到外面乱跑，如果想在家里做这件事，是可以的。如果你想要捏住你的阴茎，等到你回家了再捏。”

三到四岁，孩子意识到有两种性别，而且知道自己是男孩还是女孩。他对于身体和排尿方式之间差异的好奇心，就像对鸡和猫以不同的方式吃饭的兴趣一样浓厚。

许多有远见的幼儿园通过为男孩和女孩设置一个共用浴室，将厕所隔间的门移除，使儿童能够看到异性小便。这种做法并没有导致儿童变得性早熟，也没有强化他们玩弄生殖器的行为。相反，它促成了孩子们对性别差异的接受，消除了窃笑裸体以满足好奇心的行为。几个星期后，你会发现孩子对看异性小便就像看人家喝水一样，没什么兴趣。

手淫发生的第三个时期是青春期。这个时期性腺的活动促使性欲产生。由于尚未成年，青少年排遣性欲的直接渠道受到限制，他们就会用手淫来处理自己新感觉到的强烈的感觉。

因此，玩弄生殖器是孩子成长过程中的正常现象。避免暗示孩子：手淫是脏的，会使人生病，导致精神错乱、阳痿，是道德上的弱点。

你应该关注的是孩子手淫时间过长和过度。这种情况表明孩子与他人的关系无法让他获得满足感，被迫转向自己。

手淫可以缓解青少年的紧张。但手淫过度则表明孩子不快乐，或是压力太大。这暗示了他在生活中缺少有意义的活动。他的紧张情绪可能来自消极的感受、不切实际的期望、过度的竞争、自卑感、无聊或孤独，或者过于严格或宽松的纪律。手淫几乎总是与其他暗示不开心的迹象相伴出现。

家长应该做的是找到过度手淫背后的原因，而不是仅仅关注表面现象。你给孩子提供的轻松、接纳的氛围越浓厚，有利于孩子发展的条件越多，你的孩子的焦虑感就越少。快乐且积极参与各种活动的孩子不太倾向于借助手淫来获得满足感。手淫的乐趣很少胜过感到自己可爱且有价值带来的喜悦。通过手淫孩子只能获得暂时的、孤独的慰藉，其效果远不及与别人有意义的交往带来的深深的满足感。

因此，孩子在某些阶段，出现手淫是正常现象。可若是他们手淫过频，就意味着你需要关注孩子的生活氛围，务必使其拥有能建立高自尊的生活经历。

全心全意地接受自己的身体及性感受才能培养出高自尊，尽管这种感受不能尽情表达。尽管你的态度和教育是积极的，但是孩子们一定会遇到其他来源的消极态度。你所能做的只是确保坚持进行积极的教育，并指出其他态度存在。记住：高自尊的孩子不太可能接受消极态度。

性与角色识别

没有什么比一个孩子认为他的性别是错误的更具破坏性。感觉到自身的特定性别不符合父母的心意，就会破坏孩子的自尊，因为他无力改变自身性别。他的这种认知会干扰他对自身性别角色的识别。

G 先生设想他的第一个孩子是一个男孩，他计划好了父子两人在一起的各种活动。他对男孩梦寐以求，但他拥有的却是女孩，他的希望被粉碎了。虽然他女儿的名字是伊兰恩，但父亲称呼女儿为“老兄”，并开玩笑地将她介绍给别人说是他的“儿子”。伊兰恩总是为自身的错误性别感到不适。她梦寐以求的是成为一个男孩。她自尊低，缺乏女性认同感，她对父亲试图掩饰不满意感到愤怒；所有这些都显著影响了她对婚姻的整体态度。

如果你对自己孩子的性别感到反感，请看看你自己的内在原因。你必须采取积极的措施来纠正自己的这种排斥，否则你的孩子会感到自己是一个不受欢迎的人。孩子高自尊的一部分就是“我很高兴我是一个男孩”或者“我很高兴我是一个女孩”。如果你对孩子的性别不满意，你的孩子也不会满意。

性与父母的关系

每个女孩对男孩的态度都受她与父亲的关系的影响；每个男孩看待女孩的方式也都受到他和他母亲关系的影响。

亨利从小由他的母亲主导，他长大后避免受另一位女性的支配，因为对他而言，女性必然意味着统治。因此他从未结婚，他认为婚姻是受妇女控制的一种手段，他永远无法与母亲相处。

格特鲁德对她父亲的仇恨，致使她不喜欢所有的男人。她虽然结婚了，但却致力于让她的丈夫生活凄惨。她没离婚的唯一的原因是她选择的男人自身对惩罚有深深的需求。

孩子与异性父母之间关系和睦，有助于他领受与异性相处的乐趣和获得婚姻幸福。

性与发展任务

心理不成熟的成年人不会成熟地处理自己的情绪，对性感受也不例外。孩子每完成一项自我任务，他就向心理成熟的方向迈进了一步。帮助孩子按照正常步伐成长就是给予他积极的性教育。如果孩子不能按时完成心理发展任务，或者给孩子灌输性觉醒有罪的理念，必然妨碍孩子心理成熟，并会造成性机能不健全。每个人都会将自己的全部人生经历带入成人亲密的性交流中，并做出相应的行为。

性与纪律

因为纪律关系家庭成员如何相互满足对方的需要，因此在不同管教方式下长大的孩子对别人的需求——包括性需求——会有不同的反应。一个被支配的孩子可能会用性来控制对方，性交可能更加类似于心灵上的强奸，双方不是相互取悦。或者，如果一个孩子被威权主义压制，他可能会在性生活中逆来顺受。

父母的纵容让拉里只想到自己的需要。对姑娘他“爱过就离开”；如果女孩把他自我满足的需要曲解为爱情，那真是看错他了。后来，他结婚了，他的妻子忍受着他的自私，却又用狡猾的手段报复到他身上。他们的婚床成为夫妻俩耍手段的竞技场，不断上演着自私的胜利和带来痛苦的惨败。

民主管教方式赋予孩子相互尊重的格局，这必然影响到他们将来的性生活。它培养了孩子的义务感和参与意识——必然影响着孩子生活的方方面面。因此，民主成为积极的性教育的强大力量。

性与自我意象

正如我们所看到的，青少年的自我意象影响着他的行为，包括他的性行为。

莱斯深感自己没有男子气概。他试图用唐璜式的可笑行为向自己也向他人证明自己的男子气概。他对约会的主要兴趣是与女孩睡觉，以证明自己的性能力。作为一个已婚男人，他不能保持忠实，因为他需要不断收集新的证据表明自己是有男子气概的。

汤姆认为自己男子气概不足，这波及他的性生活。为了与内部保持一致，他不得不表现为性无能。

南希是非常有吸引力的女孩，也很聪明，但是她觉得自己一无是处。16 岁以前她已经经历过许多风流事。在团体咨询会议上，她谈到了自己的滥交:“我所能给男孩提供的就是我的身体。性是约会的保险锁。这意味着我不会被忽略。”她不相信自己的人格值得他人尊重，自然也不相信自己的身体值得他人尊重。

南希的坦率也鼓励了小组中的另一个女孩，玛格丽特就此打开了话匣子。她说:“我不合群，我一生都希望自己被接纳，性是我的入场券。谁在乎声誉？ 它不会随时陪伴你！”

“我跟一群不三不四的人鬼混，但至少他们跟我一样。”琼承认说，“我们都是一堆社会渣滓,我们都有共同点。当然,我也想和其他孩子一起玩耍,但是当我在他们身边时，我甚至不知道该怎么说话。他们都很自信。这让我感觉自己比以往任何时候都矮人一头。在他们的圈子里我永远不能成功,所以为什么还去尝试呢？”琼的低自尊反映在她所选择的同伴群体上，也反映在她随后的不良行为上。

博耐说:“我认为我和每个约我出门的人睡觉的原因与性或约会无关,与赶时髦也无关。我认为这样做等于跟妈妈扯平了。从我记事的时候起，她统治了我的一切。我对性真没有那么大的兴趣，但是，在这方面妈妈管不了我。此外，坦白说，让一个男的听我的话是很有趣的。这给我一种有力量的感觉，我喜欢这样。”

滥交只能带来肤浅的关系，导致疏离感。

滥交是逃避承诺或冲突压力的纵欲。那种追求自我满足而不愿负责任的人，就会选择有同样嗜好的人。心理成熟的人不追求这种肤浅的关系。事实上，寻求需要承担责任的关系就是一个无言的声明：“我有东西可以提供给另一个人，我可以处理一个长期的承诺”。

滥交是为了避免成熟，它是摆脱所有承诺所涉及压力的显而易见的办法。在成年人性交过程中对另外一人负责是人与动物之间的根本区别。只顾自身享乐永远不会带来自我实现。

放荡不羁的青少年使用性交来解决一些与性无关的问题。他们的性生活很少带来他们寻求的温暖的满足感。令人遗憾的是，他们的症状把他们引向死胡同，总是导致新的更复杂的问题。

那么，放荡的性交可能来源于：情绪障碍，对父母价值观的消极反应，过度控制或过度宽容。当然也可能源自父母的榜样力量。

男孩的性放纵比较容易受到社会的接受。“男孩终究是男孩！”我们说。

我们的文化深信，男子在年轻时应当放荡不羁。许多父亲为他儿子的性放纵秘密地感到自豪，相信这显示了儿子的男性气质。但男性滥交与男性气质无关；事实上，它的作用可能完全相反。他的主要精力用于征服女孩的芳心，他希望能以此打消对自身性能力的怀疑。

除了心理因素（未满足的情绪需求）之外，青少年男性滥交可能是由于男性强烈的性冲动，以及文化的压力——法定婚龄提高。在女孩中，这主要是为了满足心理需求而不是性需求。

男孩性冲动强烈这一现实，使我们的社会对性行为采取双重标准。避孕药、抗生素和道德伦理革命正在导致一些父母对其女儿采取类似的标准。还有一些父母对于应该给予婚外性行为多大程度的认可感到不知所措。

早婚似乎是解决问题的办法，但统计显示，十几岁就结婚者，离婚率高。无疑有一些人结婚是因为婚姻能为即将到来的孩子提供法律地位。但是即使排除这个因素，许多其他早婚青少年的离婚率同样很高。

这些青少年离婚的主要原因，可能是他们仍然在发展自己的潜力，并在解决自我同一性问题。在 17 岁时看起来般配的伴侣，在个人完全成熟后可能相互不再满意。表面看来早婚是一种简单的解决方案，其实不然。

那种认为积极、充满活力地参与体育运动和其他活动，无法控制或释放性欲的想法是不正确的。滥交不是青少年的唯一出路。

有证据表明，在青春期荷尔蒙最旺盛的阶段——性冲动最强烈的阶段——高度的自我价值感能有效地抑制滥交。

高度的自我价值感使青少年避免轻视自己，并减少了他们对不负责任的性行为的兴趣。喜欢自己的青少年会寻求健康的亲密关系，借此互相滋养，而不是发展无意义的身心分离的关系。相信自己的青少年不太担心承诺，他知道自己可以兑现承诺。他更自由地坚持道德原则。正如我们所看到的那样，他的自尊使他寻求有着类似生活态度的人。

低自尊且在爱情方面有过消极经历的青少年，宁愿选择露水情缘，这可以使他保持不承诺、不负责、不参与。这样的青少年可能会结婚，但他通常选择一个与自己没有心理亲密关系的结婚对象。他当然不会成长和有所作为——因为没有真正的亲密关系，但他宁愿选择欠缺感而不选择会为他带来危险的亲密关系。

建立自尊是实施积极的性教育计划的基础，因为自尊是滋养健康婚姻的基础。

青少年应该知道什么

除了接受他本身和他的感受之外，每个青少年还需要知道关于生殖过程的具体知识。几乎每个图书馆都有适合各种年龄层次阅读的书籍。它们会给你关于如何告诉孩子的整体思路。但是，具体问题应该具体对待。

防止提供给儿童比他们所问更多的信息。太早或太多的细节，只能给孩子造成混淆，甚至可能会被他们错误地吸收。

在青春期之前，每个孩子都应该熟悉人体生殖事实和男女性做出的贡献。他应该知道婴儿从何而来（受孕），怀孕期间如何生长（妊娠），以及他们如何出生（分娩）。他应该了解遗传、月经和遗精的基本事实。

应该教育孩子，分娩过程是很正常的。特别是很多女孩，对这种正常的人类功能怕得要死，因为她们听过夸张的故事，或者读过一些关于难产的充满戏剧性的记录。

贝丝说："我母亲告诉我，生孩子是她一生中最糟糕的经历。"这样的言论会使贝丝（以及许多像贝丝一样的孩子）对自己造成母亲的痛苦感到内疚，同时也对有朝一日自己也要成为母亲感到惧怕。

在分娩过程中有过不愉快经历的母亲应该让女儿知道，分娩难产是例外而不是惯例。男孩也需要这些信息，这样他们与妻子的关系不会因这种夸张的恐惧而受影响，他们也不会认为自己会给妻子带来痛苦并为此忧虑。

在与青少年讨论性行为时，要向他们指出，性情感可能会强大而有力，他们要提前有思想准备。他们必须被教导，在对一个人表达爱时，成熟的做法意味着要对那个人负责。他们应知道，只有在这个框架下，性活动才是真正有益的。露水情缘总是会伤害其中一方，因为总会有一方全情投入。无意义的性交很少具有建设性。

在提供事实之前，倾听青少年的想法，关注他们的态度，这有助于消除他们因想象或道听途说而产生的误解。

向青少年指出男性和女性性欲的差异。两性都必须明白，男孩总是比女孩能更快地被激起性欲望，而且他的情感并不一定与爱相关。而女孩的性欲更多地与浪漫爱情相关联，所以她倾向于把事前的交往当作爱情的标志。一段关系对哈利来说不过是一夜情，但对玛吉来说却可能包含了郑重的承诺。许多年轻女孩之所以会肝肠寸断，是因为她们没有充分意识到两性之间的基本差异。

女孩应该知道，男孩会在视觉上受到刺激。她们应该意识到，暴露的衣服、姿势和“挑逗”对于负责任地处理他们的感情的男孩来说，是完全不公平的。女孩应该明白，男孩对女孩献殷勤并不是侮辱女孩；同样的道理，男孩应该明白女孩对男孩说不，也不是对男孩的侮辱。

“好吧，”金妮说，“我的确对格雷格说过不，而从那之后格雷格再没有邀请我外出过。”金妮可能会认为，如果格雷格要求她外出只是为了发泄性欲，那么一旦他得到了他想要的东西，他就不会再继续和她保持这种关系。

女孩应该知道大多数男孩对与滥交的女孩保持持久的关系不感兴趣。认真且负责任的投入是建立在信任的基础上的，而滥交则会破坏信任。在爱情上认真的男孩不会因为女孩拒绝他的性亲密请求而疏远这个女孩。如果他是认真的，他会留下来，直到他们都准备好了承担婚姻的责任。作为一个有坚定信念的人，她的准则增加了男孩对她的尊重。几乎没有男孩对一个轻而易举就达到的目标永远感兴趣。

我们的社会充满了哲学理念，“你可以不劳而获”“现在拥有，稍后付款”已成为美国人的口头禅。作为父母，你必须通过言传身教积极帮助孩子抵制这种态度。青少年必须认识到延期付款，往往高出原价。

每个青少年迟早要选择一种对性感受的立场。家长应该向他强调，他自己拥有选择权——选择自己去哪里，以及怎样度过自己的一生；决定权在他自己手中。

青少年应考虑自己和他人的行为会带来的后果。提前思考如何处理困难的情况能够让青少年做好准备，如此他们才能在临事时不茫然无措、不意气用事。

你如何生活——你的行为是否表现出责任感和你是否按照道德标准生活——会对你的孩子产生影响。当清楚地知道自己的立场和行为符合自己的信仰，你就给孩子树立了一个令人信服的榜样。正如我们所看到的，青少年在参与制定一个有意义的价值体系时表现，而且他们需要强大的、尽职尽责的成年人榜样。他们能够很快发现大人是不是在装。每个青少年都需要积极的理念的指导来明智地处理与性相关的问题。父母与孩子之间强烈的感情给了他们必要的支撑使他们能够忠于自己的理想。

如何呈现事实

理想情况下，孩子应该从父母那里学到有关生殖的基本知识。但从实践的角度来看，我们很多人在讨论这个话题时都感到拘谨。重点不在于你是否感到自然，而是你是否能够对孩子开放自己的感受。

儿童能够迅速识别出家长的态度。12 岁的辛迪说："妈妈给我讲了全部的关于生命的事实。但她讲到细节的时候，连眼睛都不眨，但是，天哪，我能看出来讲这些东西对她来说是个负担！讲到一些字眼时她满脸通红，就像是在吞一颗变质的药丸。"

记住：信任是至关重要的。因此，坦率地把事实告诉孩子。可以对孩子说："我希望自己能轻松回答你有关性的问题而不必感到尴尬，但坦白讲，我做不到。因为在我成长的过程中，人们几乎不谈性，而且谈性让我感觉不舒服。我会竭尽所能地回答你，即使遇到一些我不知道的，我也会希望当你是父母时，你能更放松地讨论这个话题。"

与孩子讨论有关性的话题，你感到窘迫——如果存在这种情况的话，诚实地告诉孩子这一点。这样会让孩子明白讨论性不是什么见不得光的事情，而家长之所以感觉不自在，是因为自身过去并没有受过这方面的教育。这一点在积极的性教育中很重要。

掌握更多的关于性方面的术语，可以让你减少个人不适感。熟悉生殖术语会使你们的讨论更容易。如果某些词令你难为情，对自己说一两百次，这样做会给你极大的帮助。

阅读四五本为年龄小的孩子编写的性教育的书籍，可以让你了解如何为他们呈现事实。但是，请你先大声给自己朗读，让你的耳朵能习惯那些“说不出口”的词语和观点。

准确地给孩子说明事实。当你的孩子 4 岁时，你不能用童话故事逃避或随便打发他，而到他 13 岁时又一股脑地把事实抛给他；这样会破坏相互之间的信任，而且孩子的好奇不会等到你方便的时候才有。你必须决定你想要谁做你孩子的老师——是你自己还是别的孩子。

有些人可能会觉得，只有通过大量的阅读或者实践，他们才能自在地谈论性。在这种情况下，他们会对孩子说“我很想和你讨论这个话题，但是因为我过去的训练很不够，我谈不出所以然，但和你可以聊聊……”。接着他们会为自己的孩子预约一名能够和他专门讨论这个话题的医生、护士、学校辅导员、卫生组长或朋友。

警告：不要以为一个人会因为自己的职业而容易谈论性。没有哪个职业能保证对性的态度是开放的、积极的。你可以先与这个人谈一谈，亲自体验一下，看看他能“从容”到什么程度。

当长到三四岁时，大多数孩子会问婴儿从哪里来。如果你的孩子没有问，请在适当的时间通过评论邻居家孩子的出生，或者通过故事、电视或宠物的方式，在不晚于五岁之前和他打开生育话题。可以问孩子：“你知道婴儿怎么出生的吗？”或者选择一本为学龄前儿童写的有关性的书籍，在家里像大声朗读其他科目的书一样朗读它。给孩子大量提问和讨论的时间。性教育要在孩子童年期间合适的时候进行，将适合孩子年龄段的儿童性教育书籍交给孩子阅读。

孩子需要的支持

无论孩子是早慧还是大器晚成，都需要来自父母的支持，他们会从就成长话题与父母展开的讨论中获益。当他意识到不同的人发育速度存在差异时，其他儿童的言论给他带来的刺痛感就减弱了。发展某种能力特别有助于发育缓慢者。拥有某种能力可以弥补身材矮小和发育较晚的“不足”。

不管对事实多么了解和技能如何，如果发育明显落后于同龄人，孩子将会产生各种情绪。大量积极的、共情的倾听有助于孩子接受他不能改变的现实。避免逻辑推理和喋喋不休的说教。与同龄人有发育差异偏偏发生在孩子需要和同龄人保持一致的阶段。你对孩子发育困境的理解是对他最大的支持。

青少年需要机会与其他青少年讨论他们的各种情感，包括他们对性的态度和恐惧。然而，除非能带来安全感的交流的七个要素全部存在，否则这样的讨论将不会开诚布公地进行（因此，富有成效的可能性会降低）。青少年仍然需要团体支持。通过相互分享来面对他们的性情感比独自担心更有益于健康成长。如果主持讨论的成年人不是他的父母，如果他能熟练地引导坦率和诚实的沟通，青少年通常能更自由地表达自己的真实情感。

在这一点上，你可以了解影响孩子处理与性相关的问题的各种因素。每个因素在孩子接受的性教育中都扮演着重要的角色。孩子生活的各个方面都影响他能否在自己的态度和行为中，将性和爱结合起来。

小 结

读到这里，希望你对人际关系的本质有了新的认识，能够意识到自尊对每个孩子成长的重要性。但是这个认识可能会让你感到内疚，如果是这样，请继续往下读。

记住：即使是最不利的心理环境，人类也会适应并生存下来。即使从来没有得到过有益的心灵滋养的人或者已经很老的人，也在不断追寻着有益心灵健康的环境。

你迄今为止所做的一切，可能都是为了孩子的幸福。你在过去没有接受过关于父母之道的教育（或接受的很少），以及缺乏自我肯定，这些导致了你在为人父母方面的错误做法。指责自己、指责你的伴侣、指责自己的父母或埋怨自己的生活情况只会阻碍你的进步。你可以选择，把自己父母的缺点当成是自己成长的机会，或者用内疚和悔悟的痛苦打败自己。我希望你拥抱自己，因为你仍然有机会开发自己未开发的潜力。你可以从今天开始，纠正自己存在的缺陷。如果这个工作似乎难度太大了，那就去寻求专业的帮助。

更好地养育子女要从成为更好的自己开始。你在满足自身需求和接纳自我方面的每一点进步，都是对家庭幸福的贡献。在本小结之后，我会提供本书基本观点清单。经常参考这些加强记忆，我们都需要提醒自己哪些是要点。

记住：你不必完美。正如林肯所说："找找错在什么地方，你一定会找到它。"你可能在养育孩子时犯了错误，但是你能找到一个从没有犯过错误的父母吗？如果你回答是，那你可能没有了解到全部事实。我们所有人每天做的都是我们认为最好的，但是"最好的"永远不会是完美的。能和孩子和睦相处的父母们，也会在这里或者那里存在不足。

审视你的孩子所处环境的氛围。不要纠结于过去如何，重点是关注此时此地你和孩子的情况。如果你不确定自己的言谈举止或对孩子的期望是否伤害到他们的自尊，就把自己放在孩子的位置设身处地想想他们的心情。然后你就会知道你这面镜子给出的反馈的质量如何。记住：生命中的每个时刻，孩子都需要积极的正面反馈。

在肯定和允许以自己的节奏成长的氛围中，孩子更有可能实现自己的愿望。走在这条由依赖通往独立的不平坦的道路上，孩子需要你的积极理解。必需的因素具备后，他必然会自爱。

记住：心理健康的孩子对自己是坦诚的；这使他拥有健全的人格。他竭尽所能做事，且内心平静、心理平衡。心理不健康的人总循规蹈矩，他们内在充满矛盾，他们要掩饰自己不能被接受的部分，并相应地以此判断自己和他人。我们每个人每天都要回答“我能让孩子对自己真诚吗？”这个问题。有一首歌歌名是“我要成为我”，其中有一句歌词是“如果我不能正确地对待我自己，那么我也不能正确地对待别人”。这是莎士比亚名句的一个现代版本，“首先，要让自己真实，遵循自然规律，恰如昼夜变化，人们不可能对任何人都是虚假的。”

亚里士多德（Aristotle）有句名言，今天已被心理学证实。两千多年前，他说：

“对自己满意就是幸福。”

与孩子一起生活，让他悄悄地发自内心地为做自己而高兴，这给了他无价的资产：有力量来应付压力，勇于承诺，负责任，有成就，有创造力——他是一个完整的人。那么你个人付出的关爱、时间、精力和金钱，将会结出无数的丰硕成果。帮助孩子喜欢自己，就是你能给予他的最好的礼物；它以最深刻的方式诠释了爱。

基本观点清单

以下是我们讨论过的核心思想。这样的检查清单在我的课堂上受到父母们的欢迎；这一清单有助于他们快速检查他们养育孩子的效果。你可以把它作为你提高养育效果的指南。

※ 引言　情绪健康的基础

1. 孩子对自己的感受影响他的生活。

2. 高自尊是基于孩子的信念——认为自己是可爱和有价值的。

3. 孩子必须知道，他的存在就决定了他是重要的。

4. 孩子需要感到自己有能力照顾自己和适应环境；需要觉得自己对别人能有所贡献。

5. 高自尊不是自负，这是孩子对自己的无须言说的满意。

※ 第一章　镜子塑造自我意象

1. 每个孩子都有可能喜欢自己。

2. 孩子学会以他生活中的重要他人看待他的方式看待自己。

3. 孩子通过聆听他人的言语，观察他人的肢体语言，来了解他人的态度和判断，从而构建自我意象。

4. 孩子根据对自己的观察、与别人的比较，以及别人对他的反应来评判自己。

5. 高自尊来自生活中的积极体验和关爱。

※ 第二章　镜像影响行为

1. 孩子的行为符合他的自我意象。

2. 孩子可能在某一个领域感到自信，但在另一个领域却不自信。观察孩子的行为方式，你可以判断出他认为自己处于优势地位（积极的自我评价）还是劣势地位（消极的自我评价）。

3. 如果孩子认为自己不够好，他会预计自己失败并采取相应的行动；如果孩子自信，这给了他勇气和力量来应对任务，并使他抱有成功的期望，这时他同样会采取相应的行动。

4. 孩子相信自己能使他更有成效地与他人交往，他就更有可能获得幸福。

※ 第三章　镜像扭曲的代价

1. 孩子正在寻求自尊。

2. 如果感觉自己不够好，孩子可能选择自我压抑、退缩，采取各种防御手段来维护自己的自尊。

3. 神经质的防御是围绕着“我是不受人爱慕的，不值得他人敬重的”这个信念进行的。

4. 当孩子的自我防御促使别人远离他时，他对正面反应的需求就被挫伤了。

5. 你积极的反应能让孩子避免离经叛道。

※ 第四章　消极反馈的陷阱

1. 通常，孩子对自己的看法在不断变化。

2. 如果孩子相信自己不好，他必然内外一致，他也会拒绝接受有关他能力的积极信息。

3. 长期的负面反馈导致孩子僵化的低自尊。

4. 为孩子提供接纳的氛围，让他们拥有成功的经历，他们消极的自我态度就可以转变为高自尊。

※ 第五章　擦亮父母这面镜子

1. 我们都透过滤光镜来看待自己的孩子。这些滤光镜包括缺乏经验、习得的标准、未竟的事业、未满足的愿望、文化价值观。

2．滤光镜成为你衡量孩子的标准，影响着你如何对待孩子。

3. 如果你对孩子的期望不符合他所处的特殊成长阶段的规律，你可能会对他感到失望。

4. 如果孩子觉得他一直低于你的标准，他就会失去对自己的尊重。

5. 如果你的期望基于儿童发展的事实、敏锐的观察，并考虑到孩子过去和现在承受的压力，你的期望对孩子来说才更可能是公平的。

6. 经常检查你对孩子的期望，因为它很容易不符合实际。

7. 作为一个人，你自己越是充实，你给孩子施加的不切实际的压力就越少。

8. 你对自己做什么，你就会对孩子做什么。因此，提高自我接受度可以让你更容易接受你的孩子。

※ 第六章　真诚的交流

1. 每个孩子都需要全神贯注的关切，如此孩子才能感受到爱。

2. 身体上的亲近、常常搁置自身需求、过分的保护、过高的期望、花费时间、送礼物等，这些方法并不一定能传达爱。

3. 你的关注点在过去、将来，计划和任务上，孩子会把你的这种持续疏远视为你不爱他。只有你花费时间，真诚地和孩子交流，他才能感受到你的爱。

4. 让自己养成一个习惯——随时随地欣赏孩子的奇妙特质。经常检查你对孩子的关注程度。

※ 第七章　信任带来安全感

1. 信任是安全心理氛围的重要组成部分。

2. 在孩子需要家长友好帮助的时候，你一定要让孩子指望得住。

3. 如果想让孩子相信你，你必须言行一致。

4. 孩子需要你与他恰如其分地沟通你的感受、你的保留和你面临的矛盾。

5. 孩子需要自己的父母是凡人。这有助于他接受自己的人格，让他拥抱自己的所有部分。这样他才不会与自己或他人疏远。

※ 第八章　非评判带来安全感

1. 评判消失的时候就是产生安全感的第二个因素出现的时候。

2. 对孩子的行为要用“第一人称反应”，对孩子的人格不要用“第二人称判断”。

3. 当孩子能把自己的人格与行为分开来看时，他能更好地建立坚实的自尊。

※ 第九章　珍爱带来安全感

1. 尊重孩子的特质——尽管他的行为可能不尽如人意——是建立安全感的第三个要素。

2. 不要认为孩子的特质不足为奇。像要求别人尊重你那样尊重孩子，关注并珍视孩子的积极品质，不要将孩子的行为等同于他的人格。这样才能将你对孩子的珍视传达给他。

3. 当孩子感到自己被珍视时，他会寻求更加现实的目标，接受他人，更有效地学习，运用自己的创造力，进而喜欢自己。

※ 第十章 “独立拥有”感带来安全感

1. 安全感的第四个成分是让孩子“拥有”自己的情感，而不必经过你的批准。

2. 当你不要求孩子在感情和反应方面与你的相匹配时，就说明你尊重孩子的独特性。

3. 为孩子提供尽可能多的体验或经历，但应尊重他们的反应，如果孩子不喜欢某种经历，不要强迫他接受。

4. 针对孩子之间的差异性，调整期望和家庭活动。

5. 尊重孩子的独特性和孩子之间的差异，培养他们的高自尊。

※ 第十一章 共情带来安全感

1. 共情就是理解孩子的观点，不评判，不站队。注意身体语言，因为它比话语表达更准确。

2. 共情必须来自你真诚的内心，且必须是真实的。

3. 当孩子烦躁时，他内心隐秘的愿望是你给予他共情的理解；孩子获得共情的理解之后，才听得进解释、说理或保证。

4. 如果你认为父母是培养者，如果你尊重孩子的人格，如果你自己心里平静，你会更容易对孩子共情。

5. 共情消除隔阂；它有力地证明了关爱的存在。它能积极地培养孩子对你的爱。

※ 第十二章　独特成长带来安全感

1. 按自己独特的方式自由成长，是产生心理安全感的第六个成分。

2. 孩子成长的过程中也会有退行和停滞。

3. 孩子自身拥有发展的动力。

4. 当孩子感到自己即使出现退行也安全时，他就可以自由成长。

5. 产生安全感的七个成分相互交织，形成爱的氛围。它们确保孩子感受到关怀，这样他就能全身心发展自尊，并在多个发面全面发展。

※ 第十三章　自我发现之旅：整体进程

1. 人类发展遵循一定规律，每一次成功都能让孩子感到自身的能力和价值。

2. 熟悉孩子成长规律有助于你对孩子保持切合实际的期望，使你免于过分担心，更能理解孩子，帮助孩子完成发展任务，使孩子在完成下一项发展任务时无后顾之忧。

※ 第十四章　自我发现之旅：前六年

1. 孩子在前六年要完成的任务是：掌控自己和环境、自主决断能力、依恋异性父母、以自我为中心和喜欢同性玩伴。

2. 自我诸多任务同时展开，学龄前儿童开始意识到他的身体的作用、他周围的世界是什么样子，以及作为家庭中的一员意味着什么。

3. 学龄前儿童也有许多任务需要完成；放轻松，他需要慢慢地、无压力地进行学习。

4. 良知只有在六岁左右才开始出现。良知的发展需要强大的外部支持。

※ 第十五章　自我发现之旅：中间年龄段

1. 处在中间年龄段的孩子需要增强自主性，增加掌控力，同时用来自玩伴的反应给自己定位。

2. 他正在逐渐地从以自我为中心转向以他人为中心。

3. 8 岁到 10 岁的孩子，通过模仿同性别的父母来获得其作为男性或者女性的感受，他需要经常接触一个热情坚定的同性别成年人。如果你家里没有合适的人选，就为他寻找替代榜样。

4. 从 11 岁到 13 岁，孩子也会在家庭以外寻求同性别的榜样。

5. 鼓励孩子加入同龄同伴群体中，给他提供机会参加自己喜欢的活动并获得相应的能力，接受他的活动重心从家庭向外转移，与他进行感情交流；这样，你就为孩子的能力发展和自尊提高铺平了道路。

※ 第十六章　自我发现之旅：青春期

1. 处在青春期的孩子需要切断对家庭和玩伴的依赖，同时重新评估自己的形象。他需要关于自己的身份的新答案，以适应自身和角色的变化。

2. 他需要与异性建立健康的关系，计划自己的生活和工作，并建立一套有意义的生活准则。

3. 在孩子试图建立自我同一性的过程中，我们文化中存在的许多障碍，直接影响青少年的发展进步。

4. 你给青少年提供的安全感（安全的沟通和民主的管教）越多，他越能承受外界的压力。

5. 直到青春期后期，青少年的良知才能在没有外界支持的情况下站稳脚跟。

6. 许多因素可能会使青少年给你带来威胁感。但正视这些威胁感可以减轻它们给你带来的压力。

※ 第十七章　处理孩子的情绪问题

1. 我们大多数人不会像自己预期的那样处理孩子的情绪问题。

2. 所有的孩子都有各种各样的情绪问题，文化传统教导我们避免直接处理孩子的情绪问题。

3. 通过说理、判断、否认、劝告、保证或转移注意力这些方式处理孩子的消极情绪，会促使他们疏远我们。这些方式迫使孩子更少地思考自己，进而压抑或伪装他的真实情绪。

4. 压抑的情绪不会自动消失，它们不利于孩子身心健康和智力发展。

5. 当情绪被理解并被引导到可接受的渠道时，消极情绪的破坏力量就会减弱。

6. 孩子需要家长成为他的积极的倾听者，而不是被动的倾听者。

7. 要想摆脱消极行为，必须首先摆脱消极情绪，消极情绪是起因。

8. 行为需要加以限制，但对消极情绪的表达来说，只需要在表达的对象、时间、地点方面加以限制。

※ 第十八章　破解愤怒的密码

1. 通常，愤怒掩盖了某种作为诱因的潜在情绪。

2. 当你通过积极的倾听来接受孩子的愤怒时，他通常会暴露出自己潜在的消极情绪。要把他的消极情绪引导到安全的渠道并加以释放。

3. 愤怒的频率可以降低，但愤怒从未完全消除。如果孩子经常生气，请检查：他的身体和情感需求是否得到满足，他是否有太多的挫折感，他是否进行了足够的体育锻炼。检查你的期望是否过高，管教是否过严，竞争是否过分激烈，有没有拿孩子进行不当的比较，家庭关系是否紧张，你与孩子是否进行了足够的能够提供安全感的情感交流。

4. 容忍自己的敌对情绪，有助于你帮助孩子处理他的敌对情绪。

5. 把你的第一感受作为“第一人称反应”传递给孩子。

6. 通常大发脾气掩盖的是失控和极度沮丧，你不应将其视为一种令人讨厌的行为。

7. 间接的愤怒迹象：经常性的嘲弄、讽刺、侵犯行为、猛烈抨击成年人的价值观念、出事故、无端的恐惧、模范行为、抑郁症和心身疾病症状。

8. 你对孩子的愤怒的接纳，可以防止他使用间接的发泄渠道或继续压抑自己。你对他情绪的接受，就是允许他接受自己的全部人格。

※ 第十九章　揭开嫉妒的面具

1. 嫉妒是出现在家庭中的正常感受，因为每个孩子都想成为最招人喜欢的人。

2. 嫉妒掩饰了孩子真实的或者想象的感受——他认为自己处于不利地位。

3. 内部或外部的压力可能会加剧孩子的妄自菲薄，这样他就很容易感到嫉妒。

4. 高自尊的孩子内心踏实，这能保护他免受频繁和激烈的嫉妒折磨。

5. 当你偏爱某个孩子，把孩子与他人比较或不尊重孩子个性时，他们就会产生嫉妒。不要让孩子来满足自己未满足的需求。以合作和民主管教为基础的轻松家庭氛围减少了孩子嫉妒发生的频率。

6. 孩子嫉妒的间接迹象：对父母的依赖性增加、物质需求的增加和不正当行为的突然增加。

7. 当嫉妒来临时，通过积极倾听来帮助孩子自我表达。不管事实如何，他的感受对他而言都是真实的。

8. 让孩子感受到他被理解、被包容，让他感到自己很重要，这样他就不会有被不公正对待的感觉。

※ 第二十章　纪律的信徒

1. 纪律是指行为规则和制定以及执行规则的方法。

2. 纪律教会孩子与别人相处。他们对纪律的遵守，或者是出于对惩罚的恐惧，或者是出于对纪律的信奉。

3. 纪律的最终目标是自律。

4. 一些必要的限制可以帮助一起生活的人们满足他们各自的需求。

5. 当规则照顾到你和孩子各自的需要时，规则更有可能是建设性的。

6. 如果你能为孩子提供合适的情绪发泄渠道，使环境符合孩子的需求，或提供爱和尊重的氛围，就不需要那么多规矩了。

7. 家中规则的种类和数量可以加强或削弱孩子对自己的信心。

※ 第二十一章　实施纪律的旧方式

1. 专制性的管教意味着家长拥有权力，制定规则，并通过奖励或惩罚来执行规则。

2. 过度宽容的管教意味着，无论孩子的需要为何，都把权力交给孩子，他想干什么就干什么。

3. 只用这两种方法中的任意一种都会损害孩子的自律、信任感、良知和自尊。

※ 第二十二章　建设性的管教方法

1. 民主管教是指与儿童一起制定规则和解决冲突的方法。你分享权力。

2. 要建立民主，你就需要具有尊重的态度，提出切合实际的期望，掌握宣泄负面情绪的技巧，拥有分享你的感受和权力的意愿。

3. 民主程序涉及明确说明问题，让每个人表达自己的需要，寻找符合这些需求的解决方案，并在家庭会议之后针对解决方案付诸行动。

4. 除非你积极倾听，不断给出“第一人称反应”，否则沟通的渠道就会堵塞，你在家庭中追求民主的努力将会付诸东流。

5. 民主带来的益处是广泛的：它促进了你和孩子之间的和睦；它鼓励责任、独立性、动力、创造性思维、智力成长、参与意识、尊重权威。它直接提高了孩子的自尊，因为它是爱、信任和忠诚的有力证明。

※ 第二十三章　动机、智力和创造力

1. 你的孩子生来好奇，并有自立的欲望。

2. 如果你希望孩子得到智力上的发展和使用自己的创造力，就支持他的探索、好奇心，支持他走向自立。他必须知道探索和发现是安全的。

3. 给孩子提供丰富的亲身经历；使他获得成功地解决问题的经验；多跟孩子谈话；家庭中存在鼓励学习和自立精神的榜样人物：这些都会推动孩子的智力发展。

4. 孩子的智力成长受到以下因素的影响：身体发育障碍，情绪波动，压抑情感，不切实际目标带来的压力，非民主的管教方法，封闭的沟通渠道，教室过于拥挤，教师水平低，教学技巧差。

5. 安全沟通的气氛促使孩子学习和利用他先天的独特性。无拘无束的创造力和高自尊之间有直接的关系。

※ 第二十四章　性和爱的结合

1. 对孩子进行性教育不仅仅意味着教授生殖方面的知识。它还涉及培养孩子对身体、情绪、性别角色和自我的健康态度。

2. 拥抱、喂养、穿衣、洗澡和如厕训练的经历，发育的过程，消极情绪的处理方法，榜样的类型，家庭中的规则和管教方式，以及来自家庭之外的影响，等等，这一切都影响着孩子对性的态度。

3. 你对性的态度是会传染的。坦率地处理你可能有的对性的拘谨态度。将责任置于它所属位置：你的拘谨来自过去所接受的教育而不是性本身。

4. 当孩子问你的时候，要给他讲述生育的事实。如果他不问，家长要提到有关繁衍的主题。在孩子不到五岁之前给他提供有关性方面的介绍资料。在每个发展阶段，给孩子提供适当的性教育书籍。

5. 如果孩子心理成熟，那么他更有积极地调整对待性的态度。

6. 孩子的自尊直接影响他的性行为。高自尊能够使孩子与具有类似自尊程度的人建立一种负责任、承担义务的美满婚姻关系。这样的夫妇更容易在自己的孩子身上培养出自信。

你怎么把爱传达给你的孩子？ 如果你对他们拥有切合现实的期望，与他们进行情感的交流，帮助他们完成认识自我的任务，在不得不限制他们某些行为的同时也理解并接纳他们所有的感受，采用民主的管教方法，孩子们就会感受到你对他们的关爱。而感到被爱是高自尊的基础。有了这个坚实的核心，孩子的潜能将会得到发展，他们将有动力、有创意，能看到生活的目标。他们能够成功地与别人交往，拥有内心的平静，能应对各种压力，有更大的婚姻幸福的概率，他们自己也将成为能采用正确方法培育子女的父母。

本书到此结束。我希望你已经明确了解世界上最重要的工作——为人父母——的必备的知识的重要性。

译后记

作为本书的译者和受益人，我在教育孩子的过程中有很多切身体会，想和大家分享，或许对大家有所帮助，仅供参考。

回想当初与本书结缘，是因为怕孩子自卑而找到的这本书。我儿子于1981年出生，生下来时下颚软组织长有巨型淋巴血管瘤，挤得头都歪向一边。我们夫妻二人跑遍北京、上海各大顶级医院为他治病。儿子经过多次手术，造成面部损伤，下颌骨不对称，我们担心他长大后受歧视，产生自卑感，就设法找来心理学方面的书籍，从中寻求教育方法。我们夫妻都认为培养孩子自尊、自信尤为重要，经过反复对比和筛选，我们选取了《如何培养孩子高自尊》这本书。此书的主旨在于通过各种方式激发孩子的兴趣，在让孩子体验成功基础上，由培养兴趣逐步过渡到让孩子建立自信与自尊。遵循兴趣、动机、智力、创造力的自然规律，逐步塑造和完善孩子的个性，引导孩子的情商和智商不断改善。世界上除了心理上的失败，没有真正意义上的失败。孩子不能选择出生，不能选择家长，甚至不能选择老师，只有培养他自信自尊的心态，才能帮助他成为立足于世的人。没有什么比让他拥有一颗强大的内心更重要。

为了培养孩子的自信，我们实践书中倡导的理念，从改变家长自身态度做起，谨言慎行，优化家庭环境。这些方面至关重要，是任何人做任何其他努力都无法取代的。不敢说我们有远见，作为有担当的父母，我们会在孩子面前注重言谈举止，夫妻之间做到相互尊重。我们对孩子也同样尊重，把孩子放在一个与我们平等的位置上，鼓励孩子发表意见，耐心听取孩子的见解。孩子的有些意见显得天真和稚嫩，他们不知对错是正常的，父母包容他们并为他们指出错误也是应该的。这种做法的意义不在于见解本身，而在于听取、包容和改正的过程。家长在孩子面前不强势、不控制、不逼迫、以理服人，长期坚持、潜移默化，让孩子真切感受到家长的关爱和信任，这是对孩子的成长和未来负责，也是为人父母者的自尊和自持。我们的具体做法是：在日常小事上传递关爱与信任，与孩子一起做事，一起看书，一起打球，一起观察自然现象。孩子成长需要两个基本要素，一个是爱，一个是安全感。安全感来自父母的陪伴，父母对孩子仅有爱还不够，还应该在陪伴中了解孩子、读懂孩子，与孩子一起共享喜怒哀乐，与孩子产生共鸣，在共鸣中培养孩子的独立思考能力。一旦孩子有自己独立的见解和行动，就对他们回以欣赏的眼神，多给他们伸伸大拇指。即使孩子做错了事情，也应该把孩子带回家教育，不应当众责骂。我们认为批评孩子要用最安全有效的方式私下进行，表扬则应公开。这样的家庭氛围使孩子乐于分享他日常的喜怒哀乐，我们夫妻常在饭桌上听孩子“播报”班上新闻，借此机会我们对他在某些事情的看法上因势利导。正如古时大禹治水“在疏不在堵”，给孩子说话、处理问题的机会，肯定他的正确判断，这样共同价值观在同桌吃饭过程中就建立了起来。尊重他、认可他的目的是让他做一个能够掌控自我的人，惟其如此，孩子才能具有强大的自尊。

有件事足以证明我们这种教育方法的正确性：那是儿子刚上小学时，有一次我去学校接他，远远看见他在前面走，后面跟着几个调皮孩子嘲笑他“歪歪嘴……”，儿子只管走自己的路，也不回骂，也没有流泪。我赶紧上前安慰他说：“你是因为生病而嘴歪，又不是啥缺点，他们笑话你，是他们不对。”儿子说：“他们又不聪明，老师都批评他们了，我才不理他们哩！”在困境中不哭泣、不愤怒，自信自己是聪明的、被老师喜欢的孩子，儿子那么小就能有这么强大的内心真让我感动！只要孩子有信心，在人生道路上遇见再大的打击，他都能昂然立于世！

为了进一步巩固他的自信和自尊，我们培养孩子对多种事物的兴趣，让他在各种体验中增强自尊。音乐、美术、体育……尤其是绘画。儿子是个认真的孩子，他画的龙身上的鳞片，形象逼真，曾得到老师多次表扬；他开始学音乐是看邻居家的孩子学弹琴，他在一旁看，学会了弹《小草》的曲子；他还爱踢球，曾获得二七区中学生足球赛甲组第一名。一次次的成功，慢慢提高了他的自尊。这些不同方面的成功体验，更激发了他的心理健康成长，使他的潜能得到极大发挥，学习也名列前茅。其实在知识学习方面，我们并没让孩子参加过什么补习班，只要他自信，喜欢学习就行。我们辅导孩子学习同样从培养兴趣入手，先由我们给他讲故事，后来他给我们讲故事，就这样帮助他养成了阅读的习惯，扩大了他的知识面。在名次上我们也不争不比，学习下降了就帮他找原因，因为我们认为成绩都是暂时的，只要他有信心，有积极进取的态度，就能迎头赶上。潮起潮落是自然规律，孩子学习也遵照这一规律波浪式前进。人的一生是解决问题的一生，不会一帆风顺，要给予孩子充分的信任，让其自信自尊。如孩子考学也曾失败过，但我们一直相信他的能力，不唠叨，不指责，最终他成功地走到今天，成为美国加州大学戴维斯分校生命科学专业博士后。

有人说，教育是父母的修行，优秀孩子背后必定充满尊重、关爱与理解，我们深以为然。即使父母不博古通今，只要通情达理，就能激发孩子的潜能，唤醒孩子内心的强大。孩子就像一株小树，它迟早要经历风雨。但最初让它成长起来，并长到足以对付恶劣天气的一定是阳光、空气和水，而不是整天掰扯，以致使其扭曲变形。孩子一生也可能遭受危机、狂风暴雨……残酷是未知的，但只要保护了孩子内心最初的火焰——自信、自尊，给他足够的温暖和希望，再残酷的现实也无法击垮他。能让孩子面对无常的一定是生命最初的爱心、关心和尊重，能让他们在困境中坚持下来的也一定是对生活的热爱以及对未来的希望和信仰！

希望看到此书的家长，生活中不要忽视自己的孩子。忽视孩子的次数多了，他会产生自卑和叛逆。家长要牢牢守住孩子的心。不管任何情况下都做到督促孩子进步，保护孩子的自尊不受伤害，这样才能发掘孩子的潜能。家庭环境越宽松，体验成功经验越多，孩子就越有出息，这是我们的真切感受。生女儿时，我已经 40 岁，有了教育儿子的成功经验，我们对女儿的要求更宽松，心态也更平和，因此她的成长也更顺畅。她高中毕业考上名校，大学本科毕业被保送到中国社科院法学研究所攻读硕士，与此同时她又被美国埃美瑞等六所大学的法学院录取为博士生，并获得埃美瑞大学当年入校博士生最高奖学金（3 万美元 / 年，连续 3 年），毕业后除了获得学校所在州的律师证，她又考取了纽约的律师证书，并顺利在华盛顿特区找到工作。

一路走来，孩子们步步给我们带来惊喜，这让我们觉得养育孩子的过程不是辛苦，而是快乐！虽然我们为了孩子付出很多，但是孩子给予我们的快乐更多，我们充分享受到与孩子在一起的幸福，孩子在身边的每一天都会让我们有美好的心情。孩子在不断成长，过了一个时期就再也没有这一时期的特性，因此与孩子待在一起的每一天都非常难得和宝贵。培养一个成功的孩子需要很多努力，要毁掉一个孩子却很容易，一句话、一件事就能。伤害孩子的往往是孩子心目中最亲近的人（家长或者老师）。因此，请各位家长千万不要无意中泯灭孩子的童心、扼杀孩子的潜能、伤害孩子的自尊！孩子来到这个世界上不容易，要面对复杂的社会、人生的坎坷。家长如若再不包容，备受打击下还能有健全的人格吗？请在世上给他留个温暖之地，有个信任他的人，让他保留人性、爱心。即使全世界都看不上他，父母也要把孩子当个宝。爱他并不是纵容他，“爱”与“给”无关。因为给孩子看病我们负债累累，物质上我们并没有满足孩子多少，但我们家到处充满爱与信任。我们让孩子从小懂得是非，树立正确的价值观、人生观；

我们给孩子的是一个幸福快乐的童年和阳光自信的心态，孩子无论走到哪里，总能给人带去正能量。他们即使受了委屈，也不怨怼，对别人的不同意见，能够表示尊重和宽容。通达乐观比什么都重要，只有这样孩子才会有积极的人生，健全的人格，美好的心灵，他们才会自信自尊、随和开朗，才能够幸福地度过一生。爱、温暖、亲密是人生美好生活的重要开场，也是自信成才的关键。愿所有人被这个世界温柔以待，愿所有被温柔对待的人能再以温柔善良的情怀融入这个世界。

杨广俊　张素梅

译者说明

承担本书翻译任务的是郑州大学西亚斯国际学院外语学院专职教师杨广俊、李红，郑大外语学院教师吴琼；承担本书中文修改和润色任务的是西亚斯外语学院办公室主任孔小莉。在文字输入和排版方面还曾经得到西亚斯外教秘书王迪和教研室主任郑强两位同事帮助。在此一并致谢。

由于我们水平所限，在理解和表达上难免有不当之处，还望读者不吝赐教，我们将衷心感谢！批评和改进意见可发我电子邮箱——jufaxue@126.com，以期再版时修改。